추천의 말

우리의 가슴을 뛰게 하는 일의 비전이 이 책 안에 담겨 있다. 다양한 사례를 중심으로 생생하게 풀어낸 그 이야기에 공감하면서 빠져든 채 읽었다. 이 책을 통해 매일매일 자신의 일에 영감을 받고 성취감을 가득 가질 수 있는 사람들이 많아지길 바란다.*

– 김지영(구글 글로벌 어카운트 리드)

10년 뒤 사라질 기업과 더 성장할 기업의 차이는 뭘까? 저자는 '무한게임'이라는 흥미로운 개념과 함께 앞으로 도태할 기업과 살아남을 기업을 적나라하게 보여준다. 판도가 계속 바뀌는 오늘날의 시장에서 새로운 미래를 이끌 기업이 궁금하다면 이 책을 당장 읽어야 한다.

– 김현준(KB금융그룹 전무이사)

'미래'란 말은 '무한'의 또 다른 말. 내일을 말하는 사람은 누구나 무한게임을 벌이고 있는 셈이다. 이 책엔 '성패의 갈림길'에서 무한게임을 벌인 기업과 인물 들의 이야기가 담겨 있다. 많은 독자가 이 책을 통해 미래의 밑그림을 그리길 바란다. 어디까지나 당신이 리더라면, 리더가 되고 싶다면.

– 유부혁(포춘코리아 편집장)

* 해당 내용은 개인적으로 작성된 추천사이며, 재직 회사의 공식적인 입장과 무관합니다.

파도는 방향을 계속 바꾼다. 당신이 오늘 큰 파도를 신나게 탔더라도, 내일 또 성공한다는 보장은 없다. 시장은 늘 예측 불가다. 그런데 이 책을 읽고 오랜만에 가슴이 뛰었다. 변화무쌍한 파도에 올라탈 감각과 용기를 주는 책이다.

– 이현무(아이유노SDI 대표)

경계가 허물어지는 격변기에 개인과 기업은 실행의 방향을 잃게 된다. 미래가 막연한 당신에게 사이먼 시넥은 가슴 설레는 미션과 의미 있는 역할 그리고 삶의 전환을 꿈꾸는 탐험들을 제시한다. 시장과 개인 그리고 조직이 가야 할 곳이 이 안에 담겨 있다. 미래가 궁금하다면, 이 책이 바로 미래이다.

– 정재영(LG인화원 상무)

누구나 한 번쯤은 진지하게 생각해볼 만한 성공과 성취에 대한 정의를 이야기하는 책이다. 당신이 지금 어떤 게임에 참여하고 있는지 이 책에서 확인하길 바란다. 일과 삶, 모든 면에서 엄청난 영감을 줄 것이다.

– 정태희(㈜리박스컨설팅 대표)

우리는 항상 1등을 목표로 한다. 그러나 실제 비즈니스는 1등이 아닌 '의미 창출'의 싸움이다. 그런 의미에서 이 책은 내가 1등 회사가 아닌 '인류적 가치'라는 비전을 만들어가는 데 큰 확신을 줬다. 당신도 이 책 안에서 가슴 설레는 비전에 대한 영감을 얻길 바란다. 모두가 읽어야 하지만, 나만 알고 싶은 책이다.

– 황해령(㈜루트로닉 회장)

인피니트 게임

인피니트 게임

세상에 없던 판도를
만든 사람들의
5가지 무한 원칙

THE
INFINITE
GAME
SIMON
SINEK

사이먼 시넥 지음
윤혜리 옮김

세계사

갈림길에 이정표가 하나 있다.
한쪽에는 '승리'라고 적혀 있다.
다른 한쪽에는 '성취'라고 적혀 있다.
이 중에 하나를 택해야 한다.
어느 쪽을 택하겠는가?

승리의 길을 택한다면
목표는 이기는 것이다!
결승선을 향해 달리며
경쟁의 스릴을 만끽한다.
대중이 모여 우리를 응원한다!
그리고 끝이 난다.
모두 집으로 돌아간다.
(다음에 또 기회가 있기를 바라며)

성취의 길을 택한다면

여정은 길어진다.

한 발 한 발 조심히 내디뎌야 할 때도 있다.

주변 경치를 즐기기 위해 잠시 멈출 때도 있다.

계속 나아간다.

계속 나아간다.

대중은 모여 우리 여정에 동참한다.

그리고 우리 인생이 끝날 때,

성취로 향한 길에 함께한 사람들이

우리 없이도 계속해서 앞으로 나아가며

더 많은 사람이 여정에 동참하도록 영감을 줄 것이다.

차례

들어가며: 현실을 바꾸는 힘

승리

나가며

들어가며: 현실을 바꾸는 힘

세상에 이런 책이 필요하다는 사실 자체가 놀랍다. 인류의 역사를 돌이켜보라. 무한한 사고방식이 이루어낸 성과들은 수도 없이 많다. 문명이 일어나고, 과학과 의학이 발달하고, 우주 탐사가 가능하게 된 이유는 수많은 사람이 한뜻으로 모여 끝이 보이지 않는 그 길을 완주하기 위해 협력했기 때문이다. 사람들은 우주로 쏘아 올린 로켓이 추락하면 다시 시도하고, 다시 시도하고, 또다시 시도했다. 성공한 뒤에도 그다음 단계로 전진했다. 이 끊임없는 도전의 동기는 연말 보너스가 아니었다. 자기 자신보다 큰 그 무언가, 자기의 인생이 끝나더라도 지속될 그 어떤 가치를 위해서였다.

이렇듯 무한하고 장기적인 관점은 수많은 이점을 가지고 있지만, 이 관점을 유지하기는 쉽지 않다. 진심으로 힘을 쏟아야 한다.

인간은 어려운 문제가 발생하면 본능적으로 즉각적인 해결책을 찾고 당장 눈앞의 경쟁에서 신속히 이겨서 야망을 이루려고 한다. 사람들은 세상의 모든 것을 성공과 실패, 승자와 패자로 나누어서 바라보는 경향이 있다. 이런 승패 사고방식은 단기적으로는 효과를 나타내기도 한다. 하지만 기업과 조직이 승리에 집착하면 장기적으로 심각한 문제가 발생할 수 있다.

기업이 승패만 따질 때 나오는 결과는 모두가 잘 알고 있다. 임의로 정해진 목표치를 달성하기 위해 대규모 정리 해고를 감행하고 회사의 분위기는 살벌해진다. 직원이나 고객의 필요는 뒷전으로 미룬 채 주주의 요구에 굴복하고, 부정하고 비윤리적인 사업 관행이 성행한다. 팀 전체에 해를 끼치는 직원도 성과만 잘 내면 포상받고, 팀원들보다 자기 자신의 이익을 훨씬 더 많이 챙기는 리더가 보상받는다. 결과적으로 직원의 충성도와 사기는 떨어진다. 오늘날 직장에서 느껴지는 불안정성과 불안감도 여기서 나온 것이다. 이렇게 비즈니스를 비인간적이고 계산적으로 바라보는 관점은 산업혁명부터 심화됐는데 최근 디지털 시대에 이르러서는 점점 가속화되고 있다. 심지어는 상업과 자본주의 자체도 점점 더 단기적이고 유한한 개념으로 인식되고 있다.

이런 현상을 한탄스럽게 생각하는 사람도 많지만 안타깝게도 현 상태를 바꾸려는 움직임보다 유지하려는 욕망이 강한 듯하다. "이익보다 사람이 우선시 돼야 한다"와 같은 주장은 저항에 부딪

힌다. 현재 사회 구조를 지배하는 사람들, 즉 리더들은 이런 생각이 너무 안일하다고 비판한다. 비즈니스의 '현실'을 이해하지 못한다고 말이다. 때문에 변화에 대한 신념을 가진 이들은 뒤로 물러서게 된다. 모든 것을 체념한 채 도살장에 끌려가듯 출근하고, 언제 해고당할지 몰라 불안에 떨며 일하고, 그러는 와중에 인생에서 작은 성취감이라도 찾고자 애쓴다. 일과 삶의 균형은 불가능해 보이고 그 자체가 하나의 산업으로 변질된 듯하다. 꼭 이렇게 살아야 할까? 실현 가능한 다른 방법은 없는 걸까?

어쩌면, 정말 어쩌면, '현실'이 지금과 같을 수밖에 없다는 냉소적인 이들의 말이 틀릴지도 모른다. 어쩌면 현재의 비즈니스 방식이 '옳은' 방법이 아닐지도 모른다. '최선'조차 아닐 수도 있다. 현 시스템이 익숙할 뿐이고 이 현실은 다수가 아닌 소수만 선호하고 있을 수도 있다. 이 모든 게 사실이라면 현실을 다른 모습으로 바꿀 수 있지 않겠는가?

우리에게는 세상을 바꿀 힘이 충분히 있다. 매일 아침 충만한 의욕을 느끼고, 직장에서 일할 때는 안정감을 느끼며, 퇴근하고 집에 돌아올 때는 성취감을 느끼는 세상을 만들 수 있다. 물론 이런 변화가 쉽지는 않다. 하지만 불가능하지도 않다. 훌륭한 리더가 있으면 이런 비전이 실현될 수 있다. 훌륭한 리더는 흔히 말하는 '단기' 또는 '장기'의 선택지를 뛰어넘어 그 너머를 보는 이들이다. 그들은 다음 분기나 다음 선거가 아닌 다음 세대를 바라본다.

훌륭한 리더는 자신이 사라진 뒤에도 오랫동안 번성할 수 있는 기업을 만든다. 그리고 그런 리더가 만든 가치는 우리 모두와 비즈니스, 심지어 주주들에게까지 긍정적인 영향을 미친다.

이 책을 쓴 이유는 현상 유지를 바라는 사람들의 마음을 돌리기 위해서가 아니다. 나와 같은 믿음을 공유하는 사람들을 한데 모으기 위해서다. 현 상태에 이의를 제기하여 인간 본연의 욕구인 안전함이 가득한 세상을 만들고 싶은 사람들, 자기 자신 혹은 가족을 부양하는 것보다 가치 있는 무언가를 이루기 위해 헌신하고 싶은 사람들, 그들과 함께하고자 이 책을 썼다. 우리는 개인에게, 기업에게, 사회에게, 인류에게 가장 좋은 현실을 만들 것이다.

매일 영감 받고 안정감을 느끼고 뿌듯함으로 충만할 수 있는 세상을 원하는가? 리더들이 그런 세상을 만들 수 있다고 믿는가? 그렇다면 주변에서 그런 비전을 실현시키기 위해 분투하고 있는 사람들을 찾고, 그들을 이끌고, 지지할 공동의 책임이 있다. 그리고 우리가 밟아야 할 첫 번째 단계는 바로 무한게임이 무엇인지 배우는 것이다.

사이먼 시넥
영국 런던에서

승리

1968년 1월 30일 아침, 북베트남은 미군과 연합군을 상대로 기습 공격을 감행했다. 이후 24시간 동안 북베트남인 8만 5,000명과 베트콩 부대는 전국 125개 목표물을 공격했다. 미군은 완전히 무방비 상태였다. 심지어 공격이 시작됐을 때 지휘관들은 인근 도시에서 뗏Tết 행사를 즐기느라 자리에 없었다. 구정 대공세Tết Offensive가 시작된 것이다.

뗏은 베트남의 설이며 서양의 크리스마스와 비슷한 의미를 지니고 있다. 제1차 세계대전 때도 크리스마스에는 휴전했던 것처럼 베트남에선 뗏 기간에는 그 어떤 전쟁도 하지 않는 전통이 수백 년간 이어져왔다. 하지만 1968년 북베트남 지도부는 뗏 기간이야말로 미군을 제압하고 전쟁을 속히 끝낼 수 있는 절호의 기회라고 판단해 전통을 어기고 기습 공격을 가했다.

놀랍게도 미국은 베트남의 공격을 하나도 빠짐없이 전부 물리쳤다. 단순히 공격을 방어한 수준이 아니라 베트남 군대를 완전히 박살 낸 정도였다. 공격이 시작된 지 약 1주일 뒤, 전투가 거의 끝나가던 시점까지도 미국이 잃은 병력은 1,000명이 채 되지 않았다. 이와는 완전히 대조적으로 북베트남의 병력 손실은 3만 5,000명이 넘었다. 전투가 약 한 달 동안 이어졌던 도시 후에Hue에서는 미국 해병대원 150명이 사망한 데 반해 북베트남은 약 5,000명이 전사했다!

사실 베트남전쟁을 자세히 살펴보면 미국은 주요 전투에서 대부분 승리했다. 미군이 베트남에 주둔했던 10년을 통틀어 미국은 병력 5만 8,000명을 잃었다. 반면 북베트남의 인명 피해는 300만 명이 넘었다. 총 인구에서 차지하는 비율로 따져보면 1968년 당시 미국인 2,700만 명이 사망한 것과 비슷한 수준이다.

이 모든 상황을 고려하면 의문이 하나 생긴다. 미국은 이렇게 대부분의 전투에서 압도적인 승리를 거뒀는데도 왜 베트남전쟁에서 패했을까?

유한게임과 무한게임, 지금 어떤 게임을 하고 있는가

참여 주체가 둘 이상만 되면 게임은 존재한다. 그리고 게임은 유한게임과 무한게임으로 나뉜다.

유한게임에서는 참여자가 전부 공개된다. 규칙도 정해져 있다. 게임의 목적이 상호 합의로 정해져 있으며 어느 한쪽이 그 목적을 먼저 달성하면 게임이 종료된다. 예를 들어 축구는 유한게임이다. 선수들이 모두 유니폼을 입고 있으므로 누가 경기에 참가하는지 쉽게 알아볼 수 있다. 축구 경기에는 명확한 규칙이 있고 그 규칙이 잘 지켜지도록 감독하는 심판이 존재한다. 모든 선수는 경기 규칙을 따르는 데 동의하며 규칙을 어겼을 때 주어지는 페널티도 받아들인다. 정해진 시간 안에 득점을 더 많이 한 팀이 승리를 거두며 게임이 끝난다는 사실을 모두 알고 있으며, 게임이 끝나면 다들 집으로 돌아간다. 유한게임에는 시작, 중간, 끝이 항상 존재한다.

반면 무한게임에서는 참여자 전부가 공개되지는 않는다. 명문화되거나 상호 합의가 된 규칙도 없다. 참여자의 행동을 통제하는 관습이나 법이 있을 수도 있지만 그 범위에서 크게 벗어나지 않는다면 하고 싶은 대로 할 수 있다. 심지어 관습은 얼마든지 깰 수 있다. 어떻게 행동할지는 온전히 참여자 각자가 스스로 정한다. 게임하는 방식을 바꾸고 싶다면 이유가 무엇이든 상관없이 언제든 바꿀 수 있다.

무한게임에서는 시간이 무한대로 주어진다. 게임에는 명확한 종료 지점이 없어서 사실상 '이긴다'라는 개념도 없다. 무한게임의 주목적은 게임을 계속해나가며 그 게임을 오랫동안 유지시키는 것이다.

유한게임과 무한게임의 차이를 처음 알게 된 계기는 제임스 P. 카스James P. Carse 교수가 1986년에 쓴 책 『유한게임과 무한게임: 인생은 하나의 게임이자 가능성이다』*Finite and Infinite Games: A Vision of Life as Play and Possibility*이었다. 이 책 덕분에 승리와 패배 그리고 비기는 것만 따지던 사고방식에서 벗어나 더 확장해서 생각하게 됐다. 유한게임과 무한게임의 시각으로 세상을 바라볼수록 결승선도 없고 승자도 없는 무한게임을 일상 속에서 더 많이 발견했다. 예를 들어 결혼이나 우정에는 등수를 매길 수 없다. 학교는 유한하겠지만 교육 자체에는 승패가 없다. 취직이나 승진의 과정에서는 경쟁자를 제치고 승리를 거둘 수 있지만 전체 커리어에서의 승자란 없다. 국가들이 전 세계를 무대로 영토나 영향력, 경제적 이득을 두고 서로 경쟁하긴 하지만 '국제 정치를 이긴다'라는 개념은 없다. 살면서 얼마나 성공했든 간에 죽을 때 인생에서 이겼다고 공표되는 사람은 아무도 없다. 마찬가지로 비즈니스에서 승리란 존재하지 않는다. 이 모든 것은 승패가 갈리는 운동 경기가 아니다. 일회성 사건이 아니라 게임을 해나가는 여정 그 자체가 게임이다.

그런데 오늘날 수많은 리더가 하는 발언들을 들어보면 자신들이 어떤 게임을 하고 있는지 모르는 듯하다. 리더들은 끊임없이 '승리'해야 한다고 이야기한다. '경쟁에서 이기는 것'에 집착한다. 세상을 향해 당당하게 자신들이 '최고'라고 주장한다. 그들의 목표는 '1등'이라고 말한다. 하지만 결승선이 없는 무한게임에서는 이 모든 게 불가능하다.

무한게임을 유한게임 사고방식으로 진행하면 다양한 문제가 발생한다. 가장 흔히 나타나는 문제로는 신뢰 상실, 협력 관계 붕괴, 혁신 실패 등이 있다. 반면 무한게임 사고방식으로 임하면 게임의 전개 양상은 현저히 나아진다. 무한게임 사고방식을 택한 단체는 구성원 간 신뢰도가 월등히 높아지고, 협력 관계가 더욱 넓어지며, 혁신을 이룰 수 있고, 그에 따르는 수많은 이익까지 누릴 수 있다. 모든 사람이 대체로 무한게임에 참여하고 있다는 게 사실이라면, 자신이 참여한 게임의 특성을 정확히 분별하는 능력을 모두가 길러야 한다. 또한 무한게임의 방식대로 생각하고 이끄는 법을 익혀야 하고, 유한게임 사고방식이 끼어들었을 때 그것을 알아차릴 줄도 알아야 한다. 그래야 큰 피해를 보기 전에 조치를 취할 수 있다.

비즈니스라는 무한게임

비즈니스는 무한게임의 정의에 정확히 들어맞는다. 게임에 참여하면서도 참여자 전원을 알기 어렵고 언제든 새로운 참가자가 등장할 수 있다. 각 참여자들은 어떤 전략과 전술을 쓸지 스스로 결정한다. 함께 의논해서 정한 규칙도 없다. 관련 법이 있긴 하지만 그마저도 나라마다 다르다. 비즈니스는 유한게임과 달리 시작, 중간, 끝이 정해져 있지 않다. 물론 회계연도 같은 임의의 시간 기준에 따라 다른 경쟁자들과 비교해 평가하기도 한다. 하지만 이러한 단위 기간은 중간 과정을 보여주는 이정표일 뿐이고 게임 자체가 종료되었다는 표지는 존재하지 않는다. 비즈니스라는 게임에서 결승선은 없다.

이렇게 비즈니스는 승패가 없는 무한게임임에도 불구하고 비즈니스에서 이길 수 있다고 생각하는 리더들이 너무 많다. 자신들이 '최고'이며 '1등'이라고 끊임없이 역설한다. 사람들은 이런 주장을 하도 많이 들어서 실제로 그것이 말이 되는지 안 되는지 고려조차 하지 않는다. 자기 회사가 최고라거나 업계 1위라고 내세우는 광고를 볼 때마다 나는 그 기준이 무엇인지 꼼꼼히 살펴본다. 아주 작은 글씨까지 읽어보면 얼마나 자신에게 유리한 기준만 적용했는지 알 수 있다. 예를 들어 영국항공British Airways은 '세계인에게 가장 사랑받는 항공사'라는 문구로 수년간 선전했다. 이에 리처드 브랜슨Richard Branson 회장이 이끄는 버진애틀랜틱항공Virgin Atlantic은 영국항공의 해당 광고 문구를 비판하며 영국 광고심의위원회Advertising Standards Authority에 이의를 제기했다. 최근 승객 만족도 조사 결과를 보면 그 광고가 절대 사실일 수 없다는 것이었다. 하지만 광고심의위원회는 영국항공이 국제 승객을 가장 많이 운송했다는 자료를 근거로 해당 문구 사용을 허가했다. 영국항공은 '가장 사랑받는'이라는 표현을 고객이 선호한다는 의미보다는 더 많은 사람들에게 서비스를 제공한다는 뜻으로 사용한 것이다.

어떤 회사에게 1등이란 가장 많은 고객을 의미한다. 어떤 회사에게는 가장 뛰어난 수익이나 주식 성과를 뜻한다. 또 다른 회사에게는 최다 직원 수 혹은 전 세계에서 가장 많은 지점을 보유한 것이 1등일 수 있다. 심지어 1등을 가려내기 위해 수치를 정산할 때

1장 유한게임과 무한게임, 지금 어떤 게임을 하고 있는가

단위 기간을 어떻게 설정할지도 각 기업이 정한다. 분기가 될 수도 있고, 8개월이 될 수도 있다. 1년이나 5년 혹은 12년이 될 수도 있다. 하지만 동종 업계의 다른 기업들도 해당 단위 기간을 비교 기준으로 삼는 데 동의했는가? 유한게임에는 골 득점 수, 속도, 강도 등과 같이 승자와 패자를 가르는 공통된 하나의 기준이 존재한다. 반면 무한게임에는 기준이 여러 개다. 그래서 결코 절대적인 승자를 가려낼 수 없다.

유한게임은 주어진 시간이 지나면 종료된다. 생사를 건 결투가 아닌 이상 게임이 끝난 뒤에 참여자들은 다른 날 펼쳐질 다음 경기를 기다리며 살아간다. 무한게임은 정반대다. 게임이 살아 지속되고 참여자의 시간이 다한다. 무한게임에는 이기고 지는 결말이 없으므로 게임을 지속할 의지력을 잃거나 자원을 다 쓴 참여자가 게임에서 물러날 뿐이다. 비즈니스에서는 이를 파산 혹은 인수합병이라고 부른다. 비즈니스라는 무한게임에서 성공하기 위해서는 누가 승자이고 누가 최고인지에 집중하던 습관을 버리고 앞으로 영속적으로 게임에서 살아남을 수 있는 강한 기업을 어떻게 만들지 고민해야 한다. 역설적이게도 이렇게 하면 단기적으로도 더 강성한 기업을 만들 수 있다.

몇 년 전, 마이크로소프트Microsoft의 교육 콘퍼런스에서 강연할 기회가 있었다. 공교롭게도 그로부터 몇 개월 뒤, 애플Apple의 교육 콘퍼런스에도 강사로 참석했다. 마이크로소프트의 행사에서 대부분의 발표자들은 발언 시간의 상당 부분을 할애하여 그들이 어떻게 애플을 이길 수 있는지 논의했다. 반면 애플의 발표자 전원은 하나같이 단일 주제로 이야기했다. 바로 교사들이 더 잘 가르치고 학생들이 더 잘 배울 수 있도록 현재 애플이 하는 일에 관해서였다. 한 회사는 경쟁자를 물리치는 것에, 한 회사는 이상 실현에 집착하는 듯했다.

마이크로소프트에서 강연을 마친 뒤 나는 MP3 플레이어인 준 Zune의 최신 버전을 한 대 선물 받았다(그때만 해도 인기 있는 아이템이었다). 준은 당시 시장을 장악하고 있던 애플의 아이팟을 겨냥해 마이크로소프트에서 개발한 제품이었다. 강력한 경쟁사에 맞서 시장 점유율을 빼앗아보려는 시도였다. 2006년 당시 마이크로소프트의 CEO였던 스티브 발머Steve Ballmer는 비록 쉽지는 않겠지만 결국 애플을 '이길' 수 있으리라 확신했다. 품질만 놓고 보면 그렇게 자신할 법도 했다. 내가 받은 버전인 준 HD는 정말 뛰어났다. 디자인도 깔끔했다. 사용자 인터페이스도 단순하고 직관적이었으며 사용하기 쉽게 만들어졌다. 나는 준 HD가 정말 무척이나 마음에 들었다. (그런데 솔직히 말하자면 결국 준을 친구에게 줬다. 마이크로소프트 윈도우와도 연동해 쓸 수 있었던 내 아이팟과 달리 준은 아이튠즈에 연동되지 않았기 때문이다. 정말 써보고 싶었지만 사용할 수 없었다.)

몇 개월 뒤, 애플에서 강연을 마치고 호텔로 돌아가는 길에 애플의 한 고위직 임원과 함께 택시를 탔다. 그는 정확히 54번째 애플 직원으로, 회사의 초창기 시절부터 근무했으므로 뼛속까지 애플의 기업 문화와 신념 체계가 스며들었다고 말할 수 있는 사람이었다. 같이 차를 타고 가니 뭔가 얘기하기에 딱 좋은 기회였다. 나는 도발의 유혹을 참지 못하고 결국 그에게 이렇게 말하고 말았다. "제가 전에 마이크로소프트에서 강연했었는데, 그때 신형 준을 선물로 받았습니다. 그런데 이 얘기는 꼭 해야겠네요. 아이팟 터치보다 준이 정말 훨씬 낫던데요." 그는 나를 바라보며 미소를 띤 채 이렇게 대답했다. "그렇죠?" 그게 다였다. 그렇게 그와의 대화는 끝났다.

그는 마이크로소프트가 제품을 더 잘 만들었다는 사실에 동요하지 않았다. 압도적인 선두 주자라고 거만을 떤 것일까? 연기였을까? (그렇다면 엄청난 연기력이었다.) 아니면 다른 뭔가가 있었을까? 당시에는 몰랐지만 그의 반응은 무한게임 사고방식에서 비롯된 것이었다.

무한게임 사고방식의 장점

무한게임에서는 임의로 설정한 기간 안에 임의로 정한 기준치를 달성했다는 사실로 기업의 참된 가치를 평가할 수 없다. 기업의 진정한 가치는 사람들이 그 기업의 지속적 성공을 위해 얼마나 기여하고자 하는지, 단지 그곳에서 일하는 동안만이 아니라 그만두거나 퇴직하고나서도 해당 기업이 성공을 이어나가길 바라는지, 그 마음의 크기로 알 수 있다. 유한게임 사고방식을 지닌 리더는 직원, 고객, 주주로부터 뭔가를 얻어내어 임의로 정한 기준을 충족하려고 애쓴다. 반면 무한게임 사고방식을 지닌 리더는 직원이 열심히 일하고, 고객이 지갑을 열고, 주주가 더 많이 투자할 마음이 자연스럽게 드는 기업을 만들기 위해서 노력한다. 그렇게 사람들이 계속해서 자발적으로 기업에 기여하도록 독려한다. 무한게임 사고방식을 지닌 참여자들은 자신이 입사할 때보다 퇴사할 때 기업이 더 발전되어 있길 바란다. 레고Lego가 오랜 세월 사랑받는 장난감을 만들 수 있었던 비결은 단순한 행운에 있지 않다. 자신이 퇴사한 뒤에도 회사가 지속적으로 번성하기를 바라는 직원들 덕분이다. 그들의 목표는 분기 실적을 잘 내는 것이 아니라 '매년 더 많은 어린이가 창의적인 놀이를 경험할 수 있도록 끊임없이 장난감을 개발하는 것'이다.

카스에 따르면 유한게임 사고방식을 지닌 리더들은 어떻게든 자신이 이기는 끝을 만들기 위해서 플레이한다. 그들이 이기기를 원한다면 누군가는 반드시 져야 한다. 그들은 자신만을 위해 플레이하며 다른 참여자들을 물리치고 이기겠다는 일념으로 계획을 세우고 실천한다. 그들은 언제나 당연히 그렇게 해야만 한다고 굳게 믿지만, 사실 그렇지 않다. 그렇게 행동하라는 법은 어디에도 없다. 그들의 사고방식이 그런 행동을 이끌어내고 있을 뿐이다.

카스에 의하면 무한게임 사고방식의 참여자는 플레이를 지속하는 것 자체가 목표다. 비즈니스 세계에 대입하면 많은 리더들이 거쳐가고 나서도 살아남는 강건한 기업을 세우는 것이다. 카스는 또한 무한게임식 참여자는 게임 안에서 공익을 추구한다고 설명했다. 비즈니스에서라면 자사의 이익, 그 이상을 추구한다는 뜻이다. 유한게임식 참여자는 사람들에게 팔 수 있는 제품을 만들지만 무한게임 사고방식의 참여자는 사람들이 사고 싶어 하는 제품을 만든다. 팔 수 있는 제품을 만들 때 초점은 상품의 판매가 회사에 어떤 이득을 주는지에 맞춰져 있다. 반면 사람들이 사고 싶어 하는 제품을 개발할 때는 구매자에게 어떤 이익이 돌아가는지에 중점을 둔다.

"나에게 가장 좋은 게 무엇인가"라는 질문은 유한게임 사고방식이다. "우리에게 가장 좋은 게 무엇인가"라는 물음은 무한게임식 생각이다. 유한게임식 참여자는 개인의 목표를 달성하기 위해 행동할 뿐 그 행동이 세상에 어떤 영향을 초래할지 고민하지 않는다. 반면 무한게임식으로 운영되는 기업은 자기만 생각하지 않는다. 기업의 의사결정이 국민에게, 지역사회에, 경제에, 국가에, 세계에 미치는 영향을 전부 고려한다. 그들은 게임 전체에 좋은 선택을 해나간다.

코닥Kodak의 설립자 조지 이스트먼George Eastman은 사진의 대중화에 헌신한 사람이었다. 그는 이 목표로 당대 사람들의 행복과 지역사회의 복지에 보탬이 될 수 있다고 생각했다. 코닥은 1912년엔 회사의 성과를 이유로 직원들에게 특별 수당을 지급한 최초의 회사가 되었으며 그로부터 몇 년 뒤엔 이제야 익숙하지만 당시엔 새로웠던 스톡옵션을 발행했다. 또 직원들에게 다양한 사내 복지를 제공했으며, 당시에는 개념조차 없었던 유급 병가를 지원했고, 지역 대학에서 공부하는 직원들의 등록금을 보조했다. (지금은 많은 기업이 이 같은 혜택을 따라 제공하고 있다. 즉, 이는 코닥뿐 아니라 비즈니스라는 게임 전체에 이로운 일이었다.) 이스트먼은 코닥으로 수많은 일자리를 창출하는 데 그치지 않고 병원을 짓고, 음악 대학을 설립했으며, 현 로체스터공과대학교Rochester Institute of Technology의 전신인 로체스터기계학교Mechanics Institute of Rochester와 로체스터대학교University of Rochester를 비롯한 여러 고등 교육기관을 아낌없이 후원했다.

유한게임과 무한게임 사고방식의 또 다른 차이점은 변화를 맞이하는 태도다. 카스에 의하면, 유한게임식 참여자는 예상치 못한 변수를 싫어하며 혼란을 두려워한다. 예측하지 못한 일이나 통제 불가능한 일이 벌어지면 그들이 세운 계획에 차질이 생겨 게임에서 질 확률이 커지기 때문이다. 반면 무한게임 사고방식의 참여자는 돌발 상황이 일어날 수 있다는 사실을 충분히 이해하고 있으며, 심지어 즐기기까지 한다. 그들은 예상치 못한 일에서 교훈을 얻어 변화할 준비가 되어 있다. 자유로운 플레이를 기꺼이 받아들이며 항상 여러 가지 가능성을 열어둔다. 이미 벌어진 일에 어떻게 반응할지보다 새로운 일을 어떻게 시작할지에 집중한다. 예를 들어 새로운 기술이 개발됐을 때, 기존 사업 모델에 미칠 악영향을 걱정하기보다 그 기술을 어떻게 적용할지 계획한다. 이처럼 무한게임 방식으로 사고하면 다른 회사들의 행보에 집착하거나 외부의 영향에 휘둘리지 않고 더 큰 목표에 집중하게 된다.

나와 함께 택시를 탔던 애플의 임원이 마이크로소프트 준이 뛰어나다는 사실에 아무렇지 않게 반응했던 이유를 지금은 쉽게 이해할 수 있다. 그는 비즈니스라는 무한게임에서 때로는 애플이 더 나은 제품을 만들 수도 있고 때로는 마이크로소프트가 더 훌륭한 제품을 내놓을 수도 있다는 사실을 잘 알고 있었다. 애플의 목표는 마이크로소프트를 능가하는 것이 아니었다. 애플의 목표는 애플 자신을 뛰어넘는 것이었다. 애플은 아이팟 다음으로 선보일 신제품을 준비하고 있었다. 그들은 무한게임 방식으로 사고하고 있었기에 완전히 새로운 시야를 가질 수 있었다. 준이 출시된 지 약

1년 뒤 애플은 첫 번째 아이폰을 출시했다. 아이폰은 스마트폰의 개념을 완전히 바꿨으며, 준과 아이팟 모두를 사실상 한물간 기기로 만들었다. 애플이 소비자의 취향을 예측하고 미래를 꿰뚫어봤다는 견해도 있지만, 이는 사실이 아니다. 유한게임 사고방식으로는 절대 상상도 못 할 혁신을 이룰 수 있었던 이유는 애플이 무한게임식 관점으로 세상을 바라봤기 때문이다.

유한게임 방식으로 운영되는 기업도 수익을 극대화하기 위해 '혁신적인' 전략을 도입한다. 하지만 보통 그런 전략은 조직, 직원, 고객, 사회 전체에게 도움을 주지는 않는다. 즉, 최종 결산 결과 외에 그 어떤 곳에도 이득이 되지 않는다. 장기적으로 기업에 더 나은 미래를 가져다주지도 않는다. 이유는 간단하다. 보통 먼 미래까지 내다보지 않고 눈앞의 상황만 고려하며 전략 결정자가 대부분의 이익을 취하도록 설계하기 때문이다. 반면 무한게임식 리더는 정형화된 목표, 즉 유한게임식 목표를 달성해야 한다고 직원들을 닦달하지 않는다. 직원들에게 더 넓은 시각으로 미래를 바라볼 것을 요청하고 모두에게 이로운 길을 찾도록 독려한다. 이들에게 유한게임식 목표는 진정한 목적을 향해 얼마나 달려왔는지 확인시켜주는 표지판일 뿐이다. 모든 사람이 무한게임식 목표에 집중할 때, 그때 혁신이 일어날 뿐 아니라 기업의 실적도 좋아진다. 실제로 리더가 무한게임 사고방식을 지닌 회사는 기록적인 수익을 내는 일이 많다. 게다가 그런 리더가 이끌어낸 의욕과 혁신, 협동

심, 브랜드 충성도와 경제적 이익은 사업이 안정적일 때뿐 아니라 불안정한 시기에도 기업에 도움이 된다. 경기가 활황일 때의 성공 요인들이 불황일 때도 기업을 단단하게 붙잡아주고 회복 탄력성을 키워준다.

회복 탄력성을 추구하는 기업은 영속할 수 있다. 이런 기업은 안정성을 좇는 기업과는 다르다. 안정성이란, 단어 자체가 같은 상태를 유지한다는 뜻이다. 그러니까 이론적으로 보면 완벽하게 안정적인 기업은 풍파를 견디고 나면 이전과 정확히 똑같은 모습으로 돌아간다. 좀 더 현실적으로 설명하자면, 보통 어느 기업이 안정적이라고 언급되는 경우는 위험 수준이 높지만 기대되는 성과도 높은 기업과 대조될 때다. 예를 들면, '성장 속도는 느리지만 안정적인 기업이다'라고 표현한다. 하지만 안정성을 제일로 추구하는 기업은 무한게임의 속성을 이해하지 못한다. 그래서 예측 불가한 변수에 대비하지 않는 경우가 많다. 그들은 기존 전략에 방해가 되는 요소들, 즉 신기술, 새로운 경쟁자, 시장 변동, 혹은 전 세계에서 발생하는 여러 사건 등에 어떻게 대처할지 대체로 준비하지 않는다.

무한게임식 리더는 단순히 외부의 변화를 감수할 수 있는 정도의 기업을 세우지 않는다. 변화가 왔을 때 스스로 탈바꿈할 수 있는 기업이 그들이 만들고자 하는 기업이다. 뜻밖의 일들을 넉넉히 받아들이고 새로운 환경에 적응하는 것이다. 회복 탄력성이 높은 회사들은 풍파를 겪은 뒤 종종 이전과 완전히 다른 모습으로 재등 장한다(그리고 자신의 그런 변신을 좋아한다).

스위스 아미 나이프Swiss Army Knife(일명 맥가이버 칼—옮긴이)로 유명한 스위스의 기업 빅토리녹스Victorinox는 9·11 테러가 발생하 자 경영에 직격탄을 맞았다. 기업 판촉물의 대명사이자 은퇴, 생 일, 졸업 등의 대표 선물로 사랑받던 상품이 갑자기 기내 반입 금 지 품목이 된 것이다. 이런 상황에서 보통 기업들은 기존 사업 모 델에 입은 타격에 집착하며 피해 금액이 얼마인지 계산하는 등 방 어적인 태도를 취하기 마련이다. 하지만 빅토리녹스는 오히려 공 격적인 태세로 전환했다. 이 갑작스러운 사태를 위협이 아닌 기회 로 여겼다. 무한게임 사고방식을 지닌 사람들의 전형적인 행동이 다. 빅토리녹스의 경영진은 대규모 비용 절감을 감행하는 대신 오 히려 신제품 개발에 투자를 확대했으며 기존 브랜드로 새로운 시 장에 진입하는 방안을 강구했다. 이런 격변 속에서 직원을 단 한 사람도 해고하지 않았다.

그동안 빅토리녹스는 언젠가 분명 힘든 시기가 닥쳐오리라 예 상하고 현금을 비축해오고 있었다. 빅토리녹스의 CEO 칼 엘스너 Carl Elsener는 이렇게 말했다. "세계 경제의 역사를 살펴보면 늘 이 런 식이었습니다. 언제나 그랬죠! 미래에도 항상 그럴 것입니다. 영원히 좋을 수만은 없어요. 끝없이 나빠지기만 할 수도 없죠. 저 희는 다음 분기를 바라보지 않습니다. 다음 세대를 바라봅니다."

빅토리녹스는 이 같은 무한게임 사고방식 덕분에 다른 회사였다면 치명적이었을 위기 상황에서도 정신적으로나 재정적으로나 준비된 자세로 대처할 수 있었다. 그리고 그 결과는 놀라웠다. 빅토리녹스는 9·11 테러 이전과는 전혀 다른 기업이 되었고 심지어는 더욱 강해졌다. 종전에는 총매출에서 칼이 차지하는 비중이 95퍼센트였다(스위스 아미 나이프 단독으로 총매출의 80퍼센트를 차지했었다). 이제는 스위스 아미 나이프의 비중이 35퍼센트로 줄었다. 대신 여행 용품, 시계, 향수를 새롭게 판매하면서 빅토리녹스의 매출은 9·11 테러 이전과 대비해 약 두 배나 상승했다. 빅토리녹스는 안정적인 기업이 아니라 회복 탄력성이 높은 회사다.

무한게임 사고방식의 장점은 명확하고 다양하다. 그런데도 비즈니스라는 무한게임에 유한게임 사고방식으로 참여한다면 어떤 일이 벌어질까?

유한게임 방식으로 무한게임에 참여할 때 입는 피해

베트남전쟁이 끝난 지 수십 년이 지난 어느 날, 전쟁 당시 미국 국방 장관이었던 로버트 맥나마라Robert McNamara가 응우옌꼬탁Nguyen Co Thack 전 베트남 외무 장관을 만났다. 응우옌꼬탁은 전쟁이 벌어지던 1960년부터 1975년까지 북베트남 외교부의 수석 미국 전문가로 일했었다. 그와 대화를 나누던 맥나마라는 비로소 미국이 베트남을 완전히 오해했었다는 사실을 알게 되었다. 응우옌꼬탁은 맥나마라를 꾸짖듯 말했다. "장관님은 역사책도 안 읽으십니까? 한 권이라도 읽으셨다면 저희가 중국이나 러시아의 졸병이 아니었다는 사실을 아셨을 텐데요. 저희가 지난 1,000년 동안 중국에 대항하고 있다는 사실을 모르십니까? 저희는 독립을 위해 싸우고 있었습니다! 마지막 한 사람까지 최선을 다해 싸울 작정이었죠! 폭탄을 얼마나 터뜨리든, 미국이 어떤 압력을 가하든 저희를 막을 수는 없었을 겁니다!" 북베트남은 베트남전쟁을 무한게임으로 인식하며 임했던 것이다.

미국은 베트남전쟁이 유한게임이라고 생각했다. 전쟁은 일반적으로 유한게임이니 미국의 가정이 무리는 아니었다. 대부분 전쟁에는 영토와 같이 측정하기 쉬운 유한 목적이 있다. 보통 뚜렷한 정치적 목적을 가지고 전쟁에 뛰어들며, 유한 목적을 먼저 달성한 쪽이 승리를 거두면 조약을 체결하고 전쟁이 끝난다. 하지만 늘 그렇지는 않다. 당시 미국의 리더가 좀 더 주의를 기울였다면 베트남전쟁의 속성을 더 빨리 파악할 수 있었을 것이다. 실마리는 충분히 있었다.

일단 미국이 베트남에 군사적으로 개입할 때 뚜렷한 목적과 명분이 없었다. 전쟁에 명확한 정치적 목적이 있어야 그걸 먼저 이룬 쪽이 승리를 선언하고 각자 집으로 돌아갈 텐데, 그럴 만한 목표가 없었다. 설사 있었다고 해도 북베트남 쪽에서 받아들이지 않았을 것이다. 게다가 미국은 전쟁의 대상을 오해하고 있었다. 미국은 베트남 내전이 중국과 소련에 대항하는 대리전이라고 생각했다. 하지만 북베트남은 그 어떤 외세의 지배도 받지 않겠다는 강한 신념이 있었다. 제국주의가 팽배했던 시절에는 제국주의 세력과 수십 년간 싸웠고, 제2차 세계대전 때는 일본에 맞섰고, 이후에는 프랑스에 항거했다. 북베트남에게 미국과의 전쟁은 냉전의 연장선이 아니라 또 다른 외세와의 싸움이었다. 또한 북베트남의 전쟁 방식도 베트남전쟁의 본질을 드러내고 있었다. 북베트남은 미국과 달리 통상적인 방법으로 전투하지 않았고, 병력을 얼마나 잃든 간에 항전을 멈추지 않았다. 미국은 이를 단서로 이 전쟁이 무한게임이라는 사실을 알아챘어야 했다.

유한게임 방식으로 무한게임에 참여하면 게임을 계속하는 데 필요한 의지력과 자원을 순식간에 다 써버리고 수령에 빠질 확률이 높아진다. 베트남전쟁에서 미국이 딱 이런 상황이었다. 무한게임을 하고 있던 베트남을 상대로 유한게임식 전술을 펼쳤다. 미국은 '이기기 위해' 싸웠지만 북베트남은 자신을 지키기 위해 싸웠다! 당시 미국의 군사력이 훨씬 더 뛰어났음에도 불구하고 이런 전쟁에서 미국이 우세를 차지할 길은 없었다. 미국이 베트남에서 철수한 이유는 군사적, 정치적 승리나 패배가 아니라 자국의 여론 때문이었다. 미국 국민으로서는 머나먼 나라에서 값비싼 비용을

들여가며 이길 수도 없을 것 같은 전쟁을 계속한다는 사실이 달가
울 리 없었다. 미국이 베트남전쟁에서 '졌다'라는 말보다 전쟁을
지속할 의지력과 자원을 소진해 게임을 그만둘 수밖에 없었다는
표현이 더 정확하다.

비즈니스 세계의 '베트남전쟁'

마이크로소프트가 준을 출시할 때, 그들에겐 준을 통해 기업을 어
떻게 발전시키겠다는 원대한 비전이 없었다. 미래가 어떤 모습으
로 펼쳐질지 생각하지 않았다. 오로지 시장 점유율과 돈을 차지하
기 위해, 더군다나 자신이 잘하지 못하는 분야에서 경쟁하고 있었
다. 준이 아이팟을 '이길 수 있다'라고 생각한 스티브 발머의 예측
은 완전히 틀렸다. 준의 시장 점유율은 출시 당시 9퍼센트로 시작
한 후 점차 떨어져 2010년에는 1퍼센트를 기록했다. 급기야 그 이
듬해부터는 생산을 중단했다. 그에 반해 아이팟은 같은 시기에 시
장 점유율 약 70퍼센트를 차지했다.

　일각에서는 마이크로소프트가 마케팅에 충분히 투자하지 않아
서 준이 실패했다고 보기도 한다. 하지만 이러한 주장은 설득력이
없다. 속옷 브랜드 스팽스Spanx, 핫소스 브랜드 스리라차Sriracha,
액션 카메라 브랜드 고프로GoPro는 오로지 입소문을 통해 인지도

가 높아진 대표적인 브랜드다. 이 브랜드들은 전통적인 방식의 마케팅을 하지 않고도 대중에게 이름을 알렸고 사업을 크게 번창시켰다.

마이크로소프트가 MP3 플레이어 시장에 너무 늦게 진입해서 실패했다는 의견도 있다. 이건 더더욱 말이 안 된다. 애플 역시 MP3 플레이어가 하나의 카테고리로 널리 인정받은 지 만 5년 만에 아이팟을 출시했다. 이미 리오Rio, 노마드Nomad, 소니Sony와 같은 브랜드에서 인기 상품이었고 기술 개발도 한창 진행되고 있었다. 그러나 아이팟은 2001년 처음 출시된 후 4년도 채 안 되어 미국의 디지털 오디오 플레이어 시장에서 점유율 1위를 달성했다. 심지어 그 점유율은 점점 더 높아지기만 했다.

마이크로소프트의 실패 사례에서 알 수 있듯 문제의 핵심은 디자인이나 마케팅, 출시 시기가 아니다. 비즈니스라는 무한게임에서 생존하고 번영하기 위해서는 그 모든 요소들보다 큰 것을 봐야 한다. 뛰어난 제품이 실패하는 일은 빈번하게 발생한다. 상품 외적인 요소처럼 보이겠지만 경영 방식도 성공에 있어서 필수 고려 사항이다. 유한게임 사고방식을 지닌 리더는 다른 기업과 경쟁하고 이기는 것을 최우선 과제로 삼는다. 그렇기에 모든 경영 및 생산 전략, 직원 채용과 성과 체계를 유한게임식 목표에 최적화하여 설계한다. 이렇게 기업의 근간에 유한게임 사고방식이 자리 잡으면 시야가 아주 좁아지는 결과를 낳는다. 그러면 중요한 일 대신 급한 일에 과도하게 집중하는 분위기가 형성된다. 경영진은 새로운 가능성을 탐구하거나 개발하기보다는 기존의 요인에만 신경 쓰게 된다. 경쟁 상대가 하는 일에 지나치게 집착해서 그들의 행동 하나하나에 반응하다가 정작 자사를 발전시킬 좋은 기회들을 놓치기도 한다. 마치 방어전만을 펼치면서 정복을 꾀하는 모습과 같다. 마이크로소프트는 유한게임 사고방식에 사로잡힌 나머지 끝나지 않는 두더지 잡기 게임 속에 빠지고 만 것이다.

마이크로소프트의 리더들은 자신들이 무한게임에 참여하고 있다는 사실을 깨닫지 못했고 애플의 무한게임 사고방식을 이해하지 못했다. 스티브 발머도 '비전'이니 '장기적'이니 하는 무한게임식 단어를 사용하기도 했지만 유한게임식 리더들이 흔히 그러듯이 대부분 순위, 주가 성과, 시장 점유율, 수익과 같은 유한게임의 맥락에서 썼다. 마이크로소프트는 마치 베트남전쟁 당시 미국처럼 게임을 계속하는 데 필요한 의지력과 자원을 낭비하며 헤어날 수 없는 수렁에 빠져 있었다.

마이크로소프트는 준의 실패에서 아무런 교훈도 얻지 못한 듯했다. 2007년 아이폰이 처음 나왔을 때 발머가 보인 반응은 그의 유한게임 사고방식을 여실히 보여준다. 그는 인터뷰에서 아이폰에 관한 질문을 받았을 때 비웃듯이 말했다. "아이폰이 유의미한 점유율을 차지할 가능성은 없습니다. 절대로요. 애플이 돈을 많이 벌 수는 있겠죠. 하지만 지금까지 팔린 휴대전화 13억 대를 잘 살펴보면 60~80퍼센트는 저희 소프트웨어를 사용했을 겁니다. 애플은 2퍼센트나 3퍼센트는 될까요?"

유한게임 사고방식에 사로잡힌 발머는 기존 시장에서 아이폰이 달성할 수 있는 상대적 수치에 초점을 맞췄다. 그러느라 아이폰이 시장 판도 전체를 바꾸고 우리 삶에서 휴대전화의 역할을 완전히 재정의하리라고는 생각지도 못했다. 아이폰의 매출은 출시된 지 단 5년 만에 마이크로소프트가 생산하는 모든 제품의 총매출보다 커졌다. 이런 변화에 아마 발머는 무척 분노했을 듯하다.

2013년 마이크로소프트의 CEO로서 마지막 기자회견을 열었을 때도 스티브 발머는 완벽한 유한게임 사고방식을 보여줬다. 성공을 정의할 때 자신에게 유리한 몇 가지 기준만을 택했고 시간도 자신이 CEO로 일했던 기간만으로 한정했다. "지난 5년간 애플은 저희보다 매출을 많이 올렸을지도 모릅니다. 하지만 지난 13년을 돌이켜 본다면 저희는 지구상의 그 누구보다도 더 많은 수익을 창출했습니다. 그리고 저는 그 사실이 정말 자랑스럽습니다." 발머는 자신이 CEO였던 지난 13년간의 재무제표상 수치를 언급하며 자기 회사가 '이겼다'라고 이야기하고 싶었던 듯하다. 만약 빌 게이츠Bill Gates가 세운 원래의 무한게임식 비전, 즉 '지구상의 모든 사람과 조직이 더 많은 것들을 성취할 수 있도록 그들의 역량 증대를 돕는다'라는 사명이 언급되었다면 어땠을까? 그 사명을 이룩하기 위해 마이크로소프트가 창립 이래 어떤 일을 해왔는지, 앞으로는 어떤 일을 할지 이야기했다면 기자회견장의 분위기는 현저하게 달랐을 것이다.

유한게임식 리더는 회사의 실적을 사용해 자신이 쌓아온 커리어의 가치를 증명한다. 무한게임식 리더는 자기 커리어를 사용해 회사의 장기적 가치를 높인다. 금전적 이익은 그 가치 중 일부일 뿐이다. 발머가 은퇴해도 게임은 끝나지 않는다. 그가 나간 뒤에도 회사는 게임을 계속한다. 무한게임에서 그가 수익을 얼마나 내고 은퇴했는지는 핵심이 아니다. 은퇴 후 13년이 흐르든, 33년이 흐르든, 300년이 흐르든 회사가 게임에서 퇴출당하지 않고 더욱 번창할 수 있도록 올바른 기업 문화를 정립하고 갔는지가 훨씬 중요하다. 그리고 그 관점에서 본다면 발머는 패배했다.

비즈니스라는 무한게임에서 리더가 유한게임 사고방식을 고수하거나 유한게임식 목표에 집착하면 임의로 정한 기간에 임의로 정한 기준으로 1등을 기록할 수는 있을 것이다. 하지만 그것이 오랫동안 게임을 계속해나갈 수 있는 강한 회사가 되었다는 증거는 될 수 없다. 사실 리더의 유한게임식 행동은 대개 회사 내부 체계에 해를 끼치며, 의도치 않게 회사가 게임에서 영구적으로 퇴출되는 결과를 초래하기도 한다.

유한게임식 리더는 단기 결과에 과하게 몰두하므로 실적을 내는 데 유리한 전략이라면 무엇이든 한다. 보통 연구 개발에 투자를 줄이거나, 무리하게 비용을 절감하거나(예를 들면 정기적인 정리 해고, 값싸고 질 낮은 원료 채택, 생산이나 품질 관리 절차 무시가 있다), 인수합병을 통해 외형 성장을 꾀하거나, 자사주를 매입한다. 무턱대고 이런 전략을 시행하면 기업 문화가 뒤흔들릴 수도 있다. 직원들은 그 무엇도, 그 누구도 실적 앞에서 안전하지 않다는 사실을 깨닫는다. 사람들은 이에 대응하여 본능적으로 자기방어 태세에 돌입한다. 다른 직원들과 정보를 공유하지 않고, 실수를 숨기고, 더 조심스럽게 행동하고, 위험을 회피한다. 자기 자신을 지키기 위해 아무도 신뢰하지 않는다. 다른 한편에는 적자생존의 정신으로 밀어붙이는 사람들도 있다. 그들은 공격적인 전략을 펼친다. 그들의 자의식은 점점 커진다. 상사들에게 호의를 얻고자 노력하고 동시에 동료의 성공을 방해하기도 한다. 이들 역시 스스로를 보호하기 위해 다른 사람을 믿지 않는다. 이런 행동은 결국 서로 협력하기 어려운 분위기를 조성한다. 그러면 진정 새롭고 혁신적인 아이디어가 나오기는 어려워진다. 마이크로소프트에서 일어난 사태가 바로 이와 같다.

마이크로소프트는 유한게임 방식에 사로잡혀 분기 실적에 집착했다. 마이크로소프트의 창립 초기부터 함께했던 직원들은 회사가 창의력과 상상력, 혁신을 잃어가는 모습을 보며 안타까워했다. 부서 간에 서로 돕기보다는 갈등이 생겼으며, 심지어는 음해하는 일까지 벌어지며 신뢰와 협력은 무너졌다. 대기업들 안에서 많이 생기는 사일로 문화, 즉 조직 내 소통 부족과 비밀 증가 현상의 완전체 같았다. 원래 마이크로소프트는 직원들의 원대한 비전을 실현할 수 있는 무대 같은 곳이었는데 이제는 마치 전염병의 온상지처럼 피하는 게 상책인 공간이 되고 말았다. 『배니티 페어』*Vanity Fair* 잡지에서는 마이크로소프트를 신랄하게 비판했다. "통찰력 넘치는 젊고 유능한 직원들을 주역 삼아 시장에서 건전한 경쟁을 펼치던 회사가 관료주의에 물든 거대 공룡 기업이 되고 말았다. 게다가 아무리 혁신적인 아이디어가 나와도 기존 질서에 위협을 가할 수 있다고 생각되면 묵살해버리는 책임자가 보상받는 내부 문화가 형성되었다." 즉 유한게임 사고방식이 기업 문화를 망쳤다는 뜻이다.

거대 기업이 유한게임 방식으로 운영되더라도 선대의 리더들이 축적해온 의지력과 자원을 다 소진하는 데 꽤 오랜 시간이 걸린다. 발머가 현역 CEO였을 때 마이크로소프트는 아직 해당 산업에서 우세한 기업이었다. 이는 무한게임식으로 경영한 빌 게이츠가 기초를 탄탄히 세운 공이 컸다. 하지만 만약 발머가 더 오래 현역에 머물렀거나 후임 CEO도 유한게임 사고방식을 지녔더라면 건강한 게임을 이어가는 데 필요한 직원들의 의지력과 회사의 자원이 결국 고갈됐을 것이다. 단지 회사의 규모가 크고 그동안 수익을 많이 냈다고 해서 그 회사가 미래에도 오랫동안 살아남으리라는 보장은 없다.

마이크로소프트에 벌어진 일은 비즈니스계에 드물지 않다. 비즈니스 역사를 살펴보면 이와 비슷한 이야기가 늘 되풀이된다. 예를 들어, 제너럴모터스General Motors, GM는 수익은 고려하지 않고 시장 점유율에만 집착하다 경영이 악화되어 정부의 구제가 아니었으면 시장에서 퇴출당할 뻔했다. 시어스Sears(미국계 글로벌 유통 업체—옮긴이), 서킷시티Circuit City(미국의 전자 제품 유통 업체—옮긴이), 리먼브라더스Lehman Brothers, 이스턴항공Eastern Airlines(과거 미국의 항공사—옮긴이), 블록버스터Blockbuster Video(과거 미국의 비디오 대여 업체—옮긴이) 역시 고초를 겪어야 했다. 이들은 모두 한때 업계를 주도하던 강한 기업이었지만 리더가 유한게임의 스릴에 빠지는 바람에 쇠퇴의 길을 걷었다.

안타깝게도 지난 30~40년간 유한게임식 리더십이 비즈니스의 표준으로 자리매김했다. 월스트리트의 기업들이 유한게임식 리더십을 도입했고, 경영대학원에서는 유한게임식 리더십을 가르친다. 동시에 기업의 수명이 점점 짧아지고 있다. 맥킨지McKinsey의 연구에 따르면, S&P 500(국제 신용 평가사인 스탠더드앤드푸어 Standard & Poor가 선정한 500개의 대형 기업, 또는 그 주식—옮긴이) 기업의 평균 수명이 1950년대에는 61년을 기록했는데 이후 40년간 점점 줄어들어 오늘날엔 불과 18년밖에 되지 않는다. 예일대학교의 리처드 포스터Richard Foster 교수는 그 변화 속도가 과거 그 어느 때보다 더 빨라지고 있다고 말했다. 이러한 결과가 나온 데에는 여러 가지 원인이 있겠지만, 오늘날 리더들이 오랫동안 생존할 기업을 세워가지 않는다는 점도 그중 하나다. 이 현상은 굉장히 모순적인데, 왜냐하면 아무리 유한한 목표를 지향하며 유한게임 식으로 경영하는 리더라 해도 기업이 오래 생존하고 번영할수록 목표를 모두 다 성취할 확률이 높아진다는 사실을 인정할 수밖에 없기 때문이다.

유한게임식 리더십에 영향을 받는 것은 기업만이 아니다. 유한 게임식으로 생각하는 사람들이 권위 있는 자리에 많이 오를수록 사회의 모든 측면에서 각종 규범을 바꾸려는 압력이 커진다. 유한 게임 방식이 사회 전반에 확고히 자리 잡게 된다. 그러면 참여하 는 게임의 속성에 맞지 않게 플레이하게 되고, 오래지 않아 경제 전체가 유한게임의 굴레에 갇히게 된다.

이러한 상황은 오래 지속될 수 없다. 예를 들어 대공황의 주원 인이었던 1929년 주식시장 폭락 사태 이후, 기업들의 과도한 유 한게임식 경영을 막기 위해 글래스-스티걸 법Glass-Steagall Act(상 업 은행과 투자 은행을 분리하는 법—옮긴이)이 도입됐다. 당시 기업들 이 유한게임 방식으로 경영한 탓에 시장 불안정성이 커졌기 때문 이다. 글래스-스티걸 법안이 통과된 이후로는 주식시장이 대폭락 하는 일이 단 한 번도 없었다. 금융 시장 개방이라는 명목으로 법 안이 사실상 폐기되었던 1980~1990년대 전까지만 해도 말이다. 하지만 법안이 무효화된 후로는 대폭락이 세 번이나 있었다. 바로 1987년 블랙 먼데이, 2000년 닷컴 버블, 2008년 금융 위기다.

유한게임 사고방식으로 무한게임을 플레이하면 스스로를 파괴하게 된다. '인생을 즐긴다'라는 명목으로 디저트를 너무 많이 먹다가 당뇨병에 걸리는 꼴과 비슷하다. 유한게임 방식으로 플레이하는 참여자가 너무 많으면 극단적으로는 위의 예와 같이 주식시장이 대폭락하는 상황을 초래할 수 있다. 신뢰와 협력, 혁신이 사라져서 빠르게 움직이는 비즈니스 세계에서 기업이 생존하고 번영하기가 극히 어려워지는 경우는 더 흔하다. 기업이 장기적으로 번영하는 데 신뢰, 협력, 혁신이 중요하다고 믿는다면 해야 할 일은 단 하나다. 바로 어떻게 무한게임 방식으로 플레이하는지 배우는 것이다.

무한게임 방식으로 리드하라

리더는 다음 세 가지 항목을 항상 고려해야 한다.

1. 특정 게임이 유한게임인지 무한게임인지는 정해져 있으므로 선택할 수 없다.
2. 게임에 참가할지 말지 정할 수 있다.
3. 게임에 참가하기로 했다면 유한게임 방식으로 플레이할지, 무한게임 방식으로 플레이할지 정할 수 있다.

유한게임에 참여한다면 당연히 정해진 규칙을 따라야 이길 수 있다. 축구 경기를 앞두고 농구를 준비하면 아무 소용이 없다. 무한게임에 참여할 때도 마찬가지다. 무한게임에 맞는 방식으로 플레이해야 생존하고 번성할 수 있다.

비유하자면 무한게임 사고방식으로 조직을 이끄는 일은 건강한 몸을 가꾸는 과정과 비슷하다. 건강한 몸은 단번에 만들 수 없다. 한 번 헬스클럽에서 아홉 시간 운동했다고 바로 근육질로 바뀌지는 않는다. 하지만 하루도 빠짐없이 헬스클럽에 가서 20분씩 운동한다면 분명 건강해질 것이다. 강도보다 꾸준함이 중요하다. 문제는 원하는 결과가 정확히 언제 나올지 아무도 모른다는 점이다. 사람마다 걸리는 시간도 다르다. 하지만 그렇게 성실하게 운동한다면 언젠가는 반드시 효과가 나타나리라는 사실만은 100퍼센트 확실하다. 진정으로 건강해지고 싶다면 특정 날짜까지 얼마나 감량하겠다는 유한게임식 계획보다 생활 습관의 변화가 훨씬 중요하다. 건강을 원한다면 지켜야 할 기본 원칙이 있다. 채소를 더 많이 먹고, 규칙적으로 운동하고, 잠을 충분히 자는 것이 그 예다. 마찬가지로 사고방식을 무한게임식으로 전환하고자 할 때도 지켜야 할 기본 원칙이 있다.

무한게임 사고방식을 지니고자 하는 리더라면 다음 기본 원칙 다섯 가지를 따라야 한다.

- 모두의 가슴을 뛰게 할 '대의명분Just Cause'을 추구하라
- 서로 믿고 의지할 수 있는 '신뢰하는 팀Trusting Team'을 만들어라
- 나를 발전시킬 '선의의 라이벌Worthy Rival'을 항상 곁에 둬라
- 본질 외엔 모든 것을 바꿀 수 있는 '근본적 유연성Existential Flex'을 가져라
- 옳다고 생각하는 것을 밀고 나갈 '선구자적 용기Courage to Lead'를 보여줘라

건강한 몸을 만들기 위한 수칙을 다 지키지 않고 몇 가지만 골라서 실행할 수도 있다. 예를 들면, 운동은 열심히 하되 채소는 먹지 않는 것이다. 이렇게 해도 효과는 있다. 하지만 모두 다 따르려고 노력하면 효과가 더욱 커진다. 마찬가지로 무한게임 사고방식을 부분적으로만 적용해도 효과는 나타난다. 하지만 기업이 무한게임에서 오랫동안 살아남으려면 무한게임 사고방식을 전방위에 적용해야 한다.

무한게임 사고방식을 유지하기는 어렵다. 무척 어렵다. 다른 길로 새는 경우들이 분명히 발생할 것이다. 사람은 누구나 실수한다. 사람이라면 누구든 때때로 욕심내고, 두려워하고, 야망을 품고, 잘못 이해하고, 외부로부터 압박감을 느끼고, 이득을 위해 경쟁하고, 자존심을 내세운다. 다 쓰자면 끝도 없다. 게다가 유한게임이 매력적이라서 더 큰 문제다. 유한게임은 즐거운 데다 중독성

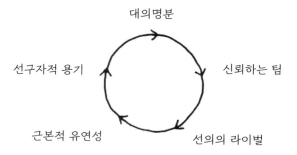

대의명분

선구자적 용기　　　　　신뢰하는 팀

근본적 유연성　　　　선의의 라이벌

도 있다. 마치 도박에서 판돈을 딸 때와 같이, 목표를 달성하고 이길 때마다 도파민 분비가 촉진되어 또다시 같은 방법으로 플레이하고 싶어진다. 그렇기 때문에 이 욕구를 절제할 수 있을 만큼 강해져야 한다.

　모든 리더가 완벽한 무한게임 사고방식으로 경영하기를 기대할 수는 없다. 그리고 지금은 무한게임식 리더라 해도 언제까지나 그 사고방식을 견지하리라고 지레짐작해서도 안 된다. 사람은 무한게임식 미래 비전을 실현하기 위해 고군분투하는 것보다 유한게임식 단기 목표에 집중하는 편이 훨씬 쉽다고 느낀다. 기업을 경영할 때도 마찬가지인데, 특히 기업 상황이 어려울수록 더 그렇다. 이번 장에서 예시로 든 모든 회사, 심지어 긍정적 사례로 든 회사들에서도 리더가 유한게임식 목표에 휩쓸려 무한게임식 창립 이념을 버렸던 적이 한 번씩은 있었다. 사실 예시 속 기업들 모두 유한게임 사고방식 때문에 무너질 뻔했다. 몇몇 기업만이 운 좋게 무한게임 스타일의 리더를 다시 만나 살아났다. 이러한 리더들은 직원들의 의욕을 불러일으키는 한편, 고객에게 더욱 매력적인 제품을 제공하여 전보다 강한 기업을 만들었다.

어떤 방식으로 플레이하든 간에 자신과 주변 사람들이 그 결정을 정확히 알 수 있도록 해야 한다. 플레이 방법에 따라 주변에 미치는 영향이 달라지기 때문이다. 직원, 고객, 투자자는 우리가 어떤 방식을 택한지 알아야 그에 맞춰 어떻게 행동할지, 우리에게 어떤 기대를 할지 정할 수 있다. 우리의 사고방식에 따라 자신들이 장단기적으로 어떤 영향을 받게 될지 가늠할 수 있는 것이다. 어느 회사에서 일할지, 어느 회사 제품을 구매할지, 어느 회사에 투자할지 올바르게 선택해야 하므로 그들은 알 권리가 있다.

만약 당신이 나같이 무한게임 사고를 하고 있다면 우리가 무한게임식 리더의 다섯 가지 원칙을 지킨다는 사실을 타인에게 알려야 한다. 그러면 우리가 미래 지향적인 비전에 초점을 맞추며 그 비전을 향해 가는 동안 서로 협력하리라는 믿음이 그들에게 생긴다. 그들은 또한 우리가 아주 먼 미래까지 오랫동안 생존하고 번영하기 위해 단기적인 유혹에 빠지지 않으며 창립 이념에 따라 도덕적으로 행동하리라고 확신할 수 있다.

무한게임 사고방식을 선택하면 매일 아침 출근할 때마다 의욕에 충만하고, 근무할 때는 안정감을 느끼며, 하루가 끝날 때는 성취감을 만끽할 수 있다. 그리고 언젠가 게임에서 물러나야 할 때가 오면 인생과 커리어를 반추하며 "참 잘 살았구나"라고 말할 것이다. 그리고 우리 없이도 게임을 잘 이어나가도록 수많은 사람에게 영감을 불어넣어줬다는 사실을 발견할 것이다. 그것이 정말 중요하다.

2장

모든 플레이의 시작점

그들은 처음에는 동물원의 동물들을 잡아먹었다. 그다음엔 기르던 강아지와 고양이를 먹었다. 심지어 벽지용 풀이나 삶은 가죽을 먹는 사람들도 있었다. 그보다 더 상상하기 어려운 일도 있었다. 그곳에서 생존한 다닐 그라닌Daniil Granin은 자신의 책에 이렇게 썼다. "어린아이가 죽었다. 그는 겨우 세 살이었다. 그의 어머니는 아이의 시체를 이중 유리창 안쪽에 눕혀놓고 매일 한 조각씩 잘라 둘째 아이에게 먹였다."

1941년 9월부터 1944년 1월까지 약 900일간 나치가 러시아 레닌그라드(현 상트페테르부르크—옮긴이)를 포위하는 동안 그곳에서는 이같이 끔찍한 일들이 벌어졌다. 시민 100만 명 이상이 굶어 죽었고 그중 40만 명은 어린아이였다. 그런데 아무도 몰랐지만 사실 그 모든 일이 일어나는 동안 도시 한복판에 농작물 씨앗 수천 개와 감자, 쌀, 견과류와 시리얼 수천 톤이 숨겨져 있었다.

나치에게 포위되기 약 25년 전, 니콜라이 바빌로프Nikolai Vavilov 라는 젊은 식물학자가 씨앗을 모으기 시작했다. 러시아에서 수백만 명의 사람이 죽어 나간 대기근을 경험하며 자란 그는 자신의 인생을 걸고 기아 퇴치와 생태적 재해 예방에 기여했다. 처음에는 이상적인 발상으로 시작했던 이 일은 바빌로프에게 굉장히 구체적인 목표가 되었다. 그는 전 세계를 돌아다니며 다양한 농작물 씨앗을 모았고 어떤 작물이 더 잘 자라는지 연구했다. 오래지 않아 작물 씨앗을 6,000종 이상 수집했다. 또한 유전학을 연구하는 한편, 병충해에 강하고, 악조건을 잘 견디고, 더 빨리 자라고, 수확량이 더 많은 새로운 품종을 개발하기 위해 다양한 실험을 진행했다. 일이 진전될수록 종자 은행을 설립하겠다는 그의 비전은 더욱 확고해졌다. 오늘날 사람들이 컴퓨터에 문제가 생길 때를 대비해 중요한 데이터를 백업해두듯이 바빌로프는 종자를 백업하고 싶어 했다. 특정 품종이 멸종되거나 자연재해 혹은 인재로 더는 재배할 수 없어지는 상황에서도 전 세계에 식량을 공급할 수 있도록 종자를 미리 모아두고자 한 것이다.

식물학자로서 명성을 쌓고 종자를 전보다도 더 많이 모은 바빌로프는 1920년 교수를 그만두고 레닌그라드의 응용식물연구소 Department of Applied Botany 소장이 되었다. 바빌로프는 정부에게 재정 지원을 받은 덕분에 자기와 뜻을 같이하고 일을 도와줄 과학자 팀 전체를 연구소로 데려갈 수 있었다. 그는 연구소로 옮긴 뒤 이렇게 기록했다. "우리 연구소가 가능한 한 모든 사람에게 필수적인 기관이 되었으면 좋겠다. 전 세계의 수많은 품종을 모아 잘 정리해서 작물과 식물을 총망라한 보물 창고를 만들고 싶다." 무한게임 사고방식을 지닌 선량한 선구자들이 으레 그렇듯 그 역시 이렇게 결론지었다. "어떤 결과가 나올지는 확실하지 않다. 그래도 도전할 것이다."

그러나 2년도 채 되지 않아 상황이 변하고 말았다. 소비에트 연방이 설립됐고 그 누구도 안전하지 않았다. 존경받던 인물인 바빌로프도 예외는 아니었다. 이오시프 스탈린Joseph Stalin은 1922년부터 1953년까지 소련을 통치하는 동안 2,000만 명이 넘는 국민을 죽였다고 전해진다. 슬프게도 자국민을 위해 평생을 헌신한 바빌로프도 스탈린의 정치적 표적이 되어 1940년 간첩 혐의로 체포되었다. 그는 잔인한 심문을 400회 이상 받았다. 심문이 13시간 넘게 진행된 적도 있었다. 심문의 목적은 그의 의지를 꺾고 그가 반 스탈린 세력의 동조자라는 허위 자백을 받아내는 것이었다. 하지만 바빌로프는 이런 극한 상황에서도 쉽게 무너질 사람이 아니었다. 심문관이 아무리 애를 써도 바빌로프는 굴복하지 않았으며 결코 거짓된 자백을 하지 않았다. 안타깝게도 1943년, 기근을 퇴치하기 위해 일생을 바쳤던 선구적인 식물학자이자 식물유전학자였던 그는 55세라는 아까운 나이에 영양실조로 감옥에서 숨을 거뒀다.

바빌로프가 사망했을 당시 레닌그라드 공방전은 한창 격해지고 있었다. 그리고 전쟁 한복판에, 성 이삭 광장의 평범한 건물 안에 바빌로프의 팀이 기록하고 수집한 모든 연구 자료와 종자 모음이 숨겨져 있었다. 이 종자들은 훗날 농작물 수십만 종으로 재배될 아주 귀중한 존재였다. 이 숨겨진 종자 모음은 포격으로 인해 파괴될 위험뿐 아니라 도시에 갑자기 늘어난 쥐에게 먹힐 가능성도 있었다(당시 굶주린 사람들이 고양이를 전부 잡아먹어서 쥐의 개체 수가 비정상적으로 증가했기 때문이다). 설상가상으로 나치 역시 바빌로프의 종자 모음에 관심이 있었다. 유전학에 집착했고 건강 염려증이 있던 히틀러는 종자 은행의 가치를 알고 있었고 자국인 독일과 자기 자신을 위해 종자 모음을 손에 넣고자 했다. 하지만 종자 모음이 존재한다는 사실만 알 뿐 어디 있는지는 알지 못했기에 부대를 결성해 찾아내도록 지시했다.

이처럼 위협적인 상황 속에서, 여느 레닌그라드 시민과 똑같이 역경을 겪으면서도 바빌로프의 과학자팀은 그들의 임무를 멈추지 않았다. 예를 들면 그들은 한겨울에 최전방 인근 지역에서 위험을 무릅쓰고 몰래 감자밭을 경작했다. 몇몇 작물이나 종자를 도시 밖으로 반출하기도 했지만 나머지는 꼭꼭 숨긴 채 삼엄하게 경비했다. 바빌로프의 비전에 일생을 헌신했던 그들은 종자 은행을 안전하게 지키기 위해 어떤 일도 감수할 수 있었다. 심지어 목숨까지 바칠 수 있었다. 결국 종자 수십만 개와 감자, 쌀, 견과류, 시리얼을 비롯한 작물 여러 톤을 눈앞에 두고도 먹기를 거부한 과학자 9명은 굶어 죽고 말았다.

바빌로프는 대의명분을 추구하는 자신의 마음을 다음과 같이 표현했다. "우리는 장작더미로 걸어 들어가 타 죽을 수도 있다. 그러나 우리의 신념을 저버릴 수는 없다." 바빌로프와 뜻을 공유한 과학자들은 단순히 바빌로프가 한 말에 감명받는 데 그치지 않고 그의 뜻에 인생을 걸었다. 생존자 중 한 사람이었던 바딤 레흐노비치Vadim Lekhnovich는 당시 총성이 울려 퍼지는 와중에도 씨감자 파종을 돕고 경작지를 지켰다. 훗날 그렇게 많은 작물을 먹지 않고 참는 것이 어렵지 않았냐는 질문에 그는 이렇게 답했다. "걷기조차 힘들었습니다. 매일 아침 일어나기도 무척 힘들었고 손발을 움직이는 것 자체가 힘겨웠죠. 하지만 모아온 종자를 먹지 않고 버티는 것은 전혀 힘들지 않았습니다. 그걸 먹는 행위는 상상조차 할 수 없었어요. 저와 제 동지들이 평생을 바쳐온 신념이 걸린 문제였기 때문입니다."

공방전이 벌어지는 동안 바빌로프의 과업을 이어간 과학자들은 자기 자신만을 위한 인생이 아니라 더 큰 목표를 바라보며 살았다. 그들의 마음속에는 바빌로프가 '전 인류를 위한 과제'라고 불렀던 대의명분이 있었으므로 자기만 생각하는 편협한 사고에서 벗어날 수 있었고 도시가 포위된 현실에도 흔들리지 않을 수 있었다. 그리고 일과 삶에서 목적과 의미를 찾을 수 있었다. 그들이 만약 가지고 있던 작물을 먹었다면 혹은 레닌그라드의 굶주린 시민들에게 작물을 배급했다면 유한게임 방식으로 문제를 해결한 셈이다. 그렇게 해서 사람들을 몇 명 살리거나 얼마간 목숨을 연장해줄 수도 있었겠지만 그들은 바로 앞만 내다보지 않았다. 그들의 꿈은 레닌그라드 시민 몇 명만 살리는 것이 아니라 전 세계인을 구명하는 것이었다. 그들의 목적은 공방전이 끝날 때까지만 살아남는 것이 아니라 전 인류가 최대한 오래 번영할 수 있는 미래였다.

대의명분에서 시작하라

하워드의 리틀리그 팀은 리그 전체에서 가장 못하는 팀이었다. 게임에서 질 때마다 코치는 선수들에게 이렇게 말하곤 했다. "승패가 중요한 게 아니야. 우리가 어떻게 플레이했느냐가 중요하지." 그러던 어느 날, 어른스러운 아이였던 하워드가 손을 들고 코치에게 질문했다. "그러면 뭐 하러 점수를 기록하는 거죠?"

유한게임에서는 이기기 위해 플레이한다. 친선 경기에서조차 지는 것을 목표하진 않는다. 무한게임의 목적은 완전히 다르다. 승리가 아니라 플레이의 지속이 목표다. 자기 자신 혹은 자신이 속한 단체만 바라보지 않고 더 큰 무언가를 추구한다. 무한게임에서 리더가 되고자 하는 사람이라면 명확한 '대의명분'을 마음속에 품고 있어야만 한다. (저자는 '대의명분'이라는 개념을 재정의해 고유명사처럼 사용한다. 어떤 형태로든 전 인류, 이 세상 전체의 이익을 추구하는 이상적인 비전을 뜻한다.—옮긴이)

　대의명분이란 아직 존재하지 않는 특정 미래 모습에 대한 비전이다. 사람들은 그 미래에 매력을 느끼고 비전의 실현을 돕고자 기꺼이 희생한다. 바빌로프를 따랐던 과학자들처럼 목숨을 내놓는 경우도 있다. 하지만 꼭 그럴 필요는 없다. 월급을 많이 주는 회사 대신 자신이 따르는 대의명분을 추구하는 회사를 선택하는 것도 희생이 될 수 있다. 잦은 야근이나 출장 역시 희생이 될 수 있다. 이런 희생이 꼭 즐겁지는 않지만 그래도 가치 있다고 느끼는 이유는 대의명분을 실현하는 과정이기 때문이다.

　사람은 게임에서 '이기면' 일시적으로 짜릿함을 느낀다. 짧은 순간이지만 강한 자신감도 생긴다. 하지만 목표를 달성하거나, 승진하거나, 토너먼트 경기에서 이긴 지 1년이 지났는데도 여전히 그 정도로 성취감을 느끼는 사람은 아무도 없다. 이미 감정은 지나간 지 오래다. 다시 그 기분을 맛보려면 또다시 승리해야 한다. 하지만 단순히 경쟁에서 이기는 것보다 더 가치 있는 대의명분을 마음에 품고 일한다면 인생의 의미가 더욱 깊어지며 더 큰 성취감을 경험한다. 이러한 감정은 몇 주고, 몇 달이고, 몇 년이고 이어진다.

유한게임에 사로잡힌 회사에서 일한다면 직업에서 재미를 느낄 때도 있지만 자기 직업을 사랑하는 경지까지는 오르지 못할 확률이 높다. 대의명분을 좇는 회사에서 일한다면 마찬가지로 업무가 재미있는 날도 있고 재미없는 날도 있겠지만, 자기 직업을 사랑하는 마음은 변하지 않을 것이다. 이는 자녀에 대한 부모의 마음과 비슷하다. 어떤 날은 예쁘고 어떤 날은 밉지만 아이들을 사랑한다는 사실은 항상 같은 것처럼 말이다.

대의명분은 WHY와는 다르다. (저자는 이전 저서 『스타트 위드 와이: 나는 왜 이 일을 하는가』*Start with Why*에서 WHY의 개념과 WHY를 찾는 방법을 자세히 소개한다. WHY는 각 개인 혹은 기업이 존재하는 이유 및 목적을 뜻하며, 모든 일을 하는 데 열정의 원천이다.—옮긴이) WHY는 근원이 과거에 있다. WHY는 우리의 기원 설화와 비슷하다. 우리가 가진 가치관과 신념의 총합으로, 현재 어떤 사람인지 보여준다. 반면 대의명분은 미래와 관련 있다. 우리가 나아갈 방향을 정해준다. 우리가 살고 싶고 만들고 싶은 세상이 어떤 곳인지 나타낸다. WHY는 누구에게나 있다. 자신의 WHY를 찾으려는 의지만 있다면 누구든 발견할 수 있다. 하지만 모두가 자신만의 대의명분을 가질 필요는 없다. 다른 사람의 대의명분에 함께해도 된다. 스스로 정한 대의명분을 위해 노력해도 되고 다른 사람이 품은 대의명분에 뜻을 함께하며 그것을 자기 대의명분으로 만들어도 된다. WHY는 딱 하나만 존재하지만 대의명분은 여러 개를 추구할 수 있다. WHY는 정해져 있고 변하지 않는다. 그에 반해 대의명분은 아직 완전히 실현되지 않은 목표이므로 어떤 형태를 취할지 정확히 알 수 없다. 우리는 대의명분을 이루기 위해 열정적으로 노력하며 그 과정에서 더 나은 길을 끊임없이 모색한다.

집 짓기에 비유한다면 WHY는 토대, 즉 시작점이라고 볼 수 있다. 토대는 그 위에 무엇을 세우든 탄탄하게 받쳐주며 내구성을 높여준다. 대의명분은 우리가 짓고자 하는 이상적인 집의 모습이다. 꿈꾸던 집을 짓는 일에 일생을 바치고도 결국 완성하지 못할 수도 있다. 그러나 열심히 일한 만큼 집이 모양새를 갖춘다. 상상 속에서만 존재하던 대의명분을 현실에 구현하면 더 많은 사람이 힘을 보태오고 대의명분을 진전시키기 위한 노력은 영원히 지속된다. 예를 들어, 나의 WHY는 사람들이 각자 관심 있는 분야에서 적극적으로 행동하도록 동기를 부여하는 것이다. 이는 나만의 고유한 WHY다. 나의 대의명분은 대다수의 사람이 아침에 의욕 가득한 마음으로 힘차게 일어나 출근하고, 직장에서는 안정감 속에서 일하며, 뿌듯한 마음으로 퇴근할 수 있는 세상을 만드는 것이다. 그리고 나는 이 대의명분 실현에 동참할 사람들을 최대한 많이 찾고 있다.

대의명분을 추구하면 일과 삶에서 의미를 찾을 수 있다. 마음속에 대의명분을 품고 있으면 유한게임식 보상과 개별적 승리를 뛰어넘어 더 큰 것에 집중할 수 있게 된다. 원대한 목표를 향해 가는

2장 모든 플레이의 시작점

도중에 만나는 유한게임은 대의명분의 맥락 속에서 의미가 부여된다. 대의명분은 플레이를 계속해나갈 이유가 되어준다. 무한게임식 목표를 세운 리더가 뜻을 같이할 사람들을 모으고자 한다면, 자신이 꿈꾸는 긍정적이고 구체적인 미래의 모습을 명료한 언어로 표현할 수 있어야만 한다. 과학이나 비즈니스 분야에서든 나라를 세우는 대업에서든 모두 똑같다.

예를 들어 미국 건국의 아버지들이 영국에 독립을 선언했을 때, 그들은 독립 선언과 같은 급진적인 행동에는 대의명분을 담은 성명서가 필요하다는 것을 알고 있었다. 그들은 독립선언문에 다음과 같이 썼다. "우리는 다음과 같은 진리가 자명하다고 믿는다. 모든 사람은 평등하게 태어났고, 조물주는 몇 개의 양도할 수 없는 권리를 부여하였으며 그중에는 생명권과 자유권과 행복의 추구권이 있다." 그들이 그린 비전은 단순히 국경으로 나눠진 또 하나의 국가가 아니라 자유와 평등의 기본 원칙이 지켜지는 이상적인 미래였다. 1776년 7월 4일, 이러한 비전을 담은 독립선언문에 서명한 56인은 "우리의 생명과 재산과 신성한 명예를 걸고 이 선언을 지지할 것"을 맹세했다. 이 비전이 그들에게 얼마나 중요했는지 알 수 있다. 그들은 무한게임식 비전을 추구하고 새로운 국가에서 이상을 펼치기 위해 자신의 유한한 생명과 재산을 기꺼이 내놓았다. 그들의 희생은 후대에서도 피와 땀과 눈물을 흘리며 동일한 비전을 계승하고 이루어가도록 영감을 줬다.

대의명분을 추구할 때는 이 뜻이 후대에까지 이어지리라는 확신이 있어야 한다. 미국 건국의 아버지들도 그랬고 니콜라이 바빌로프도 그랬다. 모든 인류에게 언제나 식량을 제공할 수 있는 원천을 조성하여 사람들이 굶주리지 않고 최대한 오래 살 수 있는 세상을 만들겠다는 바빌로프의 비전은 오늘날까지 이어지고 있다. 전 세계 100여 개국에 세워진 종자 은행 약 2,000여 곳에서 바빌로프가 생전에 시작한 사업을 계속 진행하고 있다. 노르웨이에 있는 스발바르국제종자저장고Svalbard Global Seed Vault도 그중 하나다. 북극에 지어져 자연적으로 온도가 조절되는 스발바르국제종자저장고에는 약 6,000여 종의 종자가 10억 개 이상 저장되어 있다. 이 시설은 최악의 사태에서도 인류의 생존에 필요한 식량을 공급하기 위해 세워졌다. 전 세계 종자 은행을 지원하기 위해 UN 등 국제기구의 합작으로 세워진 크롭트러스트Crop Trust의 대표 마리 하가Marie Haga는 지금 그들이 추구하는 대의명분이 바빌로프의 뜻에서 비롯됐다고 말한다. "바빌로프가 처음으로 세계를 여행한 뒤로 100년이 흘렀다. 하지만 아직도 종자 다양성을 위해 헌신하는 새로운 세대가 세계를 돌아다니며 작물 유전자를 보존하고 바빌로프의 뜻을 계승하고 있다."

오늘날 기업에는 대개 직원들에게 동기를 부여하려는 사명이나 비전, 미션 선언문이 있다. 하지만 대부분이 대의명분이라고 할 수 없다. 기껏해야 좋은 말을 무감동하게 써놓은 정도고, 최악의

2장 모든 플레이의 시작점

경우에는 유한게임을 이어나가도록 유도하는 내용을 써놓기도 한다. 정말 좋은 의도로 썼다고 해도 무한게임에 적용하기에는 내용이 너무 포괄적이거나, 자기중심적이거나, 모호하거나, 유한게임식인 경우가 많다. 보통 이런 식이다. "저희는 당신이 좋아하는 일에만 집중할 수 있도록 당신이 싫어하는 일을 대신 해드립니다." 하지만 이는 너무 많은 일에 적용되는 단순한 사실을 진술한 것에 불과하다. 특히 기업 간의 비즈니스 영역에서는 더욱 그렇다. 게다가 그다지 사기를 높여주는 슬로건도 아니다. 또 다른 모호한 비전의 예로는 "최저의 가격에 최고의 품질을 제공하겠습니다" 같은 말이 있다. 무한게임 리더들에게는 쓸모없는 문구다. 다른 사람과 함께 비전을 추구하겠다는 의지가 없고 자기중심적이다. 자기 회사 입장에서만 바라볼 뿐 자사의 제품이나 서비스를 통해 어떤 미래를 만들겠다는 내용이 없다.

예를 들면, 캘리포니아에 본사를 둔 텔레비전 및 스피커 제조사 비지오Vizio는 자사 웹사이트에 다음과 같은 비전을 올려놨다. "저희는 최신 기술을 사용해 고성능의 스마트한 제품을 합리적인 가격에 제공합니다." 이 문장은 그들이 어떤 일을 하고 있는지는 뚜렷하게 알려준다. 하지만 직원들이 진정 피와 땀과 눈물을 바쳐가며 열성적으로 일하고 싶은 마음이 들까? 당신은 이 문장을 읽었을 때 당장 이 회사에 달려가서 입사 지원서를 내고 싶은 욕구가 들었는가? 이걸 읽고 온몸에 소름이 쫙 돋거나 마음속 깊은 곳에서 강렬한 감정이 솟구치는 사람은 드물 것이다. 사람들이 이걸 보고 자신을 헌신하고 싶다고 생각하지는 않으며, 그런 일을 해서 무엇을 이루겠다는 건지도 알 수 없다. 문제는 무한게임에 참여하려면 이런 헌신과 목적성이 꼭 필요하다는 것이다.

앞서 설명한 바와 같이 대의명분은 아직 존재하지 않는 긍정적인 미래에 대한 뚜렷한 비전을 말한다. 대의명분을 올바르게 설정하면 업무의 방향성을 제시할 수 있고, 직원들은 자발적으로 희생정신을 가지게 되며, 우리가 사는 시대가 지나고 한참 후의 미래까지 그 뜻이 지속된다. 올바른 대의명분은 다음 다섯 가지 조건을 충족한다. 사명이나 미션, 비전을 담은 문장이 대의명분으로서 적합한지 아닌지 판단하고 싶을 때 혹은 리더로서 제대로 된 대의명분을 세우고자 할 때 다음 다섯 가지 조건에 부합하는지 확인해보면 된다.

올바른 대의명분은 반드시 다음과 같아야 한다.

* 무언가를 지향해야 한다—긍정적이고 낙관적이어야 한다.
* 포용적이어야 한다—뜻을 함께하고 싶은 사람은 누구나 참여할 수 있어야 한다.
* 봉사 정신이 있어야 한다—다른 사람의 이익을 추구해야 한다.
* 회복 탄력적이어야 한다—정치적, 기술적, 문화적 변화에 적응할 수 있어야 한다.

2장 모든 플레이의 시작점

- 이상적이어야 한다—크고 대담하며 궁극적으로 달성할 수 없는 목표여야 한다.

무언가를 지향해야 한다

대의명분은 우리가 믿고 지지하는 비전이지 반대하는 대상이 아니다. 리더 입장에서 사람들이 무언가에 '대항'하도록 만들기는 쉽다. 심지어 광분의 상태로 촉진시킬 수도 있다. 사람들은 화가 나거나 두려울 때 감정이 격해지기 때문이다. '대항'은 대상을 악마화하고, 비방하고, 거부하는 행위다. 특정한 반응을 끌어내기 위해 이미 있는 존재에 집중하게 한다. 반면 무언가를 '지향'하면 열의가 생긴다. 사람들은 의지를 불태우고 낙관적인 마음과 희망을 품는다. '지향'하는 행위는 모두 함께 선한 신념에 동참하도록 초대하는 것이다. 상상력을 자극해 아직 존재하지 않는 미래에 집중하게 한다.

  예를 들어, '빈곤 퇴치'를 위한 투쟁과 '모든 사람에게 자기 가족을 부양할 권리를 부여'하려고 분투하는 것을 비교해보자. '빈곤 퇴치'가 목적이면 모두 같이 대항해야 할 적이 생긴다. 마치 '이길 수 있는' 게임, 즉 유한게임에서 목표를 세운 듯하다. 빈곤을 한 번에 완벽하게 퇴치할 수 있다고 잘못된 믿음을 가지게도 한다. 반면 '모든 사람에게 자기 가족을 부양할 권리를 부여'하기 위해 애쓰면 추구할 목적이 생긴다. 이 둘은 단지 의미만 다른 것이 아니다. 이 관점의 차이는 이것을 문제로 볼지 비전으로 볼지로 연결되며, 이에 따라 어떤 마음으로 헌신할지도 정해진다. 첫 번째 관점으로 바라보면 해결해야 할 문제가 생기고, 두 번째 관점으로 바라보면 인간의 존엄과 권한, 가능성에 관한 비전이 생긴다. 빈곤 '감소'보다 자기 자신과 가족을 부양할 수 있는 사람의 수를 '늘리는' 데 의욕이 샘솟는다. '지향'과 '대항'의 차이는 미묘하지만 현저하게 크다. 미국의 독립선언문을 작성했던 이들은 이 사실을 본능적으로 알고 있었다.

근시안적으로 보면 미국을 대영제국으로부터 독립시키고자 했던 미국의 지도자들은 대영제국에 '대항하는' 입장이었다. 사실 이들은 영국의 태도에 무척 화난 상태였다. 독립선언문의 60퍼센트 이상이 왕에 대한 불만을 표하는 내용이다. 그러나 그들의 진정한 원동력은 '대항'이 아니라 자신이 원하는 미래에 대한 '지향'이었다. 독립선언문에도 자신들이 어떤 미래를 원하는지를 그 어떤 내용보다도 앞서 기술했다. 그래서 독립선언문을 읽으면 가장 먼저 그들이 꿈꾸는 이상적인 세계관이 나온다. 앞의 문장들은 그 뒤에 이어지는 내용에 맥락을 만들어주며 방향성을 제시한다. 개개인이 공감할 수 있으며 쉽게 기억할 수 있는 이상향을 보여준다. 독립선언문 후반부를 살펴보면 다음과 같이 왕에 대한 불만을 표하는 글이 많이 나온다. "국왕은 식민지의 인구를 억제하는 데 힘을 썼다. 이를 위하여 외국인의 귀화법에 반대했고, 외국인의 이주를 장려하는 법률도 허가하지 않았으며, 토지를 새로이 취득하는 데에도 여러 가지 조건을 붙여 까다롭게 했다." 하지만 학자들이나 역사광을 빼면 이 내용을 줄줄 외우고 있는 사람은 거의 없다. 반면 독립선언문의 앞부분에 등장하는 "모든 사람은 평등하게 태어났다"라는 문장은 미국인 대부분이 힘들이지 않고 읊으며, "생명권과 자유권과 행복의 추구권"이라는 3개의 요소를 외우고 있는 사람들도 많다. 그만큼 국민정신에 깊게 뿌리내리고 있다는 뜻이다. 미국인들은 당대 애국자와 정치인 들의 정신이 고스란히 담긴 이 문구에서 자신이 무엇을 위해 살아야 하는지, 조국의 건국 이념이 무엇인지 떠올린다. 다시 말해 독립선언문의 초반 내용은 미국인들이 무엇을 '지향하고 있는지' 보여준다.

포용적이어야 한다

사람들은 어딘가에 소속되고자 하며 소속감을 느끼고 싶어 한다. 교회에 다니거나, 퍼레이드나 집회에 참석하거나, 좋아하는 팀의 유니폼을 입고 경기를 관람하면서 한 무리의 일원이 된 기분을 즐긴다. 대의명분은 개인의 존재보다 큰 의의를 추구하는 사람들과 함께하자는 초청이다. 어떤 이의 대의명분을 들었을 때 낙관적이고 구체적이며 지금과는 다른 미래가 떠오른다면, 마음속에 숨어 있던 열정이 솟아나 손을 들고 함께하겠다고 자처하게 된다.

올바른 대의명분을 세우면 사람들이 모인다. 그들은 아이디어를 더 많이 내고, 시간을 더 쏟고, 경험을 더 많이 공유하는 등 원하는 미래를 구현하는 데 도움이 되기 위해 무엇이든 하려 한다. 이게 바로 사회운동의 시작이다. 처음에는 몇몇 사람들이 소규모로 시작한다. 그러다 이들의 이상적인 미래 비전이 알려지면 사람들이 모여든다. 초기에 모인 사람들은 무언가를 얻기 위해서가 아니라 주기 위해 찾아온다. 그들은 돕고 싶어 한다. 새로운 미래를 열고자 한다. 이들은 처음에는 다른 사람의 대의명분에 이끌려오지만 결국 그 대의명분이 자기 것이 된다.

단순히 "세상을 바꾸겠다" 혹은 "한 획을 긋겠다"라는 말로는 정확히 무엇을 성취하려는지 알 수 없다. 의도는 좋지만 의미 있는 방향성으로 삼기에는 너무 추상적이다. 다시 말하지만, 대의명분은 아직 실현되지 않은 '구체적인' 미래 비전이다. 사람들이 기꺼이 모든 것을 내놓고 희생할 만큼 매력적인 미래다. '비전vision'이라는 단어에는 '볼' 수 있어야 한다는 뜻이 내포되어 있다. 사람들을 두루 불러 모을 만큼 효과적인 대의명분을 만들려면 구현하고자 하는 세상이 정확히 어떤 모습인지 눈에 보이게 구체적으로 표현할 수 있어야 한다. 조직이나 리더가 추구하는 세상이 어떤 모습인지 정확히 그려지도록 해야 사람들이 에너지를 쏟고 자신을 희생할 수 있다. 명확한 대의명분만이 사람들의 열정을 불태울 수 있다.

 "저희는 열정적인 직원을 채용합니다"라는 말은 채용 공고문의 단골 문구다. 하지만 지원자가 면접에는 열성적이지만 회사가 따르는 대의명분에는 열의가 없을 수도 있지 않은가? 사실 열정이 없는 사람은 없다. 하지만 모든 사람이 다 같은 분야에 열정을 느끼지는 않는다. 무한게임식 리더는 함께 대의명분을 추구할 직원, 고객, 투자자를 적극적으로 찾아 나선다. 직원을 채용할 때 지원자의 업무 지식이 얼마나 풍부한지보다 기업 문화에 얼마나 적합한 사람인지를 주로 본다. 업무는 채용 후에 가르치면 되기 때문이다. 고객과 투자자를 유치할 때는 기업을 향한 애정과 충성심이 있는 사람들을 찾는다.

 예를 들면, 간편식 샐러드 체인점인 스위트그린Sweetgreen은 단지 샐러드를 판매하는 것 이상의 목적을 추구하며 사람들이 그 뜻을 함께하도록 장려한다. 그들의 미션은 다음과 같다. "리얼푸드를 제공하여 더 건강한 커뮤니티를 만드는 데 앞장선다." 여기서 리얼푸드란 인근 지역 농장에서 생산된 재료로, 지역 농가의 이익을 늘려주는 매개체다. 그래서 스위트그린은 지역마다 메뉴가 다르다. 단순히 맛있어서 스위트그린 샐러드를 사 먹는 사람도 많겠지만 인근 지역에서 생산된 농산물을 소비해서 지역 농가를 도와야 한다고 생각하는 사람들은 스위트그린의 열렬한 지지자가 된다. 그들은 스위트그린에 도움이 되기 위해 굳이 애를 써서 스위트그린을 자주 이용하고 프리미엄 메뉴를 주문하는 등 희생을 감수한다. 자신의 가치관과 신념을 좇고 더 나은 세상을 만들기 위해 어떤 형태로든 스위트그린에 보탬이 되고자 한다. 이렇게 그들은 한마음 한뜻으로 대의명분을 진전시키는 것이다.

봉사 정신이 있어야 한다

대의명분이 성립하려면 관련 무리가 최소한 둘은 있어야 한다. 공여자와 수혜자다. 공여자는 대의명분을 실현하기 위해 아이디어를 제공하거나, 열심히 일하거나, 돈을 기부한다. 그에 따라 수혜자는 이익을 받는다. 봉사 정신을 담은 올바른 대의명분이라면 조직이 창출하는 핵심 이익이 자신이 아니라 다른 사람에게 돌아가야 마땅하다.

예를 들어, 상사가 나에게 커리어 조언을 해준다면 그 조언은 상사의 이익이 아니라 내 이익이 주가 되어야 한다. 같은 원리로 투자자라면 기업이 대의명분을 실현할 수 있도록 돕는 것이 최우선 목표가 되어야 한다. 리더라면 시간과 노력을 쏟고 올바른 결정을 내려서 직원들에게 최대의 이익이 돌아가도록 해야 한다. 현

2장 모든 플레이의 시작점

장에서 일하는 직원이라면 우리 회사의 제품이나 서비스를 구매하는 소비자들이 최대의 수혜를 누리도록 노력해야 한다. 만약 당사자가 하나뿐이라면, 그러니까 창출하는 이익이 모두 자신에게 돌아온다면 대의명분이라고 할 수 없다. 그냥 허영심 가득한 계획일 뿐이다.

스위트그린은 자신들이 하는 일의 수혜자가 지역사회와 주민들이라고 말한다. 스위트그린 스스로를 위한 이익은 내세우지 않는다. 독립선언문을 작성한 사람들 역시 그들이 미국의 독립을 위해 노력하여 이익을 얻는 주된 수혜자가 "우리 지도자들"이 아니라 "우리 국민"이라고 명확히 밝혔다. 만약 미국의 독립을 이끌었던 지도자들이 수혜자를 본인들로 상정했다면 미국은 독재국가가 되었을지도 모른다. 마찬가지로 기업 이익의 주된 수혜자를 고객이 아니라 주주로 정한다면 어떤 일이 일어날지 쉽게 알 수 있다.

여기서 핵심은 '주된 수혜자'라는 표현이다. 봉사 정신은 단순 기부와는 다르다. 기부할 땐 수혜자가 이익의 대부분 혹은 전부를 가져간다. 그리고 기부자는 다른 사람을 도왔다는 뿌듯한 마음만 얻는다. 하지만 비즈니스에서 기업이 이익을 창출할 때는 당연히 그 수익을 스스로 취할 수 있다. 기업은 열심히 일해 실적을 달성한 만큼 보상과 인정을 요구할 수 있고 투자자들이 이윤을 얻도록 할 수도 있다. 다만 그 이익이 회사나 직원, 고객의 희생으로 발생해서는 안 된다. 주주의 이득을 위해 비용을 절감한다는 명목으로 고객에게 조악한 제품을 제공하거나 직원들을 해고하면 안 된다는 뜻이다. 결국 주주 역시 기업 이익 창출에 기여하는 쪽이기 때문이다.

이것이 바로 '서번트 리더십servant leadership'이다. 이는 리더가 아니라 구성원이 주된 이익을 취하도록 하는, 즉 이익을 아래로 내려보내는 리더십을 의미한다. 반대로 봉사 정신이 없는 조직 혹은 봉사 정신을 부차적인 가치로 여기는 조직은 주된 이익이 리더 쪽을 향해 올라간다. 그러면 투자자들의 가장 중요한 목표가 그 누구보다 큰 이윤을 거두는 것이 된다. 리더는 자기가 가장 큰 이익을 가져갈 수 있는 방향으로 의사결정을 한다. 영업 직원은 고객의 필요와 상관없이 성과급을 더 많이 벌 수 있는 일이라면 무엇이든 한다. 오늘날 수많은 기업에서 이런 방식으로 이익을 추구한다. 각자 자신의 이득만을 생각하고 다른 사람의 수혜는 뒷전으로 미루는 문화가 지나치게 널리 퍼져 있다.

봉사 정신이 대의명분의 기반에 있어야 한다는 사실은 무한게임의 연장선에 있다. 무한게임 참여자는 다른 사람을 위해 게임이 계속 진행되기를 원한다. 무한게임 방식으로 기업을 이끄는 리더는 절대 자기가 받을 보상만 꾀하며 결정해서는 안 된다. 참여한 게임에서 계속 플레이할 수 있는 기업으로 커가도록 노력해야 한다. 투자자 역시 자신이 최대 수혜자가 되어서는 안 된다. 투자자가 신뢰하며 투자자의 대의명분을 이루어갈 수 있는 기업이 이익을 가져야 한다. 무한게임식 투자자는 위대한 가치를 실현하는 데 기여하고자 한다. 이런 투자가 성공적인 경우 이익도 매우 크다. 유한게임식 투자자는 보상을 전부 혼자 차지할 생각으로 도박하듯 투자한다. 이 둘의 차이를 명확히 이해해야 한다.

　무한게임에서 봉사 정신이 그토록 중요한 까닭은 충성도 때문이다. 봉사 정신이 투철한 기업에는 잘될 때나 힘들 때나 늘 곁에 있는 충성도 높은 직원, 고객, 투자자가 있다. 그들 덕분에 기업은 돈으로 살 수 없는 힘을 얻을 수 있고 오랫동안 살아남을 수 있다. 충성심 강한 직원들은 리더가 진심으로 그들을 아낀다고 느낀다. 정말로 리더가 그들을 아끼기 때문이다. 직원들은 그 보답으로 회사를 위해 최선의 아이디어를 내고, 자유롭게 행동하면서도 책임을 다하고, 문제를 해결한다. 충성심 강한 고객은 회사가 고객의 바람과 필요를 충족시키기 위해 마음을 담아 노력한다고 느낀다. 정말로 회사가 그렇게 노력하기 때문이다. 이에 고객은 늘 그 회사의 제품을 구매하고 주변 사람들에게도 홍보한다. 비싸더라도 프리미엄 제품을 구매하기도 한다. 잘 운영되고 있는 기업은 투자자가 진정으로 기업의 발전과 대의명분 진척에 도움을 주고자 노력한다고 느낀다. 정말로 투자자가 그런 도움을 주고 있기 때문이다. 이렇게 하면 결과적으로 모든 당사자가 혜택을 받는다.

무한게임식 리더가 되고자 한다면 독립선언문의 사례를 마음속에 잘 새겨두어야 한다. 미국 건국의 아버지들이 언급한 평등과 양도할 수 없는 권리는 언제까지나 유효하다. 240년이 넘는 세월이 흐르는 동안 강산이 수십 번 변하고, 국가의 통치자와 국민이 바뀌고, 문화가 달라졌지만, 이 대의명분만큼은 변함없는 진리로 남아 있다. 이것이야말로 무한한 시간 속의 대의명분이다.

비즈니스라는 무한게임에서 대의명분은 제품이나 서비스보다 더 중요하다. 제품과 서비스는 대의명분을 실현하기 위한 수단이다. 제품과 서비스 자체가 대의명분은 아니다. 만약 제품 자체가 대의명분이라면 기업의 존폐가 그 제품에 달리는 꼴이 된다. 신기술이 개발되면 제품은 하루아침에 구식이 되는데, 그에 따라 기업의 대의명분이, 더 나아가 기업 전체가 시대에 뒤떨어지게 되는 것이다. 예를 들어 철도 회사들이 미국에서 가장 규모가 큰 기업이던 시절이 있었다. 하지만 자동차 제조 기술이 발전하고 도로망이 구축되면서 자동차가 기차보다 빠르고 경우에 따라서는 값도 싼 대체재가 되었고, 판도가 바뀌었다. 만약 철도 회사들이 철도 개발이 아니라 승객과 화물의 빠른 운송을 사명으로 삼았다면 오늘날 주요 자동차 회사나 항공사를 소유했을지도 모르는 일이다. 만약 출판사들이 출판업계에서의 성공이 아니라 지식의 확산을 사명으로 삼았다면 신기술을 적극적으로 도입했을 것이다. 그랬다면 아마존Amazon을 창업하거나 이북 리더기를 만들었을 수도 있다. 음반 회사들이 스스로를 레코드나 테이프, CD 판매자가 아니라 음악 공유자로 여겼다면 지금과 같은 디지털 스트리밍 시대에 더욱 빨리 적응했을 것이다. 그랬다면 그들이 아이튠즈iTunes나 스포티파이Spotify(세계 최대의 스트리밍 서비스 업체―옮긴이)와 같은 서비스를 개발했을 수도 있다. 하지만 그렇게 하지 않았고 지금 그 대가를 혹독하게 치르고 있다.

시장은 오르락내리락하고 사람들은 왔다 갔다 한다. 기술은 끝없이 발전하고 제품과 서비스는 고객의 취향과 시장의 요구에 맞춰 계속 진화할 것이다. 살아남기 위해서는 영원히 지속되며 변화와 위기를 견딜 수 있는 그 무언가를 택해야 한다. 무한게임에서 생존하기 위해 대의명분은 회복 탄력적이며 시간이 흘러도 퇴색되지 않아야 한다.

이상적이어야 한다

미국 지도자들이 독립선언문에 서명했던 당시 "모든 사람은 평등하게 태어났고, 조물주는 몇 개의 양도할 수 없는 권리를 부여했다"라는 문장에서 '모든 사람'이란 백인 남성 앵글로색슨 개신교도를 의미했다. 하지만 얼마 지나지 않아 진정으로 모든 사람이 평등한 권리를 누리는 나라를 만들기 위한 움직임이 시작됐다. 예를 들어 독립전쟁이 벌어지는 동안 조지 워싱턴George Washington은 자신이 이끄는 군대 내에서 반가톨릭 조직의 결성을 금지했으며, 군인들의 본보기가 되기 위해 정기적으로 미사에 참여했다. 그로부터 약 100년 뒤에는 남북전쟁이 발발해 노예제도가 폐지되었고 수정 헌법 제14조에 따라 아프리카계 미국인과 노예 출신들이 시민권을 받아 시민으로서 지위를 행사할 수 있게 되었다. 1920년에는 여성에게 참정권이 부여되면서 미국은 대의명분 실현에 새로운 국면을 맞이했다. 이어서 인종 차별을 금지하는 민권법과 투표권법이 각각 1964년, 1965년에 통과되면서 대의명분의 이상에 한 발짝 더 가까워졌다. 2015년에는 미국 연방 대법원이 오버거펠 대 호지스Obergefell v. Hodges 사건에서 동성혼 합법화 판결을 내렸다. 이로써 수정 헌법 제14조의 적용 범위가 한층 더 넓어졌고, 이에 따라 모든 사람이 평등한 사회를 만드는 데 큰 획을 그었다.

만약 미국 건국의 아버지들이 독립이라는 목표 단 하나만 세웠더라면 어땠을까? 독립에 성공한 뒤 맥주 한 잔씩 앞에 두고 자기들이 전투에서 얼마나 잘 싸웠는지 떠들며 볼링이나 쳤을 것이다. 하지만 이런 일은 일어나지 않았다. 그들은 크고 대담하고 이상적인 미래 비전을 구현하기 위해 그들이 추구하는 가치를 영원히 변치 않는 원칙으로 성문화하고자 했다. 그래서 그들은 헌법을 만들기 시작했고 독립전쟁이 끝난 지 단 7년 만에 모든 주의 비준을 받았다. 그들이 깃펜에 잉크를 묻혀 헌법 구절을 써 내려간 이래로 지금까지 미국 국민은 같은 대의명분을 추구해왔다. 앞으로도 미국 국민은 의지력과 자원이 허락하는 한 동일한 대의명분을 계속 추구해나갈 것이다. 아직 미국의 대의명분이 완전히 실현되지는 않았다. 실제로 완전히 실현되는 날은 오지 않을 것이다. 하지만 미국 국민은 대의명분을 달성하기 위해 끝까지 목숨 바쳐 싸울 것이다. 이것이 중요하다.

노예제 폐지, 여성 참정권 부여, 민권법 제정, 동성혼 합법화는 대의명분을 향해 나아가는 데에 있어서 큰 도약이었다. 대의명분이 완전히 성취되기까지는 아직 멀었지만, 그 하나하나의 과정은 독립선언문에 담긴 귀중한 가치를 이룩해나가는 행진의 분명한 발걸음이다. 승리들을 자축하고 누리되 그 영광에 사로잡혀 멈춰서면 안 된다. 무한게임은 계속 진행되며, 아직 해야 할 일이 많기 때문이다. 승리는 이상적인 미래를 향한 여정에서 현 위치를 알려주는 이정표 정도로 생각해야 한다. 이런 승리들로 이상적인 미래가 어떤 모습인지 맛볼 수 있고 앞으로 나아갈 원동력을 얻는다.

대의명분을 추구하는 여정에선 얼마나 성취했든 간에 여전히 갈 길이 멀게 느껴진다. 대의명분은 빙산과 같다. 우리 눈에는 빙산의 일각, 즉 이미 완수한 업적만 보인다. 기업에서는 보통 창립자나 초기 직원들이 가장 뚜렷한 비전을 가지고 있다. 이들의 눈에는 다른 사람의 눈에 보이지 않는 미지의 미래가 보인다. 그들이 대의명분을 명확하게 표현할수록 혁신가와 얼리어답터, 즉 위험을 감수하더라도 상상 속의 것을 먼저 시도하려는 사람들을 끌어당길 확률이 높아진다. 조직이 목표를 하나하나 이룩해나가면 빙산이 조금씩 드러나며 대의명분이 사람들의 눈에 보이기 시작한다. 대의명분이 구현되는 과정을 본 사람들은 회의적인 시각을 거두고 신뢰감을 싹 틔운다. 그리고 더 많은 사람이 그 대의명분에서 가능성을 발견하고 대의명분 실현에 참여하고자 한다. 그들은 이상향에 가까운 세상을 만들기 위해 시간, 에너지, 아이디어, 재능을 아낌없이 쏟아낸다. 하지만 리더는 빙산이 얼마나 드러났든 간에 아직 보이지 않는 부분이 훨씬 더 많다는 사실을 일깨워줘야 한다. 그동안 얼마나 많은 성공을 거뒀든 상관없이 앞을 보고 달려나가야 한다. 대의명분은 뒤가 아니라 앞에 놓여 있다.

대의명분이 있다면 종이에 적어라

미국 건국의 아버지들은 큰 변혁을 일으킨 위인이었다. 그들은 대의명분을 위해 살고 죽었다. 비즈니스계에도 이렇게 대의명분에 헌신하는 리더들이 있다. 하지만 이들이 회사에서 나가거나, 은퇴하거나, 세상을 떠난 다음에는 어떻게 될까? 비전을 제시하고 구현하고자 하는 리더들 중에 대의명분을 말로 분명하게 표현하거나 글로 써놓지 않는 사람들이 얼마나 많은지 모른다. 그들의 마음속에는 대의명분이 명확하므로 직원들도 그러리라 생각한다. 하지만 꼭 그렇지만은 않다.

대의명분을 정확하게 글로 명시하지 않으면 결국 의미가 퇴색되거나 대의명분 자체가 통째로 사라질 위험이 매우 커진다. 대의명분이 사라지면 회사는 나침반 없이 항해하는 배처럼 된다. 수평선 너머를 향하지 못하고 계기판만 보고 항해하게 된다. 그러면 항로를 이탈할 수밖에 없다. 대의명분이 없으면 유한게임 사고방식이 등장한다. 유한게임식 리더는 그들이 얼마나 빨리, 얼마나 멀리 항해해왔는지만 생각하고 자랑스러워할 뿐 그들의 여정이 목적이나 방향성을 잃었다는 사실은 인식하지 못한다.

창립자의 생각 자체는 보존할 수 없지만 그가 추구한 대의명분은 종이 위에 정확히 적어두기만 하면 대대로 물려줄 수 있다. 독립선언문의 대의명분이 지금까지 계승되는 것처럼, 대의명분이 글로 기록되면 창립자와 초기 직원들이 떠난 뒤에도 보존되어 미래 세대를 이끌 가능성이 월등히 높아진다. 구두 계약과 서면 계약의 차이를 생각하면 이해가 쉽다. 둘 다 법적 효력이 있지만 계약서를 작성하면 오해나 분쟁을 방지할 수 있다. 게다가 계약이 성사되는 자리에 없었던 사람들도 계약의 내용을 정확히 파악할 수 있다.

　대의명분을 글로 적어놓으면 나침반과 같은 역할을 한다. 창립자의 대의명분이 종이 위에 살아 숨 쉬고 있다면 리더 승계가 이뤄지는 매 순간 새로운 리더에게 나침반이 쥐어지고 그의 시선은 수평선 너머를 향한다. 그는 창립자가 더는 존재하지 않는 세상에서도 창립자의 경영 철학과 기법, 기업 문화를 그대로 이어나갈 수 있다.

3장

진짜 이유 vs. 가짜 이유

대의명분이 꼭 필요하다는 사실을 받아들이는 기업이 점점 많아지고 있다. 이는 좋은 현상이지만 겉보기에만 그럴싸할 뿐 잘못된 대의명분을 내세우는 경우가 많다. 앞서 언급한 참된 대의명분의 다섯 가지 기준 중 일부를 충족하기도 한다. 하지만 다섯 가지 기준을 모두 충족해야만 대의명분이라고 말할 수 있다.

올바른 대의명분을 세우지 못하는 데는 몇 가지 이유가 있다. 무한게임식 리더가 자신의 이상향을 정확하게 표현하지 못해 실수로 잘못된 대의명분을 쓰는 경우가 있다. (이런 리더들은 앞 장을 읽고 도움받길 바란다.) 또는 리더가 비전이 전혀 없으면서 마치 대의명분이 있는 척 연기하기도 한다. 이들은 흔히 문샷moon shot형 프로젝트(달 착륙만큼 달성하기 어려운 프로젝트를 뜻한다―옮긴이)를 성공시키겠다거나 '최고가 되겠다'거나 '성장하겠다'라는 '가짜 대의명분'을 내세운다. 또한 기업의 사회적 책임, 즉 CSR(Corporate Social Responsibility)을 대의명분으로 착각하는 기업도 많다. 유한게임에서라면 이런 사칭 대의가 통할 수도, 통하지 않을 수도 있지만 그것들은 절대로 진정한 대의명분이 될 수 없다. 기업이 오래도록 생존하고 번영하는 데 아무런 도움이 되지 않는다.

잘못된 대의명분을 먼저 언급하는 이유는 첫째, 대의명분을 그릇되게 설정하면 무한게임에서 살아남을 수 없으며 여지없이 유한게임 사고방식으로 플레이하게 된다고 경고하기 위해서다. 둘째, 현재 올바른 대의명분을 추구하고 있는지 점검하고, 만약 그렇지 않다면 처음으로 돌아가기 위해서다. 애초에 제대로 된 대의명분을 설정하는 데도 도움이 된다. 대의명분이 잘못된 회사가 나쁜 회사라는 뜻은 아니다. 단지 작업이 좀 필요할 뿐이다. 대의명분이 올바른지 그른지 구별하는 능력을 키우면 투자자로서, 직원으로서, 소비자로서 손해를 보지 않을 수 있다. 대의명분이 결핍되어 있는 회사를 알아보고 피할 수 있기 때문이다.

참된 대의명분이라면 사람들의 사적인 영역을 깊게 건드리고, 특히 그 대의명분을 지지하는 사람들에겐 더욱 개인적으로 다가간다. 개인에게 밀접하게 느껴질수록 그 대의명분을 진전시키고자 하는 열정도 더 활활 불타오른다. 대의명분이라고는 하지만 그 목적이 단순히 판매, 득표 등의 단기 목표 달성이거나 브랜드 이미지 격상, 또는 열정적인 직원 채용이라면 영향력이 오래가지 않는다. 어떤 기업에 취직하거나 그 직원들과 대화를 나누면 해당 기업이 진심으로 대의명분에 집중하고 있는지 말만 번지르르하게 하는지 금방 알아챌 수 있다.

문샷형 프로젝트는 대의명분이 아니다

그는 따르고 싶은 목표를 제시했다. 이 목표는 그 어떤 개인의 삶보다 의미가 컸고, 이를 달성하기 위해 모두가 기꺼이 희생하고자 했다. 존 F. 케네디John F. Kennedy 미국 전 대통령은 결의에 찬 태도로 이렇게 말했다. "우리는 달에 가기로 했습니다. 1970년이 되기 전에 달에 가기로 결정했습니다. 쉽기 때문이 아니라 어렵기 때문입니다. 그 목표는 우리가 지닌 최고의 기술과 에너지를 확인하고 체계화하는 데 도움이 되기 때문입니다. 우리가 지금 바로, 받아들이고, 승리해야 할 도전이기 때문입니다." 그리고 8년 만에 닐 암스트롱Neil Armstrong은 달 표면에 처음으로 발걸음을 내디디며 "한 인간에게는 작은 걸음 하나지만 인류 전체에는 위대한 도약이다"라는 명언을 남겼다.

　문샷형 프로젝트는 불가능해 보이는 과제를 수행하도록 사람들을 한데 끌어모을 때 자주 언급된다. 문샷형 프로젝트는 대의명분의 조건 중 대부분을 충족하므로 대개 효과가 좋다. 실제로 케네디가 세운 달 착륙 프로젝트는 목표지향적이고 구체적이고 봉사 정신이 있으며 포용적이다. 프로젝트의 실현을 위해 희생할 가치도 확실히 있다. 하지만 이 프로젝트는 무한하지 않다. 달에 가겠다는 계획은 완수하기 몹시 어려워 보이지만 달성 가능하며 유한한 목표다. 『좋은 기업을 넘어 위대한 기업으로』*Good to Great*와 『성공하는 기업들의 8가지 습관』*Built to Last*의 저자 짐 콜린스 Jim Collins는 크고Big, 위험하고Hairy, 대담한Audacious 목표Goal를 BHAG라고 명명했는데, 케네디의 달 착륙 프로젝트는 이상적인 미래상이라기보단 BHAG였다. BHAG는 사람들의 의지를 불타오르게 하며 성취하기까지 수년씩 걸리기 때문에 대의명분이라고 착각하기 쉽다. 하지만 달 착륙에 성공한 뒤에도 게임은 계속된다. 그다음 다른 BHAG를 설정한다 해도 무한게임식 플레이는 아니다. 그냥 또 다른 유한 목표일 뿐이다.

제너럴일렉트릭General Electric, GE의 직원회의에서 회사가 지나치게 단기 목표에만 집중한다는 지적이 나왔다. 당시 CEO였던 잭 웰치Jack Welch는 이렇게 대답했다. "단기 목표가 쌓이고 쌓이면 장기 목표가 됩니다." 직원들이 CEO에게 회사가 단기 목표에만 치우친다는 우려를 표했다면 사실 그 안의 속뜻은 다음과 같았을 것이다. '이게 다 무엇을 위한 일인가? 열심히 일한 결과로 실적과 매출 너머 더 가치 있는 목적은 없나?' 하지만 웰치의 대답에서도 알 수 있듯 그에게는 그 이상의 목적이 없었다. 그의 목표는 그저 실적을 달성하고, 달성하고, 또 달성하는 것이었다. 그러나 비즈니스는 무한게임이므로 단기 목표는 한없이 이어진다.

연이어 목표를 달성해나가는 과정은 처음에는 흥미진진하지만, 그보다 큰 목적이 없다면 시간이 흐르며 설렘이 점차 약해진다. 나는 일종의 '유한게임 탈진 증후군'에 시달리는 고위직 임원들을 자주 본다. 그들은 그동안 업무적으로 뛰어났고 매번 주어진 목표를 성취할 때마다 돈도 많이 벌었으므로 계속 같은 형태로 일해왔다. 그러다 어느 순간, 자신을 압도하는 가치에 헌신하고 싶다는 꿈은 전부 잊어버리고 다람쥐나 햄스터나 어느 설치류가 쳇바퀴 돌듯 아무 생각 없이 주어진 일만 반복하게 된다. 유한게임식 목표를 많이 이뤘다고 무한게임식 결과가 나오지는 않는다.

대의명분이라면 다음 질문에 정확히 답할 수 있어야 한다. '문샷형 프로젝트 완수로 한층 더 가까워지는 무한게임식 비전은 무엇인가?' 우리가 세우는 크고 작은 목표는 모두 근본적으로 대의명분을 실현하기 위해 존재해야 한다. 만약 유한 목표를 과도하게 신경 쓴다면 그 목표가 얼마나 대단하든 간에 유한게임 방식을 더욱 강화할 뿐 무한게임 방식으로 플레이하는 데 도움이 되지 않는다.

케네디의 달 착륙 프로젝트는 미국 건국의 아버지들이 세운 무한게임식 비전을 위한 유한 목표였다. 소수가 아닌 다수의 이익을 꾀하는 진보였기 때문이다. 케네디는 달 착륙 계획을 발표하는 연

3장 진짜 이유 vs. 가짜 이유

설에서 무한게임식 맥락을 먼저 제시했다. "우리는 미개척 바다를 향한 항해를 시작합니다. 그곳에 우리가 얻어야 하는 새로운 지식과 권리가 있고 그것은 모든 인류의 발전을 위해 사용되어야 하기 때문입니다." 이 신념은 인류를 달에 착륙시키고 무사히 귀환시키는 것을 포함하여 케네디가 세운 여러 목표의 근간이었다.

문샷형 프로젝트는 처음에는 사람들에게 의욕을 불어넣어주지만 그리 오래가지 않는다. 무한게임 안에 존재하는 대담하고 고무적인 유한 목표일 뿐 무한게임 그 자체를 대신할 수는 없다.

최고가 되는 것은 대의명분이 아니다

여기 매우 전형적으로 보이는 비전 또는 미션 선언문이 있다. "저희는 시장을 선도하는 글로벌 리더가 되고 저희 제품은 매력적인 디자인, 뛰어난 품질, 최고의 가치로 사랑받을 것입니다." 이는 러닝용에서 비행용에 이르기까지 온갖 GPS 기기를 제조하는 가민 Garmin의 비전이다. 다양하게 변형되긴 하지만 기본 공식은 같다. 우리는 최고고 우리 제품은 특출나서 모두가 원한다는 내용이다. 소비자에게 대단한 가치를 제공한다는 말도 꼭 끼워 넣는다.

앞서 설명한 대로 비전 선언문은 나침반과 같이 나아갈 방향을 보여준다. 그런데 비전 선언문을 쓰는 방법이 정해져 있지 않아 흔히 위의 예와 같은 식으로 만든다. 하지만 특색도 없고 구체적이지도 않은 비전 선언문으로는 회사에 무한게임 사고방식을 정착시킬 수 없다. '최고가 되겠다'라는 선언문은 이해관계자 중에서 자신에게 초점을 맞추고 이익도 자기가 가져가겠다는 자기중심적인 태도를 보여준다. 회사가 소비자에게 유의미해지는 데에는 별 도움이 되지 않는다. 고객에게 가치를 제공하겠다는 내용은 보통 비전 선언문의 끄트머리에 겨우 언급된다. 자기중심적인 내용을 먼저 언급하는 건 잠재 소비자보다 회사 내부에 에너지와 관심을 집중하겠다는 뜻이다. 또한 소비자가 회사의 제품을 즐겨 소비한다고 해도 꼭 그들이 회사의 대의명분에 동의하는 건 아니다. 심지어 회사의 대의명분을 아예 모를 수도 있다.

유한게임 사고방식을 지닌 리더는 자사가 인기 상품을 가지고 있으면 굳건한 회사라고 착각한다. 이는 마치 프로농구팀 LA 레이커스Los Angeles Lakers 구단주가 르브론 제임스LeBron James 선수가 있으니 자기 팀은 우수하다고 생각하는 것과 비슷하다. 뛰어난 선수나, 베스트셀러 상품, 끝내주는 앱을 보유했다고 해서 무한게임을 할 준비가 되었다고 볼 수는 없다. 자사가 생산하는 제품에 초점을 맞춘 비전 선언문은 모든 조건이 지금과 완벽히 똑같아야만 유효하다. 더 좋은 제품이 나오거나 시장 상황이 변하거나 신기술이 개발되면 그 비전 선언문에 매여 기존 사업 모델을 버리지 못하고 도약할 기회를 놓치고 만다. 가민에게도 이런 일이 벌어졌다.

가민은 2007년만 해도 자동차나 보트용 GPS 기기 제조업체로 전 세계 1위를 달리고 있었다. 하지만 스마트폰의 기능이 발전하며 별도의 GPS 기기에 대한 수요가 줄어들면서 가민은 위기를 맞았다. 그 결과 현재 가민의 기업 가치는 2007년에 비해 3분의 1 이하로 떨어졌다. 스마트폰의 보급으로 인해 실패할 수밖에 없었다고 탓하기는 쉽다. 실제로 가민은 그렇게 말했다. 하지만 그들은 자신의 비전 선언문이 제품에 초점을 맞추고 있다는 사실을 인식하지 못했으므로 스마트폰의 출연을 기회로 전환하지 못한 것이다. 소비자에게 제공하는 가치를 최우선으로 생각했다면 늦지 않은 시점에 스마트폰 내비게이션 앱을 개발했을 수도 있다. 그 정도는 충분히 할 수 있는 회사였다. 하지만 그들은 대시보드 부착용 GPS 기기를 생산하는 기존 사업 모델만 계속 붙잡았다. 미국에서 가장 널리 사용되는 내비게이션 앱은 구글Google 지도나 웨이즈Waze, 애플 지도지만 달라질 가능성이 있었다. 대의명분이 사업 모델을 결정해야 한다. 이 방향은 바뀌면 안 된다.

　기업의 비전이나 미션 선언문이 제품에 집중하면 기업 문화에도 악영향을 끼친다. 제품을 그 무엇보다도 중요하게 여기는 현상은 IT 기업에서 흔히 일어난다. 그렇게 되면 엔지니어나 제품 개발자가 아닌 직원들은 상대적 박탈감을 느끼며 실제로 차별받기도 하는 문제가 발생한다. 조직이 원활하게 운영되려면 그들이 엔지니어나 제품 개발자의 들러리라고 여겨서는 안 된다. 그들 역시 개인적 이익이나 제품을 넘어서는 대의명분을 실현하는 데 동참하는, 가치 있는 직원이 되고 싶어 한다.

최고가 된다는 목표는 절대 대의명분이 될 수 없다. 임의의 시점에 특정 실적을 기준으로 최고가 되었다고 하더라도 그 자리는 일시적일 뿐이다. 한 번 1등을 기록했다고 게임은 끝나지 않는다. 그래서 그 자리를 지키기 위해 방어적으로 플레이하게 된다. "우리는 최고다"라는 말은 직원들의 사기를 북돋는 데에는 효과가 있겠지만 회사의 기반을 견고하게 하는 데에는 아무런 효과가 없다. 무한게임식 리더는 '최고'라는 자리가 영원하지 않다는 사실을 잘 안다. 그들은 '최고' 대신 '더 나아감'을 추구한다. '더 나아감'을 좇는 것은 끝없이 개선해나가는 여정이며 사람들은 그 진전을 위해 재능과 에너지를 쏟도록 초청받았다고 느낀다. 무한게임에서는 '더 나아감'이 '최고'보다 더 좋다.

성장은 대의명분이 아니다

어느 날 아침, 이웃이 차에 짐을 싣고 있는 모습을 봤다고 상상해보자. 당신이 "어디 가시나요?"라고 묻는다. 이웃이 대답한다. "여행 가요." 당신은 궁금해서 다음 질문을 한다. "좋네요. 어디로 가세요?" 이웃은 또 답한다. "말했잖아요. 여행 간다고요." 당신이 말한다. "그건 알겠는데, 그래서 '어디로' 가시는데요?" 이웃은 다시 대답한다. "몇 번 말해야 알아듣겠어요? 여!행! 간다고요!"

당신은 이렇게 물어서는 원하는 대답을 듣지 못하리라는 것을 깨닫고 전략을 바꾼다. "그렇군요. 그럼 여행 계획은 어떻게 짜셨어요?" 이웃이 곧바로 대답한다. "I-90 고속도로를 타고 매일 500킬로미터씩 갈 거예요."

만약 "당신 회사의 대의명분은 무엇입니까? 당신 회사는 무엇을 위해 존재합니까?"라는 질문에 "성장입니다."라고 답한다면, "어디 가시나요?"라는 질문에 "여행 가요."라고 말한 이웃과 아주 비슷한 상황이다. 성장에 집착하는 리더는 회사를 성장시키기 위한 전략과 목표를 술술 말할 수 있지만, 그것은 여행 가는 길에 어느 고속도로를 타고 몇 킬로미터를 갈지 설명하는 모습과 같다. 그 답변만으로는 어디에 가고 싶은지, 왜 그곳에 가고 싶은지 알 수 없다. 성장을 통해 이루고자 하는 더 큰 목적이 빠져 있다.

돈은 대의명분에 힘을 싣는 수단이지 대의명분 그 자체는 아니다. 성장해야 하는 이유는 대의명분을 진척시킬 자원을 더 많이 얻기 위해서다. 기름을 많이 넣으려고 자동차를 사지는 않듯이 기업도 부의 축적 이상으로 더 큰 가치를 창출해야 한다. 자동차가 아니었다면 갈 수 없었던 곳을 가게 될 때 자동차는 가치가 있다. 마찬가지로 개인으로서는 발전시킬 수 없었던 대의명분을 실현하도록 이끌어주는 기업이 가치 있다.

스타트업 업계에서는 기업 가치 10억 달러 달성을 성공 기준으로 보는 경향이 있다. 하지만 이는 벤처캐피탈 업계에서 기업 가치 평가를 기반으로 수익을 내기 때문에 생긴 척도일 뿐, 앞으로 오랫동안 살아남을 기업이라는 증거로는 불충분하다. 게임에서 장기적으로 생존하는 원동력은 강한 기업 문화와 자급이 가능한 수익성이다. 성장에만 과도하게 초점을 맞추면 성숙기의 시장, 즉 제품, 기술, 비즈니스가 더는 새로울 것이 없고 익숙하며 이미 널리 퍼진 시장에서 문제가 발생한다. 시어스나 GE와 같이 성숙기의 시장에 속한 기업들이 어떻게든 성장하겠다는 자세를 고수한다면 할 수 있는 일이 그다지 매력적이지 않다. 방어적으로 플레이하고, 주주들의 환심을 사기 위해 배당하고, 인위적으로 주가를 올리기 위해 자사주를 매입한다. 성숙 시장에 속한 유한게임식 기업은 고도로 성장하는 유일한 길이 인수합병이라고 여긴다. 인수합병을 하면 단기적으로 주가를 올릴 수는 있지만 『하버드비즈니스리뷰』*Harvard Business Review* 등 여러 매체에서 지적하듯 인수합병의 70~90퍼센트는 최악의 실패를 낳는다.

성장 자체를 대의명분으로 삼는 것은 체중 증량만을 위해 먹는 것과 같다. 오로지 살찌우려고 먹는다면 인체에 해롭듯, 기업이 외형 성장만을 목표하면 각종 문제에 시달릴 수밖에 없다. 성장을 대의명분으로 설정하면 대다수의 경우 기업에 근시안적인 사고와 이기주의가 팽배해지고 신뢰와 협력이 사라져서 결과적으로 불건

3장 진짜 이유 vs. 가짜 이유

전한 기업 문화가 형성된다. 성장은 산출된 결과일 뿐 존재의 의미나 대의명분이 아니다. 올바른 대의명분이 있으면 사람들은 그것을 위해 개인적인 이익을 기꺼이 포기한다. 반면 돈이나 성장을 대의명분으로 삼으면 사익을 지키기 위해 다른 사람에게 희생을 강요하거나 대의명분 자체를 저버리기 쉽다. 게다가 그 어떤 것도 영원히 성장할 수는 없다. 풍선은 언젠가 터지고 거품은 결국엔 꺼지기 마련이다. 경제에서도 예외는 없다.

기업의 사회적 책임은 대의명분이 아니다

한 회사가 지역사회에 어떻게 공헌했는지 홍보한다고 생각해보자. 그들은 회사의 후원으로 장학금을 받은 학생들의 이야기를 널리 알리고 싶어 한다. 그리고 회사가 사람을 중시한다고 강조한다. 하지만 그 회사의 직원 6만 명이 권위주의적이며 경쟁이 치열한 기업 문화 속에서 고생하고 있다는 사실은 언급하지 않는다.

CSR은 대의명분이 아니다. 걷기 대회를 후원하거나 자선단체에 기부하거나 봉사 활동을 하는 직원에게 유급 휴가를 준다고 대의명분을 실현하는 기업이 되지는 않는다. 자사 제품을 불우이웃에게 무료로 배급하는 행위 역시 대의명분 구현이 아니다.

CSR은 흔히 비즈니스 용어로 '기부'를 뜻한다. 기업이 사회적 책임을 다하는 것은 실제로 훌륭한 일이지만 자선단체가 아닌 이상 그 일은 기업이 하는 수많은 일 중 하나일 뿐이다. CSR은 대의명분 실현 계획의 한 부분에 불과하다. 기업이 하는 모든 일을 아우르는 커다란 전략 아래 존재하는 하나의 활동이라는 의미다. 기업이 돈을 벌든 돈을 기부하든 그 모든 행위는 대의명분을 추구하는 과정이어야 한다. 대의명분을 추구하는 일은 조직의 부수적인 활동이 아니라 존재의 중심이다. 봉사 정신은 곁다리가 아니라 회사의 모든 일을 결정하는 핵심 기준이다. CSR 활동을 아무리 열심히 한다고 해도 기업 문화를 망치는 과도한 유한게임 사고방식이 사라지거나 상쇄되지는 않는다.

유한게임식 리더가 선의를 품어도 '좋은 일을 하려면 돈을 벌어야 한다'라고 생각하는 경우가 많다. 하지만 무한게임식 리더들은 '좋은 일을 하면 돈이 벌린다'라고 생각한다. 이것은 공식이라기보다는 삶의 방식이다. 무한게임 사고방식을 지닌 리더는 직원들과 지역사회를 위해 헌신하는 일꾼이 된다. 이들이 현역일 때나 은퇴 시점에 하는 기부는 그들이 지난 수십 년간 해온 일의 연장선이지 과거의 유한게임식 경영을 상쇄하려는 시도가 아니다. 그 차이는 리더의 사고방식에서 나온다.

4장

새로운 직함의 등장

1962년 샘 월턴Sam Walton은 단순한 아이디어 하나로 월마트Walmart를 창립했다. 바로 미국의 평범한 근로자들에게 언제 어디에서든 가장 싼 가격의 제품을 제공하겠다는 발상이었다. 그는 말년에 자신의 비전을 다음과 같이 정의했다. "우리가 함께 노력한다면 모든 사람의 생활비를 낮출 수 있습니다. 돈을 절약하면서도 더 풍족한 삶을 누릴 수 있다는 사실을 세상에 보여줄 것입니다." 그는 월마트를 이끄는 동안 점포의 위치나 크기를 포함해 모든 요소를 결정할 때 이 비전을 중심에 두었다.

그 결과 사람들은 월마트에 열광했다. 월마트에서 일하는 직원들도, 월마트를 이용하는 고객들도 모두 월마트를 사랑했고, 온 국민이 자신이 사는 지역에 월마트의 점포가 들어서기를 원했다.

그렇게 월마트는 계속 성장해나갔다. 월턴은 대공황 시기에도 오히려 사업을 도전적으로 크게 확장하며 미국에서 손꼽히는 부자가 됐다.

하지만 이후 시간이 흐르며 월턴의 비전은 희미해졌다. 2009년 마이크 듀크Mike Duke가 CEO 자리에 앉던 무렵부터는 월마트가 본래의 비전을 잃었다는 사실이 확실해졌다. 지금 월턴의 비전은 껍데기만 남아 마케팅 문구로 쓰이며 회사 벽에 간신히 붙어 있는 처지가 됐다. 월마트는 그들을 성공으로 이끌었던 근본인 대의명분을 버리고 수익, 성장, 점유율에만 집착했다.

마이크 듀크는 당시 월마트 내부에서 효율성 부문의 일인자로 알려졌던 사람이다. 그의 전임이었던 H. 리 스콧 주니어H. Lee Scott Jr.는 차기 CEO로 마이크 듀크가 선정됐다고 발표할 때 약간 더듬거리며 이렇게 말했다. "저희 회사가 더 잘 운영될 수 있을 것 같다고 생각합니다. 아마 이사회도 그렇게 생각했을 겁니다." 그는 계속해서 이렇게 말했다. "마이크는 훌륭한 리더일 뿐 아니라 정말 훌륭한 경영자입니다. 비즈니스를 잘하려면 기업을 그냥 이끌기만 하는 것이 아니라 경영을 해야 한다는 점을 잊어서는 안 됩니다." 만약 이사회가 단순히 경영 전략 개선과 실적 향상을 바랐다면 마이크 듀크와 같은 사람에게 경영권을 넘겨주는 결정은 완벽했을 수도 있다. 적어도 단기적으로는 말이다. 하지만 만약 이사회가 샘 월턴 비전의 퇴색을 우려했다면 회사를 다시 정상 궤도에 올릴 경영자로 마이크 듀크를 임명하는 최악의 선택은 하지 않았을 것이다.

듀크가 CEO로 취임하던 당시 기자회견에서 했던 말을 살펴보면 그가 어떤 사고방식으로 기업을 경영하고자 했는지 알 수 있다. "월마트는 현재 점유율과 수익률이 증가하고 있으며 시장에서 아주 유리한 위치에 있습니다. 그리고 그 어느 때보다 고객에게 의미 있는 기업이 됐습니다. 저희의 전략은 아주 탄탄하며 경영진의 능력은 출중합니다. 앞으로도 저희는 주주들에게 높은 가치를 제공하고, 200만 개가 넘는 협력사에게 더 많은 기회를 주며, 전 세계 1억 8,000명의 고객이 돈을 절약하면서도 더 나은 삶을 살도록 돕겠습니다."

그가 말한 내용의 순서를 살펴보자. 가장 먼저 '증가하는 점유율과 수익률'을 언급했다. 바로 다음에 고객에게 의미 있는 기업이 되었다는 말이 나오기는 하지만, 맨 마지막에 가서야 고객에게 가치를 제공하겠다는 이야기를 꺼낸다. 재미있게도 사람들은 자신에게 중요한 사항을 먼저 말하는 습성이 있다. 전달하는 정보의 순서를 보면 그 사람이 어디에 우선순위를 두는지, 전략의 초점을 어디에 맞췄는지 알 수 있다. 샘 월턴은 평범한 모든 사람의 이익을 가장 우선으로 생각한 반면 마이크 듀크는 월스트리트의 이익, 즉 주주들의 이윤을 가장 먼저 생각했다.

듀크가 CEO로 재임하는 동안 월마트의 주가는 상승했다. 단기적으로 본다면 그랬다. 하지만 사람보다 숫자에 집중한 듀크의 방식에는 대가가 따랐다. 한때 만인에게 사랑받는 브랜드였던 월마트는 직원과 고객에게 부당한 처사를 자행하여 여러 가지 추문에 휩싸였다. 2011년 월마트는 역대 최대 규모의 집단 소송에 휘말렸는데, 여성 직원들이 회사의 성차별적인 임금 체계와 승진 정책에 피해를 입었다고 주장하며 제기한 소송이었다. 2012년에는 직원들이 인격적인 대우와 임금 인상을 요구하며 집단 파업과 투쟁을 강행했다. 한때는 사람들이 월마트를 지어달라고 대규모 집회를 열었지만, 이제는 월마트 반대 집회를 하고 있다. 실제로 덴버와 뉴욕에서는 대규모 반대 시위로 인해 점포 설립 계획이 무산된 사례도 있었다. 또한 해외에 진출하기 위해 외국 관리 당국에 뇌물을 준 일로 법무부의 조사를 받기도 했다. 이로 인해 직원들의 사기가 곤두박질쳤으며 월마트를 애용하던 소비자들마저 등을 돌리고 말았다.

이런 현상은 월마트 외에 다른 수많은 공개 기업에서도 자주 일어난다. 심지어 대의명분을 따라 세워진 기업에서도 그렇다. 무한게임 사고방식을 지닌 선구자적인 리더가 필요한 순간인데도 월스트리트의 실적 압박을 견디지 못해 유한게임식 임원을 최고경영자 자리에 앉히는 경우가 너무나 많다. 앞서 등장한 마이크로소프트의 스티브 발머가 여기에 해당된다. 1983년 스티브 잡스Steve Jobs의 뒤를 이어 애플의 CEO가 된 존 스컬리John Sculley 역시 좋은 예다. 스컬리는 창립자의 비전을 계승하는 대신 IBM과 전면 전을 펼치는 데 집중했다. 이 과정에서 기업 문화가 훼손됐고 혁신력도 심각하게 떨어지고 말았다. 2000년, GE의 CEO였던 로버트 나델리Robert Nardelli는 연임에 실패한 뒤 홈데포Home Depot의 CEO로 취임했다. GE 근무 시절, 그는 잭 웰치 같은 CEO가 되기 위해 부단히 노력한 덕에 '리틀 잭'이라는 별명까지 얻었다. 그는 홈데포에서 비용 절감을 무자비하게 추진했지만, 결과적으로 홈데포의 혁신력만 갉아먹었다. 델Dell의 COO였던 케빈 롤린스Kevin Rollins는 2004년 마이클 델Michael Dell의 뒤를 이어 CEO가 됐다. 기업의 성장에 지나치게 집착한 그는 회사 역사상 최대 규모의 정리 해고를 감행했다. 그렇게 성장에만 몰두한 결과 고객 불만이 늘어났으며, 회계 문제로 증권거래위원회의 조사를 받기도 했다.

이들 모두 능력은 우수했지만, 유한게임 사고방식을 고수했기 때문에 위대한 CEO의 역할을 해내지 못했다. 이렇게 스컬리와 롤린스가 각각 애플과 델을 망가뜨리자, 결국 무한게임 사고방식을 지닌 전임자 스티브 잡스와 마이클 델이 복귀해 회사를 다시 살려냈다. CEO가 될 사람의 업무 능력이 얼마나 뛰어난지는 중요하지 않다. 중요한 것은 그 사람이 CEO에 걸맞은 무한게임 사고방식을 지녔는지의 여부다.

대의명분을 지키는 사람

최고위직 임원들의 직책은 그들의 직함을 보면 알 수 있다. Chief Financial Officer:CFO는 최고'재무'관리자, Chief Marketing Officer:CMO는 최고'마케팅'책임자, Chief Technology Officer:CTO는 최고'기술'경영자, Chief Operating Officer:COO는 최고'운영'책임자를 뜻한다. 그들을 지칭하는 직함에서 그들의 임무와 책임이 명확히 드러난다. 이렇게 뚜렷한 직함이 존재하는 덕분에 각 직위에 적합한 사람을 배치할 수 있다. 숫자를 싫어하고 재무제표를 읽을 줄 모르는 사람에게 CFO의 자리를 맡길 기업은 없다. 마찬가지로 신기술을 어려워하고 아직도 TV에 비디오를 연결해놓은 사람을 CTO로 임명하지 않는다. 그렇다면 여기서 의문이 하나 생긴다. Chief Executive Officer, 즉 그대로 풀이하자면 최고'실행'책임자이며, 흔히 최고경영자로 알고 있는 그 자리에 앉은 사람이 해야 할 일은 도대체 무엇일까?

CEO의 임무와 책임이 무엇인지 알려주는 명확한 기준이 없다보니, 무한게임의 개념을 신경조차 쓰지 않고 유한게임식 플레이만 지속하는 기업 리더들이 너무 많아졌다. CEO라는 직함이 그 역할에 대해 제대로 명시하지 못했기 때문이다. '최고경영자'라는 말만 들어서는 CEO가 마땅히 감당해야 할 책무가 무엇인지 알길이 없다.

단어의 선택은 정말 중요하다. 단어는 방향성과 의미를 부여한다. 잘못된 단어를 선택하면 말하는 사람의 의도가 왜곡되고 원치 않은 결과가 나온다. 예를 들어, 마틴 루서 킹 주니어Martin Luther King Jr.는 '나에게는 꿈이 있습니다'라고 연설했지 '나에게는 계획이 있습니다'라고 말하지 않았다. 물론 그에겐 계획이 있었다. 그가 계획을 세우기 위해 수차례 회의를 진행했다는 사실은 잘 알려져 있다. 하지만 민권운동의 '최고경영자'였던 그가 책임져야 할 부문은 계획 수립이 아니었다. 그의 소임은 꿈을 꾸는 것 그리고 계획을 담당하는 사람들이 그 꿈의 방향을 견지하도록 인도하는 일이었다.

로리 로빈슨Lory Robinson 장군은 미 공군 사령관 출신으로 2018년 전역 당시, 여자로서는 미군 역사상 가장 높은 계급에 올랐던 사람이다. 그녀는 조직의 수장은 자기 조직을 뛰어넘어 더 넓은 시각으로 세상을 바라봐야 한다고 말했다. 그녀는 사령관으로서 자신의 임무를 이렇게 표현했다. "나는 위로 올라가 바깥을 조망하겠다. 여러분은 밑으로 내려가 안을 살펴보라." 조직에서 제일 높은 사람의 책무가 '위로 올라가 바깥을 조망하는' 것이라면 그들이 이러한 책임을 정확히 파악할 수 있도록 그들에게 올바른 직함을 수여해야 한다.

리더들이 자신이 Chief Vision Officer:CVO, 즉 최고'비전'책임자가 되어야 한다는 사실을 깨닫는다면 무한게임에서 자신의 역할을 더 잘 수행할 수 있다. 비전을 책임지는 일, 그것이 피라미드 꼭대기에 앉아 있는 사람의 가장 중요한 소임이다. 그들은 비전을 품어야 하고, 비전을 알려야 하며, 비전을 지켜나가야 한다. 그들은 조직의 모든 사람에게 기업이 가진 대의명분을 제대로 이해시켜야 하며, 다른 최고위직 책임자들에게 각자의 위치에서 대의명분 실현을 위해 최선을 다해달라고 요청해야 한다. 무한게임식 리더라고 해서 기업의 유한게임식 이익에 관심이 일절 없는 것은 아니다. 다만 그 이익이 기업의 무한게임식 비전을 진척시키는 데 도움이 되는지 여부를 판단 기준으로 삼는다. 그들은 눈앞의 이익보다 큰 가치를 추구한다. 궁극의 무한게임 플레이어로서, CVO는 위로, 밖으로 향해야 한다.

'최고 요직' 다음에 일어나는 일

오늘날 너무 많은 기업에 수직적인 서열 체계가 자리 잡고 있다. 이런 체계 안에서는 보통 CEO가 서열 1위, CFO나 COO가 2위로 간주된다. 따라서 수많은 기업의 CFO나 COO들이 자기가 '최고 요직'으로 가는 길목에 서 있다고 생각한다. 잭 웰치가 GE를 이끌던 시절, 그의 밑에서 17년간 근무한 마이클 딘킨스Michael Dinkins는 다음과 같이 설명했다.

"CFO가 차기 CEO 자리에 오르는 경우가 많은 이유는 CFO가 회사 전체를 파악할 수 있는 몇 안 되는 직위이기 때문이다. CFO는 회사에서 일어나는 모든 일을 장악하고 있다. 업무 진행 과정과 소요 시간을 정확히 이해하고 있다. 또한 어떻게 직원을 채용하는지도 알고 있다. 공장에 어떤 새로운 장비가 들어오는지도 속속들이 알며 품질 관리 시스템도 파악하고 있다. 그들은 회사 전체를 꿰뚫어 보고 있고, 그러한 사실이 그들의 승진에 유리하게 작용한다."

유한게임식 전술을 펼치는 리더를 원한다면 딘킨스의 주장이 일리가 있다. 하지만 비즈니스라는 무한게임에 걸맞는 CVO를 원한다면 이야기가 달라진다. CVO는 운영이나 재무 직책이 아니다. CVO는 위로 올라가 바깥을 조망하지만 CFO와 COO는 밑으로 내려가 안을 살핀다. CVO는 끝없는 수평선 너머를 내다보지만 CFO와 COO는 사업 계획서에 집중한다. CVO는 아주 멀고도 추상적인 미래를 그리지만 CFO와 COO는 지금 당장 어디로 발걸음을 내디딜지 생각한다.

위대한 기업들이 비전 책임자(CVO)와 실질적 운영 책임자(CFO나 COO)의 양립 체계를 구축하는 이유다. 양립 체계에서 그들은 상하 관계가 아니라 자전거의 양 바퀴처럼 상호보완적인 협력 관계를 맺는다. 이를 위해선 경직되고 수직적인 서열 체계에서 벗어나 각자의 직무에 알맞은 사고방식을 장려하는 문화가 조성되어야 한다. 즉, CEO를 일인자로, CFO나 COO를 이인자로 인식하지 않고 함께 대의명분을 이루어가는 필수적인 협력 관계로 생각해야 한다. 각자의 일은 각자가 가장 잘한다. 그러므로 양측의 전문가가 모두 필요하다. 스티브 발머, 존 스컬리, 케빈 롤린스 모두 무한게임식 리더의 옆에서 일할 때는 자신의 임무를 훌륭히 수행해낸 뛰어난 직원들이었다.

보통 CVO가 스포트라이트를 받고 대중의 찬사를 듣는 일이 흔하지만 제대로 된 무한게임 CVO라면 자기 혼자서는 비전을 이룩할 수 없다는 사실을 잘 안다. 그들은 마이클 딘킨스가 묘사한 CFO나 COO가 반드시 곁에 있어야 한다고 생각한다. 마찬가지로 무한게임식 CFO나 COO는 자신의 능력이 CVO가 꿈꾸는 대의명분을 구현하기 위해 쓰일 때 영향력이 더 광범위하고 본질적으로 위대한 뜻을 이룰 수 있다고 생각한다. 이러한 관계를 구축하는 것이 필수적이다. 군대에서 장교와 병사는 함께 일하지만 그둘의 진급 체계는 완전히 다르다. 부대에서 가장 높은 병사라고 해도 장교가 될 수 없고, 장교 역시 병사가 될 수 없으므로 그들의 이해관계는 상충하지 않고 협력은 원활히 유지된다. 기업에도 이러한 협력관계가 형성된다면 CFO 혹은 COO가 CVO와 서로 주목받으려고 경쟁하지 않고 서로의 공로를 인정하며 상대방에게 감사하게 될 것이다.

CFO와 COO에 관한 불편한 진실은 그들이 이미 자신이 능한 분야의 최고 위치에 이르렀다는 사실이다. 그들은 조직 내 재무 혹은 운영 부문에서 제일 뛰어난 실력자로 인정받아 가장 높은 자리에 올랐다. 물론 이는 대단한 일이다. 그들이 없다면 CVO는 비전을 현실화할 수 없을 것이다. 하지만 이런 출중한 능력이 직접 선두에 서서 비전을 추구할 역량으로 이어진다고는 볼 수 없다. 그들이 기업의 수장 자리에 오르면 그동안의 관성을 따라 자기가 가장 잘하는 일을 계속해서 할 확률이 높다. 어떻게 회사의 규모를 키울지, 이익은 어떻게 낼지, EBITDA(법인세·이자·감가상각비 차감 전 영업이익—옮긴이)나 EPS(주당 순이익—옮긴이) 또는 시장 점유율을 어느 수준까지 끌어올릴지만 고민할 가능성이 크다. 즉, 유한게임식 목표에만 몰입한다는 뜻이다. 미래는 어떤 모습일지, 회사의 대의명분을 실현하려면 어떻게 해야 할지 상상하는 일, 즉 무한게임식 목표를 좇는 일을 자신의 새로운 책무로 대개 받아들이지 못한다.

이는 영업 사원이 매니저로 승진한 상황과 비슷하다. 영업 실력이 아무리 탁월했을지라도 매니저로 승진하는 순간, 그가 해야 할 일은 판매가 아니라 영업 사원들 관리다. 그가 만약 매니저로서 갖춰야 할 역량을 키우지 않고 영업 사원으로서의 사고방식을 그대로 유지하며 바뀐 책임에 걸맞게 변화하지 않는다면 문제가 발생할 것이다. 물론 CFO나 COO 혹은 다른 임원이었던 사람도 성공적인 CVO가 충분히 될 수 있다. 새로운 역할에 적응하여 그에 맞는 능력을 개발하고 무한게임식 사고방식을 적극적으로 수용하기만 하면 된다. 하지만 그렇게 하지 않고 자신을 현재의 직책까지 올려준 방법을 그대로 반복한다면, 회사는 유한게임의 구렁텅이에 빠질 확률이 높다.

듀크가 월마트의 CVO가 될 만한 자격이 있었는지 없었는지는 알 수 없다. 다만 확실한 사실은 그가 새로운 임무에 적응하지 못했다는 것이다. 그는 샘 월턴의 비전을 다음 세대로 전승하는 데 실패했다. 반면 듀크의 후임자인 더그 맥밀런Doug McMillon은 월마트에게 꼭 필요한 CVO 역할을 하고 있는 듯하다. 2013년, 맥밀런이 차기 CEO로 공표되던 자리에서 그는 언론에 이렇게 말했다. "월마트를 선두에서 이끌 기회를 얻어 무척 영광스럽습니다. 저희 회사는 오랫동안 전 세계 고객에게 다양한 가치를 제공해온 아름다운 역사가 있습니다. 계속 확장하고 변화하는 고객의 필요에 발맞춰 월마트는 앞으로도 가까이에서 고객을 섬기겠습니다. 저희 경영진은 유능하고 경험이 풍부한 인재들이며 저희의 경영전략은 밝은 미래를 만들어가기에 충분합니다. 저희는 고객과의 약속을 성실히 이행하고, 이를 통해 투자자들에게는 더 높은 주주가치로 보답하고 협력사들에게는 더 많은 기회를 창출하여 월마트를 더욱 성장시키겠습니다."

5년 전 마이크 듀크가 같은 자리에 오르며 했던 말과 비교해보면 맥밀런은 듀크와 정확히 반대되는 순서로 이야기했다는 점을 알 수 있다. 맥밀런은 샘 월턴의 비전을 최우선으로 언급했다. 그가 앞으로 어떻게 월마트를 무한게임 플레이어로 재정비할지 기대된다.

5장

자본주의 리부트

오늘날 기업이 변화하는 속도는 어지러울 만큼 빠르다. 변화의 속도가 올라간 만큼 피해도 커진 듯하다. 기업이 비즈니스라는 게임에서 퇴출당하는 속도가 점점 빨라지고 있다. 앞서 언급한 대로 1950년대의 기업 평균 수명은 60년이 조금 넘었다. 반면 지금은 20년도 채 되지 않는다. 크레디트스위스Credit Suisse의 2017년 연구에 따르면 기업의 기대 수명이 급격히 줄어든 이유는 파괴적 혁신Disruptive Technology (사전적 정의로는 단순하고 저렴한 제품이나 서비스로 시장의 밑바닥을 공략해 기존 시장을 파괴하고 시장을 장악하는 전략을 뜻하나, 대중적으로는 기존 시장의 질서를 바꾸는 획기적인 혁신이라는 뜻으로 흔히 사용된다—옮긴이) 때문이라고 한다. 하지만 파괴적 혁신은 새로운 현상이 아니다. 신용카드, 전자레인지, 포장용 에어캡, 벨크로, 트랜지스터 라디오, 컴퓨터 하드디스크, 태양전지, 광섬유, 플라스틱, 마이크로칩 모두 1950년대에 발명됐다. 벨크로와 포장용 에어캡을 제외한 나머지는 모두 파괴적 혁신의 아주 좋은 예다(벨크로와 포장용 에어캡은 완전히 다른 의미에서 파괴적인 발명품이었다). 파괴적 혁신의 '파괴성'은 기업들이 어려움을 겪는 원인이 아니라 더 은밀한 원인으로 발생한 하나의 현상이다. 기술 '혁신'도 기업의 실패 이유는 아니다. 기술 자체보다는 리더가 변화하는 세상에 발맞춰 기업의 미래를 제대로 준비하지 못한 탓이 크다. 근시안적인 관점을 고수하는 리더가 문제다. 근시안적인 관점은 유한게임식 리더들이 지닌 전형적인 특성이다. 그런데 지난 50년간 비즈니스 세계를 근시안적인 관점이 지배하게 된 배경에는 한 사람의 철학이 있다.

노벨 경제학상 수상자인 밀턴 프리드먼Milton Friedman은 현대 자본주의에 지대한 영향을 끼친 위대한 이론가로 평가받는다. 그는 1970년 그 유명한 기고문 「기업의 목적은 무엇인가」에서 기업에게는 주주가 최우선이라는 주장을 펼쳤다. 이 이론은 오늘날 유한게임식 기업의 관행으로 이어지고 있다. 그는 다음과 같이 썼다. "사유재산 제도 안에서 자유 기업의 경영자는 기업 소유주의 피고용인이다. 그러므로 경영자는 기업 소유주에게 책임을 다해야 한다. 그 책임이란 법이나 윤리적 관습과 같은 사회의 기본 규칙을 지키면서 가능한 한 많은 돈을 벌고자 하는 그들의 욕망에 따라 비즈니스를 하는 것이다. 그에게 기업의 사회적 책임은 단 하나다. 바로 기업이 가진 자원을 활용해 사회적 규칙을 지키는 선에서 수익을 극대화하는 것이다." 즉 프리드먼에 따르면 기업의 가장 우선적인 목표는 부의 축적이며 그 돈은 주주의 소유다. 이러한 발상은 현대 사회에 뿌리 깊게 박혀 있다. 기업의 '소유주'가 이익의 먹이사슬 최상위에 있으며 기업은 오로지 부를 창출하기 위해서만 존재한다는 생각이 상식처럼 널리 퍼져 있다. 그래서 수많은 사람이 비즈니스란 원래 늘 이래왔으며, 이 방식이 유일한 선택지고 당연하다고 생각한다. 하지만 그렇지 않았으며 지금도 그렇지 않다.

프리드먼은 비즈니스에 대해 아주 편협하고 평면적인 시각을 가지고 있었다. 그 누구든 한 번이라도 사업을 해봤거나 직장을 다녀봤거나 기업의 소비자가 된 경험이 있다면 비즈니스가 매우 역동적이며 복잡하다는 사실을 분명히 알 것이다. 그러니까 어쩌면 우리는 40년이 넘는 지난 세월 동안 기업에 대해 잘못 정의한 채 그 오류를 기반으로 기업을 세워왔을지도 모른다. 그 그릇된 정의는 사실상 기업들을 약화시키고, 자본주의 체제를 지킨다고 선전하지만 근간까지 흔들고 있다.

프리드먼 이전의 자본주의

프리드먼과 달리 무한게임 방식으로 기업의 책임을 정의한 학자를 찾자면 애덤 스미스Adam Smith가 있다. 18세기 스코틀랜드 출신 철학가이자 경제학자인 애덤 스미스는 경제학과 현대 자본주의의 아버지로 명실공히 인정받는다. 그는 『국부론』*The Wealth of Nations*에 다음과 같이 썼다. "소비는 모든 생산의 유일한 목표이자 목적이다. 그리고 생산자의 이익은 소비자의 이익을 증진하는 데 필요한 범위 내에서만 존중되어야 한다. 이는 너무나 자명한 명제라서 이를 증명하려는 노력은 어리석다." 간단히 말해서 기업의 이익은 언제나 소비자의 이익 다음이라는 것이다(애덤 스미스는 이 사실이 너무 명백하여 증명하려는 노력이 어리석다고까지 했는데 아이러니하게도 나는 지금 그것을 증명하기 위해 책까지 쓰고 있다).

하지만 애덤 스미스는 유한게임 방식을 선호하는 사람들의 본성을 알고 있었다. 그는 이렇게 설명했다. "중상주의에서는 거의 언제나 생산자의 이익이 소비자의 이익에 우선한다. 그리고 산업과 상업의 궁극적인 목적이 소비가 아니라 생산이라고 믿는 시각이 만연한 듯하다." 즉 스미스는 인간이 본능적으로 자기 이익을 좇는다는 사실을 인정했다. 그는 사람들이 각자 자신의 이익을 추구하는 현상을 '보이지 않는 손'이라 일컬었다. 또한 그는 보이지 않는 손의 존재로 궁극적으로 혜택을 보는 사람은 소비자라고 주장했다. 이기적인 사람들이 모두 자기 회사를 최고로 만들고 싶어 하므로 소비자들이 이익을 얻는다는 논리다. "우리가 저녁 식사를 할 수 있는 이유는 푸줏간 주인이나 양조장 주인, 빵집 주인이 자비로워서가 아니라 그들이 각자 사익을 추구하기 때문이다." 푸줏간 주인은 최고의 고기를 공급하고자 하는 이기적인 욕망이 있다. 그는 양조장 주인이나 빵집 주인에게는 신경 쓰지 않는다. 마찬가지로 양조장 주인도 가장 고품질의 맥주를 만들고자 할 뿐 시장에서 어떤 고기나 빵이 팔리고 있는지에는 관심이 없다. 빵집 주인 역시 소비자가 식빵 속에 무엇을 넣어 먹든 신경 쓰지 않고 그저 맛있는 식빵을 굽고 싶어 한다. 애덤 스미스는 결과적으로 소비자가 이 모든 생산 활동의 이득을 본다고 주장한다. 이 구조가 전체적으로 균형을 이루는 한 그렇다. 하지만 애덤 스미스는 외부의 이기적인 투자자들과 애널리스트들이 균형을 완전히 깨뜨리는 상황은 고려하지 못했다. 이 구조의 바깥에 존재하는 이기적인 집단이 투자자의 이익을 극대화하기 위해 빵집 주인에게 비용을 줄이고 값싼 재료를 사용하도록 엄청난 압력을 행사할 날이 올 거라고 그는 예상하지 못했다.

18세기 애덤 스미스 이후로 역사가 흐르고 흘러 오늘날에는 주주자본주의가 사회를 장악했다. 그 과정에서 자본주의가 어떻게 바뀌었는지 살펴보고자 한다. 사실 주주자본주의는 1990년대가 되어서야 등장했다. 주주자본주의가 등장하기 전에는 미국에서 기업이 운영되던 방식이 지금과 매우 달랐다. 코넬대학교 로스쿨 Cornell Law School에서 회사법을 가르쳤던 린 스타우트Lynn Stout 교수는 다큐멘터리 시리즈 〈익스플레인〉Explained에서 이렇게 말했다. "20세기 중반까지 미국의 기업들은 세계에서 가장 영향력 있고 효율성이 뛰어나며 수익을 많이 창출하는 조직이었습니다. 당시 기업들은 부자들뿐 아니라 평범한 시민들에게도 투자할 기회를 줬고 좋은 수익률을 가져다줬죠. 기업의 임원들은 자기 자신을 주주 외에도 채권자, 협력 업체, 직원, 지역사회를 위해 일하는 관리인으로 여겼어요." 하지만 1970년에 프리드먼의 기고문이 발표된 후로 임원들은 스스로를 더 위대한 가치를 추구하는 기업의 관리인으로 생각하지 않고 기업의 '소유주', 즉 주주들에게 책임을 다하는 사람으로 인식하기 시작했다. 1980년대와 1990년대에 이러한 사상이 만연해지며 기업과 은행의 성과급 제도는 점점 더 단기 성과에 집중했고 점점 더 소수의 사람에게만 이익을 몰아주는 쪽으로 변했다. 또한 이 시기부터 임의로 정한 목표를 달성하기 위해 매년 감행하는 대규모 정리 해고가 하나의 괜찮은 전략으로 받아들여지기 시작했다. 1980년대 이전에는 그런 관행이 존재하지 않았다. 당시에는 한 회사에서 평생 일하는 사람이 아주 흔했다. 회사는 직원을 보살폈고 직원은 회사를 돌봤다. 회사와 직원 양쪽 모두 서로에게 신뢰, 자부심, 충성심이 있었다. 회사는 오랫동안 근무한 직원이 은퇴할 때 금시계를 선물하곤 했다. 하지만 이제 금시계에 의미를 두는 사람은 아무도 없는 듯하다. 금시계를 받을 만큼 오래 근무하기 전에 퇴사하거나 해고당하거나 둘 중 하나다.

자본주의의 남용

현대 유한게임식 자본주의에서는 미국 건국의 아버지들이 품었던 사상이나 미국이 성장하는 데 토대가 된 무한게임 사고방식과 닮은 구석을 찾기 힘들다(참고로 미국 건국의 아버지들 중 하나인 토머스 제퍼슨Thomas Jefferson은 총 3권으로 된 애덤 스미스의 『국부론』 전집을 가지고 있었다). 약 200년 전 애덤 스미스가 꿈꿨던 이상적인 자본주의는 이름만 남았다. 현재의 자본주의는 19세기 말부터 20세기 초까지 포드Ford나 코닥, 시어스와 같은 회사들이 실천했던 '관리인' 자본주의와도 비슷한 점이 전혀 없다. 그 기업들도 결국 유한게임 사고방식에 사로잡혀 무너지고 말았다. 오늘날 기업 리더들이 하는 행동은 '자본주의의 남용'이라고 할 수 있다. '남용'이란 '알코올 남용'처럼 무언가를 부적절하게 사용하는 행태, 본래의 목적이 아니라 다른 곳에 쓰는 것을 의미한다. 만약 원래 자본주의가 소비자의 이익을 위해 존재하며 기업의 리더들은 개인적인 이익보다 위대한 가치를 실현하기 위해 일하는 관리인이라면, 주주

자본주의를 신봉하는 현대 사람들은 자본주의를 오용하고 있다.

기업의 목적은 단순히 수익 창출이 아니라 대의명분의 추구라는 나의 견해가 세상 물정 모르는 소리이며 반자본주의적이라고 생각하는 사람도 있을 수 있다. 하지만 진실을 외면해서는 안 된다. 프리드먼의 견해가 옳다고 생각하는 사람들 혹은 프리드먼의 사상에서 파생된 비즈니스 관행에 가장 격하게 찬성하는 사람들은 대부분 프리드먼의 주장 덕분에 크게 이익을 본 사람들이다. 그러나 사실 비즈니스가 돈에만 집착했던 적은 역사상 단 한 번도 없었다. 헨리 포드Henry Ford가 말했듯이 "오로지 돈만 버는 기업은 형편없는 기업이다." 기업이란 기술 개발이나 삶의 질 향상 등 어떤 형태로든 우리 삶을 진보시켜 더 편하게 혹은 더 풍요롭게 하기 위해 존재한다. 사람들이 기업의 제품이나 서비스에 돈을 쓰는 이유는 거기서 가치를 얻기 때문이다. 다시 말해 기업이 더 많은 가치를 제공할수록 돈을 더 많이 벌고, 그러면 회사를 발전시키는 데 필요한 자원이 많아진다. 오로지 돈을 얼마나 벌었느냐로 측정되는 '경제적 번영'이 자본주의의 전부가 아니다. 삶의 질이나 기술 발전, 사람들이 평화롭게 함께 일하고 살아가는 능력으로 측정되는 '진보'도 자본주의의 일부다.

자본주의는 1970년대 후반 이래 지속적으로 남용되다가 결국 지금의 형태로 망가졌다. 전 세계 반자본주의자들과 보호무역주의자들이 주장하듯이 자본주의는 개인적 이익을 위해 체제를 남용하는 소수 사람들의 혜택만 증진하게 됐다. 모두의 이익을 극대화한다는 본래의 목적과 전혀 관계없는 모습으로 전락하고 만 것이다. 자신의 유한게임식 이익을 최우선으로 간주하도록 투자자들이 기업의 임원들에게 인센티브를 주며 부추긴 탓에 주주자본주의 철학과 '기업의 목적은 수익 창출뿐이다'라는 프리드먼의 주장이 더욱 강화됐다.

예를 들어 임원 연봉을 책정할 때 기업의 장기적인 건전성보다 단기 주가 성과를 지표로 삼는 제도도 밀턴 프리드먼의 견해에서 비롯된 현상이다. 그의 주장을 적극적으로 옹호하는 사람들은 그 기준에 맞춰 성과를 내고 한몫씩 두둑이 챙겨갔다. 경제정책연구원Economic Policy Institute의 1978년 연구에 따르면 당시 CEO의 평균 임금은 일반 직원의 평균치보다 약 30배 높았다. 같은 곳에서 2016년에 연구를 수행했는데 그 차이가 800퍼센트 이상 늘어나 271배 수준이 됐다는 결과가 나왔다. 또한 CEO의 평균 임금은 950퍼센트 상승한 데 반해 일반 직원의 임금 상승률은 겨우 11퍼센트에 그쳤다. 같은 연구에 따르면 CEO의 평균 임금이 주식시장보다 70퍼센트나 빠른 속도로 올랐다고 한다!

이러한 결과가 나온 이유는 MBA 학위가 없더라도 쉽게 알 수 있다. 린 스타우트는 자신의 저서 『주주 가치의 신화』The Shareholder Value Myth에서 다음과 같이 설명한다. "만약 CEO가 받는 연봉의 80퍼센트가 이듬해 주가에 따라 결정된다면 CEO는 주가를 올리기 위해 최선을 다할 것이다. 장기적으로 직원이나 고객, 사회와 환경, 심지어는 자기 기업에 악영향을 끼치는 일이더라도 서슴지 않고 주가를 올리는 데만 집중할 것이다." CEO의 연봉이 주가와 밀접한 관계가 있으면 공장을 폐쇄하고, 임금을 삭감하고, 극단적으로 비용을 절감하고, 정기적인 정리 해고를 단행하는 관행들이 성행한다. 이런 전략은 단기적으로 주가를 상승시키는 데 도움이 될지는 몰라도 무한게임에서 생존하고 번영하는 데에는 해가 되는 경우가 많다. 회사가 자기 회사 주식을 사들이는 자사주 매입 역시 기업들이 주가를 올리기 위해 흔히 사용하는 정당한 전략이 됐다. 자사주를 매입하면 일시적으로 주식의 수요가 증가하고 수요와 공급의 원칙에 따라 주가가 순간적으로 상승한다(이렇게 하면 일시적으로 임원들이 경영을 잘하고 있는 것처럼 보인다).

이처럼 단기적으로 주가를 올리는 수많은 관행은 윤리적으로 옳지 않아 보인다. 하지만 프리드먼의 주장을 살펴보면 그는 그러한 행태를 수용했고 심지어 권장까지 했다는 점을 알 수 있다. 기업이 하는 일이 법과 '윤리적 관습'의 테두리 안에만 있다면 괜찮다는 프리드먼의 말을 기억하는가? 나는 그가 '윤리적 관습'이라는 애매한 표현을 썼다는 사실이 놀랍다. 그냥 '윤리'라고 말하지 않은 이유가 무엇일까? '윤리적 관습'이라는 말은 비윤리적인 행위도 자주 행하면 윤리적이 된다는 뜻일까? 만약 임의로 정한 목표를 달성하기 위해 매년 직원들의 생계를 빼앗으면서까지 대규모 정리 해고를 시행하는 기업이 많아진다면 정리 해고는 이제 비윤리적인 행동이 아니게 될까? 다른 사람도 다 하는 일이라면 괜찮다는 걸까?

사실 법과 '윤리적 관습'은 보통 남용에 대한 대응으로 생겨날 뿐, 문제를 예측해서 미리 대처하는 예방책으로 제정되지는 못한다. 법과 윤리적 관습은 항상 한발 늦게 만들어진다. 프리드먼이 암시하는 바에 따르면 기업은 그 간극을 파고들어 새로운 법과 윤리적 관습이 등장해 특정 전략을 금지할 때까지 수익을 극대화해야 한다. 프리드먼에 의하면 이것이 기업의 책임이다!

페이스북Facebook, 트위터Twitter, 구글과 같은 테크 기업은 윤리적 관습을 위배하고도 개인 정보 관리에 대해 근본적으로 고민해보는 대신 그저 사과만 하고 끝내는 경향이 있다. 고객들의 개인 정보가 그 기업의 가장 중요한 자산 중 하나인데도 말이다. 프리드먼의 기준으로 보면 그들은 책임을 아주 잘 이행하고 있다.

사회가 기업의 역할을 잘못 정의한 채 기업을 세우고 이끈다면 아마 프리드먼의 유한게임식으로 플레이하도록 직원들을 부추길 것이다. 경영진도 프리드먼의 유한게임에 최적화되어 윤리를 따르지 않고 기업의 이익만을 추구하는 사람들로 구성될 가능성이 크다. 이들은 잘못된 목표로 기업을 경영하며 정말로 이끌고 보호해야 할 대상인 직원들과 지역사회 그리고 기업 자체에 장기적으로 해를 끼칠 확률이 높다. 프랑스 왕 루이 15세Louise XV는 1757년에 이렇게 말했다. "내가 죽은 뒤 홍수가 나든 말든." 내가 떠난 다음에 재앙이 덮쳐오더라도 네 문제지 내 문제가 아니라는 뜻이다. 오늘날 수많은 유한게임식 리더도 이렇게 생각하는 듯하다.

유한게임식 플레이에 대한 강요

주요 대기업 임원들 사이에는 공공연한 비밀이 하나 있다. 바로 주주자본주의와 월스트리트에서 가해오는 실적 압박이 사실 기업에 악영향을 끼친다는 진실이다. 그들은 이 점을 인지하고 있고 사적으로 불평하거나 걱정하기도 하지만, 참 어리석고 안타깝게도 계속해서 주주자본주의의 원칙을 지키며 월스트리트에게 굴복한다.

기업의 임원들이 이러한 압력에 뜻을 굽히면 장기적으로 국가와 세계 경제에 어떤 영향을 미칠지 길게 설명하기에는 잉크가 아깝다. 인재로 발생한 2008년 금융 위기, 사람들이 직장에서 받는 과도한 스트레스, 언제 해고될지 모른다는 불안감, 직원은 안중에 없고 자신의 이익에만 집중하는 리더를 향한 불만 등을 더는 말할 필요도 없다. 유한게임식 자본주의의 신봉자들은 자사의 이익을 위해 최선을 다하지만 사실은 그 최선이 회사를 위험에 빠뜨리고 있는 꼴이니, 굉장한 모순이다. 이는 체리나무에서 체리를 최대한 많이 수확하기 위해 나무를 베어버리는 행위와 다르지 않다.

1929년 대공황을 초래한 주원인은 은행들의 과도한 영향력과 투기적인 성향 때문이었는데, 이를 규제하는 법이 느슨해진 탓에 투자은행들은 다시 한번 엄청난 힘과 영향력을 행사하고 있다. 결과는 자명하다. 월스트리트는 회사들이 해야 할 일을 못 하게 막고, 해서는 안 될 일을 하도록 강요한다.

스타트업 기업가 역시 월스트리트의 압박을 받는다. 그들은 지속적이고 빠른 성장을 보여야 한다는 강박을 느낀다. 그 목표를 성취하기 위해 혹은 성장이 둔화됐을 때 다시 성장에 불을 지피기 위해, 그들은 벤처캐피탈이나 사모 투자 전문 회사의 투자를 받는다. 이론적으로는 좋아 보인다. 하지만 사모 투자 전문 회사의 사업 모델은 오랫동안 게임을 플레이하려는 회사에 치명적일 수 있다. 사모 투자 전문 회사와 벤처캐피탈 회사가 수익을 내려면 팔아야 하기 때문이다. 처음 투자한 때부터 3년에서 5년이 지나면 파는 경우가 많다. 사모 투자 전문 회사나 벤처캐피탈 회사는 온갖 미사여구를 붙여 자신들이 무한게임식 대의명분을 품은 기업이라고 주장한다. 진짜 그렇다고 믿기도 한다. 하지만 매각 시점 전까지만 그렇다. 그때가 오면 갑자기 주주의 이익에만 몰두할 뿐 대의명분이나 다른 이해관계자는 신경 쓰지 않는다. 유한게임식 목표 달성을 명목으로 투자자들이 회사에 가하는 압력은 장기적으로 회사를 망가뜨릴 수 있으며, 실제로 그 압력으로 인해 쓰러지는 회사들이 많다. 사모 투자 전문 회사나 벤처캐피탈 회사의 목표지향적 임원 중 정말 많은 이가 자기 회사의 투자자들은 다르며, 자신들은 정말 대의명분을 중요시한다고 강조한다. 물론 매각 전까지의 이야기다. (심지어 나와 대화를 나눴던 한 임원은 자기 회사의 투자 담당자들을 화나게 하고 싶지 않다며 회사 이름을 밝히지 말아달라고 요청했다.)

성장이 끊임없이 지속된다는 건 불가능하고, 빠르게 성장하는 회사라 하더라도 오랫동안 살아남으리라는 보장은 없다. 유한게임식 리더는 빠른 성장을 목표하지만 무한게임식 리더는 성장을 가변적인 요소로 여긴다. 예를 들어 빠르게 성장하던 소매업 기업이 직원들과 점장들의 역량을 개발하고 강화하기 위해 지점 확장 속도를 늦출 수 있다. 지점을 늘린다고 성공적인 기업이 되는 것이 아니다. 지점을 잘 운영해야 성공적인 기업이 된다. 지금 할 수 있는 걸 해야 빠른 성장이 미래에 발생시킬 부작용을 막을 수 있다. 그게 기업에게 더 좋은 길이다. 훌륭한 리더는 수립해둔 성장 계획에 얽매이지 않고 더 멀리 내다볼 줄 안다. 만약 새로운 전략을 시행할 준비가 부족하거나 그 전략이 옳지 않다고 판단되면 성장 속도를 늦추더라도 신중하게 행동한다.

1950년대부터 1970년대까지 미국의 수많은 기업은 '미래를 예측한다'는 개념을 아주 중요하게 여겼다. 그들은 기술적, 정치적, 문화적 현상을 검토해서 어떤 미래가 올지 예측하고 준비하기 위

해 '미래학자' 집단을 만들었다. (만약 가민이 이렇게 했다면 스마트
폰의 발전 탓만 하기보다 변화하는 시장에 적극적으로 대응했을 수도 있
다.) 심지어 미국 정부도 미래를 예측하기 위해 애썼다. 1972년 미
국 의회는 상정된 법안의 장기적인 영향을 분석하고자 기술평가
국Office of Technology Assessment을 설립했다. 세계미래학회World
Future Society의 회장 에드워드 코니시Edward Cornish는 이렇게 말
했다. "미국 정부는 법안이 한 번 제정되면 수정하지 않는 한 20년
이고 50년이고 유효하다는 사실을 깨달았습니다. 그들은 현재 제
정하는 법이 미래에 역효과가 나지 않도록 최선을 다하고 있습니
다." 하지만 이러한 움직임은 1980년대에 들어서서 미래 예측이
돈 낭비라는 의견이 대두되며 사장되기 시작했다. 결국 기술평가
국은 1995년에 공식적으로 해체되었다. 오늘날 비즈니스 업계에
도 미래학자들이 있지만 보통 마케팅에 활용할 수 있는 미래 트렌
드를 연구할 뿐 현재의 선택이 미래에 어떤 영향을 끼칠지는 연구
대상이 아니다.

유한게임식 리더는 아무리 미래를 위한 일이라고 해도 단기적
인 성과를 포기하지 못하는 경우가 많다. 시장에서는 단기 성과만
두드러지기 때문이다. 그들은 직원들이 단기 성과에 집중하도록
압박을 가하는데, 이로 인해 제품이나 서비스의 품질이 떨어지는
경우가 많다. 애덤 스미스의 주장과 정반대되는 현상이다. 투자자
집단이 애덤 스미스의 철학을 따른다면 자신이 투자한 기업이 최

고의 제품을 생산하고, 최선의 서비스를 제공하고, 최대한 강한 기업이 되도록 힘을 다해 도울 것이다. 그것이 고객과 국가의 부를 증대하는 일이다. 그리고 만약 주주가 기업의 진정한 주인이라면 마땅히 그렇게 해야 한다. 하지만 오늘날 현실에서 주주는 전혀 기업의 주인처럼 행동하지 않는다. 오히려 기업을 빌린 사람처럼 행동한다.

자기 소유의 자동차를 운전할 때와 렌터카를 운전할 때의 차이를 생각하면 모든 게 쉽게 이해된다. 주주가 자신이 차의 주인이 아니라 차를 빌린 사람이라 여기면 자동차 자체는 신경 쓰지 않고 그저 어디로 가는지에만 관심을 쏟는다. CNBC 경제 방송은 언제나 거래 전략과 단기적인 시장 동향만을 다룬다. 기업을 소유하는 것이 아니라 거래하는 것에만 관심이 있다. 가정을 꾸리기에 좋은 집을 구하는 방법이 아니라 부동산 단타 매매로 단기 차익을 얻는 방법을 알려준다. 단기 수익만을 노리는 투자자들이 회사를 자기 소유라고 여기지 않고 렌터카처럼 생각한다면 기업의 리더가 그들을 주인으로 대해줄 필요가 있을까? 사실 상장 기업은 비상장 기업과 달라서 전통적인 의미의 소유권에 얽매이지 않아도 된다. 미래까지 건재한 기업을 만드는 것이 목표라면 이제 더는 주주가 기업의 소유주라고 여겨서는 안 된다. 기업의 임원들은 주주만을 위해 일한다는 생각을 버려야 한다. 주주들은 자기 자신을 '기업을 위해 헌신하는 사람'으로 인식하는 것이 바람직하다. 단기 수익이나 장기 수익, 어느 쪽에 초점을 맞추는 주주든 모두 해당되는 명제다.

직원들이 회사를 위해 시간과 에너지를 헌신한다면 투자자들은 자본, 즉 돈을 헌신한다. 어느 쪽이든 회사가 발전하기 위해서는 꼭 필요한 헌신이므로 양쪽 다 공정하게 보상받아야 한다. 회사를 키우고 더 강성하게 만들려면 애덤 스미스가 말한 대로 기업의 임원들은 투자자의 돈과 직원의 근로로 창출되는 가치를 고객에게 최우선으로 제공해야 한다. 이렇게 했을 때 회사는 제품을 더 많이 판매하고, 제품의 가격을 인상하고, 충성 고객을 확보하기가 더 용이해진다. 그러면 회사는 돈을 더 많이 벌 수 있고 그 돈으로 회사에 재투자하거나 투자자들에게 나눠줄 수 있게 된다. 하나만 덧붙이자면 임원들은 모든 이해관계자를 위하는 위대한 기관의 관리인 역할로 다시 돌아가야 한다. 소수의 요구에만 귀 기울이기를 멈추고 회사의 성공에 기여한 모든 사람의 필요를 주의깊게 들어야 한다.

우리는 모두 직장과 인생에서 의미를 찾고자 한다. 인간을 인간답게 하는 특징이기도 하다. 우리는 모두 자기 존재보다 커다란 어떤 가치의 일부가 되고 싶어 한다. 수많은 기업이 실제로는 주주와 경영진만을 위하면서도 말로는 직원들과 고객을 최우선으로 섬긴다고 선전하는 이유도 바로 이 때문이다. 이런 내용을 모르더라도 많은 사람이 현대 자본주의가 어딘가 우리의 가치관과 맞지 않다고 느낄 것이다. 만약 모두 밀턴 프리드먼의 생각에 진심으로 동의한다면, 회사들은 이익의 극대화라는 목표 하나만으로 비전과 미션을 정할 테고 우리는 모두 그것에 불만이 없을 것이다. 하지만 그렇지 않다. 만약 기업의 진정한 목적이 매출 증대뿐이라면 현재 수많은 기업이 하듯이 대의명분을 추구하는 척 가장할 필요도 없다. 대의명분을 따른다고 말로만 떠드는 것과 실제로 그런 기업을 만드는 일은 완전히 다르다. 진실로 대의명분을 좇는 기업만이 무한게임에서 가치 있는 존재가 된다.

변화의 물꼬는 터지고 있다

블랙록BlackRock의 창립자이자 회장 겸 CEO인 래리 핑크Larry Fink는 2018년 CEO들에게 '목적의식'이라는 제목의 공개서한을 써서 투자업계에서 화제가 됐다. 그는 편지에서 CEO들에게 단기 이익만을 얻으려 하지 말고 더 이상적인 목표를 추구해야 한다고 촉구했다. 그는 이렇게 설명했다. "상장 기업이든 비상장 기업이든 목적의식 없이는 잠재력을 최대한으로 발휘할 수 없다. 목적의식이 없는 기업은 결국 주요 주주들에게 주도권을 빼앗기고 말 것이다. 그런 기업은 수익을 분배하라는 단기적인 압박에 굴복하고, 장기적인 성장에 필수적인 직원의 역량 개발, 혁신, 자본 지출을 하지 못한다." 참고로 블랙록은 세계에서 가장 큰 자산운용사로 총 6조 달러의 자금을 운용하고 있다. 회사에는 목적의식이 있어야 한다는 개념 자체는 새롭지 않다. 하지만 투자업계에서 래리 핑크 정도의 위치에 있는 사람이 공개적으로 이런 이야기를 하면 책이나 기사에 언급되고 사람들의 입에도 오르내리며 마침내 정계의 고고한 벽 안으로도 흘러들어가게 된다.

주식시장은 평범한 시민이 국가의 부를 나눠 가질 수 있게 한다는 원래의 취지대로 작동할 때 최적의 상태를 유지한다. 하지만 오늘날 미국인들은 현대 자본주의에 환멸을 느끼고 있으며 주식시장이 유한게임의 도구로 사용되고 있다는 사실에 실망했다. 2019년 미국인의 주식 투자 비율은 최근 20년 중 가장 낮은 수준을 기록했다. 계층별로는 중산층의 주식 투자가 가장 많이 줄었다. 진취적인 몇 사람이 주식시장에서 돈을 많이 벌어도 사람들은 더 이상 크게 주목하지 않는다. 주식시장이 균형을 잃고 신뢰도가 하락하면서 중산층이 주식시장에서 대거 나가버린 것이다. 리더들은 이 점을 주시해야 한다.

주식시장과 연관된 일을 해본 모든 사람은 시장이 균형을 잃으면 반드시 조정이 일어난다는 사실을 인지하고 있다. 시장의 조정은 보통 갑작스럽고 격렬하게 일어난다. 현재의 자본주의 체제는 과도하게 불균형한 상태이므로 권한 있는 사람들이 나서서 바로 잡아야 한다. 그렇지 않으면 나중에 손쓸 수 없는 상황에서 강제로 조정당할 가능성이 커진다. 권한 있는 사람들이 나서서 균형을 회복시키지 않는다면 사람들이 들고일어나 모든 것을 무너뜨릴 공산이 크다. 대중이 봉기를 일으키는 원인은 보통 정부의 무능력 혹은 부패 또는 한쪽으로 치우친 경제 모델이다. 만약 대영제국이 식민지 미국에 경제적 규제를 완화해주고, 대표권을 주고, 미국의 도움으로 창출한 부를 미국에 좀 더 나눠줬더라면 미국 독립혁명은 일어나지 않았을지도 모른다. 불균형이 있는 곳에 갈등이 싹트는 법이다.

기존의 체계를 전복하는 것은 큰 사건이다. 혁명은 위험으로 가득하다. 혁명은 갑작스럽게 일어나며 무력을 동원한다. 그리고 혁명에는 반드시 반혁명 운동이 뒤따른다. (여기서 혁명이란 무력 봉기뿐 아니라 현 상황을 뒤집는 모든 종류의 혁명을 말한다.) 식민지 시절 미국 시민들은 영국에 변화를 간곡히 청했다. 혁명의 동기 중 이념은 일부일 뿐이었다. 권력과 부의 극심한 불균형으로 인해 삶과 경제적 안위가 흔들리고 있었기 때문에 그들은 혁명에 가담할 수밖에 없었다. 이상적인 미래 비전은 나중 이야기였다.

고대 로마 제국에선 로마를 지키기 위해 싸우면서도 시민권을 받지 못한 동맹국들이 반란을 일으켰다. 미국 식민지 주민들은 열심히 일해 영국 경제 부흥에 기여했음에도 대표권을 받지 못해 독립혁명을 일으켰다. 두 사건 모두 부와 권력을 얻는 데 일반인을 부당하게 이용한 결과로 발생한 현상이다. 현대 사회에서는 바로 일반 직원들이 기업과 경영진의 수입에 가장 많이 기여하면서도 가장 많이 희생되고 있다. 그들이야말로 회사가 임의로 정한 목표에 도달하지 못할 때마다 해고당해 가족을 부양할 방법이 없어질까 봐 가슴 졸여야 한다. 이들은 회사와 경영진이 자신을 인간답게 대우하지 않는다고 생각한다(멋진 사무실과 무료 식사는 회사가 직원들에게 진심으로 관심을 갖고 있다는 표시가 되지 못한다). 직원들은 정당하게 대접받기를 원하며 회사를 성장시킨 노고를 인정받아 자신이 회사에 벌어준 돈을 나눠 가지고 싶어 한다. 이건 나의 요구사항이 아니다. 실제로 그들이 원하는 바다!

통계 자료에 따르면 현재 체제에서는 상위 1퍼센트가 나머지 99퍼센트보다 더 많은 이익을 얻고 있다. 2011년 9월, 이러한 사회적 불균형에 대항하는 소규모 시위 세력이 뉴욕시 주코티 공원에 베이스캠프를 차렸다. 그들은 '우리는 99퍼센트다We are the 99percent'라는 간단한 문구를 내걸었다. 특정한 지도자나 뚜렷한 행동 방식도 없었기에 전 세계 공원을 장악했던 이 시위는 흐지부지 끝나고 말았지만, 이와 비슷한 움직임은 지금까지도 이어지고 있다. 소수의 이익을 위해 다수를 희생시키는 현 경제체제의 불공정성을 향한 사람들의 관심은 아직 꺼지지 않았다. 오히려 더 활활 타오르고 있다. 이 주제는 더 나아가 미국 대통령 선거에까지 영향을 미쳤다. 오큐파이 운동Occupy movement이 끝나고 5년 뒤, 그 포퓰리즘적 메시지가 진보 진영의 버니 샌더스Bernie Sanders

후보와 보수 진영의 도널드 트럼프Donald Trump 후보 모두의 입에서 나왔다. 양측 다 '체제'의 불공정성과 불평등을 언급하며 그 주제에 대한 불씨를 키웠다.

밀턴 프리드먼식 경영 철폐를 향한 움직임도, 현 상황을 바꾸고자 하는 다른 모든 운동처럼, 평범한 사람들 사이에서 시작될 수도 있고 리더들 사이에서 먼저 일어날 수도 있다. 외부에서 시작되거나 내부에서 시작되거나 둘 중 하나다. 주변에 보이는 혁명의 조짐을 주목하라. 미국을 비롯한 전 세계에서 포퓰리즘적인 목소리가 점점 커지고 있다. 정계나 재계의 권력 있는 사람들에겐 변화를 일으킬 수 있는 힘이 있다. 변화는 반드시 곧 온다. 이것이 바로 무한게임이 작동하는 방식이기 때문이다. 현재와 같은 유한게임식 체제는 결국 스스로 의지력과 자원을 모두 고갈할 것이다. 반드시 그렇게 된다. 현 체제에서 부와 권력을 누리는 사람들도 있겠지만 이 체제는 결국 스스로의 무게를 감당할 수 없게 될 것이다. 인류의 역사와 주식시장 폭락 사태를 하나하나 돌이켜보라. 불균형이 모든 문제의 근원이다.

변화의 바람이 불고 있다. 밀턴 프리드먼식 자본주의에 의문을 제기하는 움직임이 사회에서 점차 받아들여지고 있다. 프리드먼이 주장한 기업의 책임을 불편하게 생각하는 사람들도 늘어나고 있다. 프리드먼의 견해에 대항하여 깨어 있는 자본주의Conscious Capitalism, 비콥B Corp, 비팀the B Team 등과 같은 사회적 기업이

'이해관계자 자본주의'stakeholder model (주주만이 아니라 기업과 관련된 모든 이해관계자의 이익 극대화를 목표로 하는 자본주의—옮긴이) 혹은 트리플보텀라인Triple Bottom Line (기업 수익, 환경 지속성, 사회적 책임, 이 세 가지로 기업 실적을 측정하는 비즈니스 원칙—옮긴이)과 같은 개념을 널리 알리고 있다. 잭 웰치와 같이 1980년대와 1990년대에 이름을 날리던 비즈니스 영웅들은 점차 매력을 잃어가고 있다. 이제 무한게임 사고방식에 맞게 기업의 책임을 재정의해야 한다. 돈은 결과일 뿐 목적이 아니라는 사실을 반영하여 수정된 정의가 나와야 한다. 직원들과 경영진이 단순히 사익이나 자기 회사 또는 주주만을 위해 이윤 내는 것을 넘어서서 그 이상의 가치를 만들어내도록 독려하는 새로운 정의가 필요하다.

프리드먼은 기업의 유일한 목적은 수익 극대화라고 주장했다. 이제 프리드먼의 논리를 대체해야 한다. 수익에만 연연하는 매우 유한한 사고방식에서 벗어나, 비즈니스를 움직이는 역동적이고 다양한 측면을 전부 고려하는 제대로 된 정의가 필요하다. 국가와 경제 그리고 게임에 참여하는 기업, 모두의 무한게임식 가치를 향상시키기 위해 기업의 책임은 다음과 같이 정의되어야 한다.

1. 목적을 추구한다: 직원들에게 소속감을 주고 그들이 하는 일이 단순한 노동 이상의 위대한 가치가 있다고 느끼게 한다.
2. 인류를 보호한다: 기업에 근무하는 직원과 기업의 제품과 서비

스를 소비하는 고객을 지키고, 환경을 보호한다.

3. 이익을 창출한다: 돈은 위의 첫 번째와 두 번째 책임을 다하는
   데 필요한 연료의 역할을 한다.

이를 풀어 쓰자면 다음과 같다: 기업의 책임은 의지력과 자원을
사용해 수익 창출보다 큰 가치를 추구하고, 인류와 환경을 보호하
며, 사업을 최대한 오래 유지하기 위해 필요한 자원을 생산하는
것이다. 기업은 결과를 책임지기만 한다면 하고 싶은 일은 무엇이
든 할 수 있다.

　목적 추구, 인류 보호, 이익 창출이라는 세 가지 기업 책임의 핵
심은 무한게임에서 필수적이다. 미국 건국의 아버지들은 국가 전
체가 함께 생명, 자유, 행복의 가치를 좇도록 이끌었다. 양도할 수
없는 신체적 안전, 각 개인이 따르고 싶은 대의명분이나 이념, 스
스로를 부양하여 자립할 기회는 나라 전체에 영감을 주었고 미
국이 그 이후로 무한게임식 플레이를 이어나가게 해주었다. 약
150년이 지난 뒤인 1922년 12월 30일, 소비에트 사회주의 공화
국 연방, 즉 USSR의 성립이 선언되었다. 소비에트 연방은 세 가
지 원칙을 근간으로 하여 세워졌다고 선언했다. "모든 정황상 소
비에트 공화국은 반드시 하나의 국가로 통일되어야 하며, 대외적
안보와 대내적 경제 번영 그리고 인민에 의한 국가 발전의 자유가
보장되는 국가를 이뤄야 한다." 즉 국민을 보호하고, 경제적 이익

을 확보하고, 공산주의 이념을 추구하는 국가라는 말이다. 베트남 전쟁 당시 보응우옌잡Vo Nguyen Giap 장군이 북베트남인들을 단결시켜 인민 전쟁에 참전하도록 독려할 때에도 비슷한 세 가지 원칙이 등장했다. 그는 인민들에게 신체적 안전, 경제 발전, 공산주의 이념 추구를 약속했다. 보응우옌잡은 전쟁이 끝나고 수년이 흐른 뒤 인터뷰에서 이렇게 말했다. "인민 전쟁은 군사적 전쟁이면서 동시에 경제적, 정치적 전쟁이기도 했습니다."

국가는 국민이 안전하게 살 수 있도록 보호해야 한다. 그러기 위해서는 국가의 안보를 보장하고, 정의를 세우며, 치안을 책임질 군대를 조직하고 유지해야 한다. 마찬가지로 기업에서는 경영진이 직원들을 인간적으로 대우하며 심리적 안정감이 느껴지는 기업 문화를 만들어 직원들을 보호해야 한다. 직원들은 기업이 기업의 발전에 힘쓰는 만큼 직원들의 발전에도 투자해주길 바란다. 기업의 실적이 저조하다는 이유로 정리 해고를 당할까 봐 두려움에 떠는 직원이 단 1명도 있어서는 안 된다. 또한 기업은 제품의 생산 과정과 원료가 지역사회 주민들에게 어떤 영향을 미칠지 진지하게 숙고해서 사람들을 보호하고 그들의 안전을 지킬 의무가 있다.

국가의 소속감과 이념은 자본주의, 사회주의 등과 같이 '~주의' 형태로 많이 나타난다. 기업으로 치환하면 이는 대의명분이다. 우리가 사는 나라든, 우리가 선택한 직장이든, 그곳에서 우리는 개인적인 이익 이상의 가치를 창출하고자 한다.

국가에게는 국익이 중요하다. 경제적으로 안정되어야 채무 상환 능력을 갖출 수 있다. 오랫동안 번영하고 힘든 시기가 오더라도 다시 일어설 수 있도록 국가 경제를 탄탄하게 유지해야 한다. 기업도 마찬가지다. 그리고 사람들은 자기 자신과 가족을 부양하기 위해 자신의 나라에서, 자기가 속한 기업에서 열심히 일하고 돈을 벌고자 한다.

무한게임 사고방식으로 세워진 국가의 목표는 국민의 목표이기도 하다. 국가가 존재하는 이유는 열심히 앞으로 나아가며 평범한 사람들, 즉 모든 국민을 섬기고 포용하기 위함이다. 우리가 국가에 유대감과 애국심을 느끼는 이유도 바로 이것이다. 이를 기업에 대입해보면 기업의 목표는 주주뿐 아니라 소속 직원의 목표와도 맥을 같이 해야 한다. 만일 우리가 나 자신을 비롯해 동료, 고객, 지역사회와 세계에 선한 영향력을 끼치고 싶다면 회사의 가치와 목표가 자신의 것과 일맥상통하는 곳에서 일해야 한다. 그렇지 않다면 그렇게 되도록 요구할 수 있다. 기업이 목표를 달성하는 데 피와 땀과 눈물을 바친 사람이라면 누구나 가치 있는 대접을 받고 결실을 나눠 가질 자격이 있다.

프리드먼은 직원들이 열심히 일해 생성된 이익이 엘리트 지배계층, 즉 기업의 소유주에게 주로 돌아가야 한다고 주장했다. 반면 무한게임식 리더는 같은 목표로 일했다면 그 성취에 헌신한 모든 사람이 혜택을 얻어야 한다고 생각한다. 사람은 모두 직장에서 심리적 안정을 느낄 자격이 있고 노력과 헌신을 기울여 가치를 만들어낸 대가로 공정하게 보상받을 자격이 있다. 이는 양도할 수 없는 권리다. 이 권리는 다른 무한게임식 목적과 마찬가지로 '일반 사람을 위한, 일반 사람에 의한' 권한일 때 더욱 강력해진다. 현재의 혼란은 금방 없어지지 않을 것이다. 이건 변하지 않는 사실이다. 그러나 그 혼란에 대응하는 리더의 반응은 바뀔 수 있다. 프리드먼은 기업의 책임을 자원을 극대화하는 데에만 초점을 맞췄다. 그러나 무한게임식으로 수정된 기업의 책임은 사람들의 의지까지 고려한다.

6장

숫자를 이기는 법

라스베이거스의 포시즌스Four Seasons는 훌륭한 호텔이다. 침대가 고급스러워서가 아니다. 고급스러운 침대는 어느 호텔에나 있을 수 있다. 포시즌스가 훌륭한 이유는 거기서 일하는 직원들 덕분이다. 호텔 안을 걷다 직원들을 마주치면 그들이 인사를 하는데, 그냥 위에서 하라고 시켜서 하는 인사가 아니라 마음에서 우러나오는 인사라는 게 느껴진다. 사람은 사회적 동물이므로 둘의 차이를 쉽게 느낄 수 있다.

  라스베이거스로 출장을 갔던 어느 날 오후, 포시즌스 호텔 로비의 커피숍에 갔다. 그날 근무하던 바리스타는 노아라는 이름의 젊은 남자였다. 노아는 유쾌하고 친절했다. 노아 덕분에 평소보다 훨씬 더 즐겁게 커피를 주문했다. 잠깐 서서 이야기하다가 물었다. "당신의 일을 좋아하나요?" 노아는 한 치의 망설임도 없이 바로 대답했다. "전 제 일을 사랑해요!"

나와 같은 분야에서 종사하는 사람이라면 이 답변의 의미가 엄청나다는 사실을 안다. 그는 "좋아해요"라고 말하지 않고 "사랑해요"라고 답했다. 둘은 큰 차이가 있다. '좋아함'은 이성의 영역이다. 우리는 직장 동료를 좋아한다. 새로운 도전도 좋아한다. 우리가 하는 일을 좋아한다. 하지만 '사랑'은 감정의 영역이다. 사랑은 측량하기 어렵다. "당신의 배우자를 사랑합니까?"라는 질문에 "많이 좋아합니다"라고 답했다고 해보자. 이는 사랑한다는 말과는 완전히 다르다. 사랑은 한 차원 더 높다. 그래서 나는 노아가 "제 일을 사랑해요"라고 말했을 때 기분이 들떴다. 이 대답만 들어도 노아가 포시즌스와 감정적으로 연결되어 있음을 알 수 있었다. 그가 버는 돈이나 맡은 업무보다도 더 중요한 요소였다.

나는 곧바로 이어서 질문했다. "포시즌스의 어떤 면 때문에 이 일을 사랑하게 됐나요?" 노아는 아까와 마찬가지로 즉시 대답했다. "매니저들이 저랑 마주칠 때마다 제게 별일은 없는지, 뭐 필요한 건 없는지 항상 물어보고 신경 써줘요. 제 직속 매니저만이 아니라 모든 매니저가 다 그래요. 여기 말고 다른 호텔에서도 일하고 있는데, 거기 매니저들은 마주칠 때마다 뭐 트집 잡을 거리가 없는지만 보거든요. 싫은 소리를 듣지 않으려고 늘 피해 다녀요. 그냥 하루하루 버티며 월급날만 기다리죠." 노아는 포시즌스에서만 진정한 자신의 모습이 나온다고 말했다.

노아는 포시즌스에서 일할 때 능력을 최대치로 발휘했다. 모든 리더는 직원들이 이렇게 최선을 다해 능력을 사용해주길 바란다. 그러니 수많은 리더가 "직원들이 할 수 있는 최고의 결과물을 만들어 내게 하려면 어떻게 해야 합니까?"라고 물어볼 만도 하다. 심지어 좋은 의도를 가진 리더도 이렇게 묻곤 한다. 하지만 이는 잘못된 질문이다. 직원들의 역량 개발을 어떻게 도울 수 있느냐가 아니라 어떻게 하면 직원들에게서 더 많은 걸 뽑아낼 수 있느냐를 묻는 질문 말이다. 직원들을 젖은 수건처럼 비틀어 짤 수는 없다. 직원들의 능력은 마지막 한 방울까지 짜낼 수 있는 물건이 아니다. 이런 질문에 호응하는 답을 듣고 그대로 실행한다면 단기적으로는 성과를 낼 수 있겠지만 장기적으로는 직원들에게 피해를 입히고 기업 문화를 해치는 결과가 나온다. 이렇게 접근해서는 노아가 포시즌스를 향해 느낀 사랑과 헌신의 감정을 자아낼 수 없다. 올바른 질문은 다음과 같다. "직원들이 기량을 마음껏 최선으로 발휘할 수 있는 환경을 만들려면 어떻게 해야 합니까?"

기업의 실적이 부진할 때 리더는 가장 먼저 직원을 탓하는 경향이 있다. 하지만 이는 옳지 않다. 노아는 같은 사람이지만 두 직장에서 판이한 모습으로 근무했다. 차이가 있다면 리더가 조성한 회사 분위기 오직 하나였다. 내가 만약 다른 호텔에서 노아를 만났다면 완전히 다른 상황이 전개됐을 것이다. 직원을 위하는 마음보다는 직원이 만들어내는 결과물이 우선인 회사에서 노아를 마주쳤다면 나는 이 책에 노아 이야기나 그가 근무하는 호텔 이야기를 아예 언급하지 않았을 확률이 높다. 이 엄청난 차이는 직원이 아니라 리더에게서 나온다.

포시즌스의 매니저들은 노아가 기량을 펼칠 수 있는 환경을 조성하는 일이 자신의 역할이라고 제대로 인지하고 있었다. 만약 리더들이 실적보다 직원을 우선시하도록 교육받는 문화가 자리 잡는다면 그들은 바람직한 환경을 형성할 것이다. 그렇게 하는 사람이 진정한 리더이기도 하다. 매니저들이 잠시 짬을 내 직원들에게 힘든 점은 없는지 묻고 의견이 나오면 존중해주는 데는 그 어떤 비용도 들지 않는다. 포시즌스의 리더들은 직원들이 생산하는 자원보다 직원들의 의지력을 더 중요하게 여긴다. 그래서 직원들은 자기가 하는 일에 모든 능력을 다 쏟아붓기를 '자발적으로 원하며' 포시즌스의 고객들도 그 마음을 느낄 수 있다.

자원보다는 의지력이 먼저

어떤 게임에서든 플레이하려면 의지력과 자원이라는 두 가지 요소가 필요하다. 자원은 실체가 있고 수치화하기 쉽다. 자원이란 일반적으로 돈을 뜻하며 기업의 선호나 시대의 기준에 따라 다양한 방법으로 측정된다. 매출, 이익, EBITDA, EPS, 현금 흐름, 벤처캐피탈, 사모펀드, 주가 등이 그 예다. 일반적으로 자원의 원천은 고객 혹은 투자자와 같은 외부의 존재이며, 자원은 기업의 건전성을 결정하는 모든 재무 지표의 총합이다.

반면 의지력은 실체가 없고 측량하기 어렵다. 의지력이란 사람들이 근무하면서 느끼는 감정을 뜻한다. 의욕, 동기 부여, 헌신, 참여 욕구, 자발적인 노력 등이 의지력에 포함된다. 일반적으로 의지력의 원천은 내부에 존재한다. 리더가 얼마나 훌륭한 리더십을 지녔는지, 대의명분이 얼마나 명확하고 굳건한지 등에 영향을 받는다. 의지력은 기업의 건전성을 결정하는 모든 인간적 요소의 총합이다.

유한게임식 리더와 무한게임식 리더 모두 자원이 비즈니스에 필수적이라는 사실을 안다. 그리고 양쪽 모두 의지력 역시 필수적이라는 사실을 안다. 직원이 중요하지 않다고 생각하는 CEO는 지금까지 단 한 번도 보지 못했다. 문제는 의지력과 자원의 우선순위가 똑같을 수 없다는 것이다. 하나를 희생하고 다른 하나를 선택해야 하는 상황은 언제나 발생한다. 둘 중에서 무엇을 선택하는지에 주목해야 한다. 모든 리더는 어느 쪽이든 한쪽으로 기울기 마련이다.

직장 생활을 하다 보면 회의 시간에 리더들이 말하는 자신의 우선순위를 종종 듣게 된다. 보통 이런 식이다. 첫째, 성장. 둘째, 고객. 셋째, 직원. 리더들은 항상 직원들을 존중한다고 말하며 직원들이 자신의 우선순위에 있다고 역설하지만, 우선순위 안에서의 순서가 중요하다. 위의 예시에서는 직원보다 높은 순위가 2개나 있고, 심지어 그중 하나는 자원이다. 리더가 말하는 순서를 보면 어느 쪽으로 편향되어 있는지를 알 수 있다. 그리고 편향성은 그들의 결정에 반영된다.

유한게임식 리더는 보통 실적 쪽으로 치우쳐 있다. 그래서 안타깝게도 그들은 직원들을 희생하는 한이 있더라도 단기간에 나타나는 가시적인 결과를 택한다. 이러한 리더들은 회사가 어려워지면 정리 해고와 극단적인 비용 절감을 단행한다. 이들은 아무리 장기적으로 이득이 되더라도 결과가 바로 보이지 않는 전략이라면 채택하지 않는다. 리더가 자원의 중요성에 편향된 사고방식을 지녔다면 재무제표에 성과가 나타나는 데 시간이 오래 걸리는 전략보다는 당장 다음 주에 직원의 10퍼센트를 해고해서 즉각적으로 비용을 감소시키는 전략을 생각하기가 훨씬 쉽다.

반면 무한게임식 리더는 현재의 재정적인 압박에 얽매이지 않기 위해 노력하며 가능한 한 이익보다는 직원들에게 초점을 맞추고자 한다. 회사가 어려울 때도 그들은 직원들을 비용의 요소 중 하나로 취급하지 않으며, 비용을 절약하기 위해 인원 감축이 아니라 다른 대책을 찾는다. 무한게임식 리더는 자원을 효율적으로 관리하기 위해 정리 해고 대신 직원들에게 휴가를 주는 방법을 택하기도 한다. 예를 들면 의무적으로 2주나 3주간 무급 휴가를 쓰도록 한다. 이렇게 하면 직원들은 수입의 일부를 희생해야 하지만 아무도 해고당하지 않아도 된다. 조직이 고통을 분담하면 결속력이 강해진다. 자연재해를 겪으면 사람들 사이가 더욱 돈독해지는 현상과 마찬가지다. 하지만 특정 몇 사람에게 모든 부담을 짊어지도록 강요하면 조직 문화가 흔들린다. 무한게임식 리더들은 어려운 상황에만 몰두하지 않고 더 멀리 바라본다. 그러므로 직원들의 의지력을 지키기 위해선 1분기나 1년 혹은 그 이상도 기다릴 수 있다. 그들은 직원들의 자발적인 노력이나 문제 해결 능력, 상상력, 팀워크를 끌어내는 단 하나의 요소가 바로 의지력이라는 사실을 안다. 그리고 그 모든 것들은 기업이 먼 미래까지 살아남고 번영하는 데 필수적이다. 의지력의 가치가 자원보다 과소평가되어서는 안 된다. 훨씬 우수한 자원을 갖춘 미군에 대항하여 보응우옌잡 장군이 세운 전략의 핵심은 북베트남 사람들의 의지력이었다.

하지만 자원을 더 중시하는 리더들은 나 같은 사람이 수익보다 직원을 우선시해야 한다고 말하면 머리털이 쭈뼛 선다. 돈을 중요하게 여기지 말라는 뜻으로 받아들이거나 그들이 직원을 사랑하지 않는다는 뜻으로 받아들인다. 둘 다 틀렸다. 이것은 양자택일의 문제가 아니다. 어느 한쪽에 극단적으로 치우칠 필요도 없다. 외식 사업가이자 쉐이크쉑Shake Shack의 창립자로 유명한 대니 마이어Danny Meyer는 사업은 49퍼센트의 기술과 51퍼센트의 감정이라고 말했다. 자원과 의지력을 다르게 표현한 말이다. 자원보다 의지력 쪽으로 아주 조금만 기울여도 장기전을 이어나가기에 충분한 의지력과 자원을 모두 갖춘 강한 기업을 만들 수 있다.

의지력의 비용

버버리Burberry CEO와 애플 소매 부문 수석 부사장을 지낸 안젤라 아렌츠Angela Ahrendts는 이렇게 말했다. "직원들을 비용이라고 생각하는 CEO가 너무 많습니다." 특히 이직률이 높은 소매업계에서는 '금세 퇴사할 사람들에게 왜 투자하는가?'라는 생각이 기본 상식으로 통한다. 하지만 이는 비즈니스를 편협하게 바라보는 유한게임 사고방식이다. 너무 많은 유한게임식 리더가 직원들에게 투자할 비용을 아끼려고만 할 뿐 그로 인해 오히려 추가로 들어가는 비용이 얼마나 되는지 보지 못한다. 퇴사한 직원의 자리를 채우기 위해 새 직원을 채용하는 데에도 비용이 든다. 숙련된 직원을 잃은 뒤 새 직원에게 업무를 가르치고 기업 문화에 적응시키다 보면 생산성에 영향을 받는다. 이직률이 높으니 직원들의 사기도 떨어진다. 그렇다면 직원들을 위한 지출을 절약하는 것이 실제로 가치가 있을까? 이 같은 의문이 생긴 아렌츠는 비용을 계산해봤다. 결과는 놀라웠다. 애플이 직원들을 보살피는 데 들어간 추가 비용은 0이었다.

애플은 판매 사원과 일반직 직원에게 동일한 혜택을 제공한다. 양쪽에게 똑같이 치과 진료비까지 지원하는 완전 보장 의료보험을 제공하고 외부에서 수업을 듣고자 하는 직원들에게 교육비를 2,500달러까지 지원한다. 또한 애플은 업계 최초로 신입 직원의 시간당 최저 임금을 15달러로 책정했고 판매 사원에게도 일반직 직원과 동일하게 스톡옵션을 제공했다. 여기에 드는 추가 비용은 신규 채용 및 연수를 줄여 아낀 금액과 상쇄됐다. 정리 해고를 남용하는 기업들이 대부분 추후 새 직원을 뽑느라 비용을 낭비하는 것과 무척 대조적이다(기업들이 정리 해고로 비용을 얼마나 절감했는지 발표할 때 새 직원 채용 및 교육에 들어간 비용은 계산에서 보통 배제한다). 일반적으로 대기업에서는 퇴사하는 판매 사원을 원활하게 대체하기 위해 채용 담당 직원이 많이 필요한데 애플은 판매 사원을 관리하는 채용팀의 직원 수도 간소화할 수 있었다. 물론 애플은 다른 소매업과 비교했을 때 직원 1인당 벌어들이는 액수가 크기 때문에 더 높은 급료 지급이 가능하다는 의견이 나올 수 있다. 하지만 코스트코 역시 계산원에게 평균 시급 15.09달러를 주며 (미국의 내국세입법 401조 K항에 규정된) 401(K) 퇴직연금과 의료보험 혜택을 제공한다. 추가로 여러 비용이 들어가지만, 이직률이 낮아지고 생산성이 높아지면서 절약된 자원으로 충당한다. 게다가 회사가 직원들을 소중히 여기면 이를 느낀 직원들이 고객들에게 더 높은 수준의 서비스를 제공하는 경향이 있으므로 매출이 늘어날 확률도 커진다.

이렇게 실제 추가 비용이 들어가지 않는 수준이라면 직원을 대하는 마음가짐만 바꾸면 된다. 소매업계의 장기 근속률이 평균 20~30퍼센트인데 애플과 코스트코가 90퍼센트 이상을 유지하는 비결은 리더의 마음가짐 덕분이다. 유한게임식 리더에게 직원이란 관리해야 하는 비용이다. 하지만 무한게임식 리더에게 직원은 1명의 인간이다. 그들은 직원을 기계처럼 가치를 측정할 수 있는 물건이 아니라 1명의 인간으로 바라본다. 사람에 대한 투자는 높은 급료와 개선된 근무 환경에 그치지 않는다. 직원을 1명의 인간으로서 존중하는 것까지 포함된다. 다른 모든 사람과 마찬가지로 직원들도 열정, 두려움, 아이디어와 의견이 있고 궁극적으로는 자신이 중요한 사람이라고 느끼고 싶어 한다. 리더들은 이 사실을 이해해야 한다. 유한게임식 리더는 이런 투자가 위험하다고 생각할 수 있다. 그들에게는 임금을 삭감하고 직원 복지를 줄여서 얻는 이익이 더 측정하기 쉽다. 하지만 이러한 위험은 감수할 가치가 있다. 회사가 직원들을 진심으로 생각하고 직원들도 그것을 느낀다면 직원들은 하나로 똘똘 뭉친다. 이는 결코 돈으로 살 수 없는 효과다.

금융 위기가 한창이던 2008년, 사람들은 허리띠를 졸라매고 꼭 필요한 물건에만 지출하고 있었다. 미국에서 유일하게 가정 및 사무실용 수납 정리 용품만 전문적으로 판매하는 체인형 소매점, 컨테이너스토어The Container Store도 불황의 직격탄을 맞아 매출이 13퍼센트나 감소했다. 수납 정리 용품을 사는 사람이 급격히 줄어든 것이다. 1978년 처음 문을 연 이래로 매년 20퍼센트씩 성장해온 컨테이너스토어에게 수익 하락은 익숙하지 않은 일이었다. 경영진은 직원 몇 명과 상의한 끝에 최소한 매출 감소분만큼은 비용을 절약해야겠다는 결론을 내렸다. 언제까지 금융 위기가 이어지고 매출이 떨어질지 아무도 몰랐기 때문이다.

　컨테이너스토어는 그동안 항상 직원을 최우선으로 여겨왔다는 사실에 자부심이 있었다. 그래서 금융 위기가 찾아왔을 때도 정리해고라는 간단한 방법을 두고도 다른 대책을 찾기 위해 고민했다. 결국 경영진은 직원들의 임금과 401(K) 퇴직연금을 무기한 동결한다는 계획을 세웠다. 직원들이 어떻게 반응할지 확실하지 않았다. 그저 직원들이 이해해주고 동의해주기를 바라는 수밖에 없었다. 몇몇 직원이 부담을 떠안고 회사를 떠나는 것보다 모두 고통을 분담하는 편이 더 낫다고 납득해주기를 바랐다.

　컨테이너스토어의 CEO가 자신의 계획을 은행가나 기업가 친구들에게 이야기했을 때 그들은 모두 반대하며 분명히 직원들의 원성이 자자할 거라고 경고했다. 그만두는 직원도 있을 거라고 말했다. 하지만 놀랍게도 직원들은 모두 이 계획에 찬성했다. 결국 임금과 401(K) 퇴직연금 동결은 무난히 시행됐다.

더 놀라운 일은 그 이후에 일어났다. 경영진이 시키지도 않았는데 직원들이 자원해서 회사의 비용 절감 방안을 찾아 나선 것이다. 출장 가는 직원들이 스스로 숙소를 특급 호텔에서 3성급 호텔 등 더 저렴한 곳으로 변경했다. 친척이나 친구 집에 머무르며 호텔 숙박을 아예 포기한 직원들도 있었다. 어떤 직원들은 출장 기간 사용한 식대와 교통비를 회사 비용으로 처리하지 않고 직접 부담하기도 했다. 직원들은 비용을 절약할 수 있는 곳이라면 어디서든 아꼈다. 거래처에 회사의 비용을 아낄 방법이 없겠냐고 물어보기까지 했다. 놀랍게도 거래처 곳곳에서 도와주겠다고 나섰다. 들어보지도 못한 일이 일어난 것이다! 아무리 고객사가 어려움을 겪고 있다고 해도 거래처가 비용 절감을 도와줄 의무는 당연히 없다. 하지만 컨테이너스토어가 여러 거래처와 끈끈한 관계를 유지해온 덕분에 그들은 자발적으로 돕기를 원했다.

컨테이너스토어의 공동 창립자이자 전 CEO인 킵 틴델Kip Tindell은 이렇게 말했다. "만약 톱다운 방식으로 위에서 직원들에게 비용 절감을 강요했다면 절반의 효과도 보지 못했을 것입니다." 그의 말이 옳다. 경영진이 직원들에게 호텔을 저렴한 곳으로 바꾸게 하고, 거래처의 비용 감축 방법을 알아보게 하고, 출장 비용 지원을 중단할 수도 있었다. 실제로 그렇게 했다면 비용을 많이 줄였을 것이다. 하지만 동시에 직원들의 대규모 반발을 불러일으켰을 확률이 크다. 직원에 대한 지원을 줄이면 회사와 경영진을 향한 분노가 소리 없이 커진다. 컨테이너스토어에서는 직원들이 자발적으로 행동했으므로 완전히 다른 결과가 나왔다. 직원들 사이에서 다 같이 동참하자는 분위기가 형성됐고 사기는 높아졌다. 직원들은 회사를 도울 방법을 모색해내며 즐거워했다. 가장 중요한 점은 모든 직원이 하나가 됐다는 사실이다.

유한게임식 리더는 직원의 의지력을 키우려면 연봉, 성과급, 복지 혜택, 내부 경쟁과 같은 외적 동기가 필요하다고 생각한다. 하지만 사람은 이런 외적 동기만으로 움직이지 않는다. 돈으로 많은 것을 살 수 있다. 돈으로 사람들에게 동기를 부여할 수 있는 것도 사실이다. 돈을 많이 주면 열심히 일하게 할 수 있다. 하지만 진정한 의지력은 돈을 주고 살 수 없다. 직원들이 외적 보상만을 바라며 최선을 다해 일하는 기업을 물질주의자로 구성된 기업이라고 한다면, 직원들이 스스로 우러나는 마음으로 모든 것을 바쳐 일하는 기업은 열정주의자로 이뤄진 기업이다. 물질주의자는 회사에서 돈을 줘야만 열심히 일한다. 회사나 소속 부서를 향한 충성심은 별로 없다. 소속감도 없고 개인적인 이익보다 큰 가치를 추구한다는 개념도 희박하다. 물질주의자가 애사심과 헌신하는 마음으로 회사를 위해 희생할 확률은 낮다. 반면 열정주의자는 자신이 기업의 일부라는 사실에 자부심을 느낀다. 그들은 일하다 보니 부자가 되어 있을 수는 있어도, 부자가 되기 위해 일하지는 않는다. 그들은 대의명분이 있기 때문에 일한다.

틴델은 이렇게 말한다. "컨테이너스토어에서는 직원들이 사익보다 대의명분을 앞세웁니다." 물론 대의명분이 중요하기는 하나 대의명분 하나만으로 직원들이 의지력을 발휘하지는 않았다. 컨테이너스토어가 불황 동안 직원들의 적극적인 지지를 받을 수 있었던 이유는 장기간 직원들에게 투자했기 때문이었다. 틴델은 2008년 금융 위기 기간에 일어난 상황을 '예상치 못한 직원들의 사랑과 헌신을 확인했던 일'이라고 표현했다. 그가 느끼기에는 예상치 못한 일이었을 수도 있지만 사실 그렇지 않다. 그렇게 강한 의지력은 하룻밤 사이에 까닭 없이 만들어지지 않는다. 수년 동안 컨테이너스토어는 일하기 좋은 직장이었으며, 연봉도 업계 최고 수준이었고, 리더들에게 회사의 재무적 성장보다 직원 개개인의 성장을 우선시하라고 가르쳐왔다. 그 보답으로 수년 동안 직원들은 고객과 회사, 거래처에 최선을 다해왔다. 그래서 회사가 어려운 시기를 맞았을 때도 직원들과 거래처는 자발적으로 나서서 회사에 힘이 되어줬다. 경영진이 직원들을 어떻게 대하느냐에 따라 직원들이 경영진을 대하는 태도가 달라진다.

직원들의 의지력을 우선시하는 기업이 궁극적으로 무한게임에서 더 좋은 성과를 거두는 이유는 리더가 무엇을 통제할 수 있는지와 연관되어 있다. 기업은 자금을 지출하고 관리하는 면은 뜻대로 할 수 있지만 자금을 벌어들이는 쪽은 마음대로 할 수 없다. 정치적 상황, 경기 순환, 시장 변동, 다른 참여자들의 행보, 고객의 선호, 기술 발전, 기후를 비롯한 각종 불가항력의 요인으로 인해 자원을 축적하지 못하고 혼란을 겪을 위험이 있다. 이러한 요소들을 리더가 완전히 통제하기는 어렵다. 하지만 직원들의 의지력은 리더의 장악력으로 거의 완벽히 만들어갈 수 있다. 의지력은 기업 문화에서 생성되기 때문이다.

자원에는 한정이 있지만 의지력은 무한하다. 그래서 의지력을 중요하게 여기는 기업이 자원에 편중된 기업보다 궁극적으로 회복 탄력성이 더 뛰어나다. 기업에 힘든 시기가 닥쳤을 때(언젠가는 이런 시기가 찾아오기 마련이다), 의지력을 우선시하는 기업은 직원들이 단합하여 서로를 위해주고 회사와 자원, 경영진을 지키기 위해 애쓴다. 누가 시켜서가 아니라 자원하는 마음으로 한다. 직원들의 의지력이 강하면 이렇게 된다. 틴델은 이렇게 말한다. "저희는 가족과 같습니다. 저희의 동료, 고객, 거래처, 지역사회를 사랑하고 그들에게 헌신하죠. 저희의 목적은 저희 회사와 관련된 모든 사람이 다 함께 번영하는 것입니다."

7장

동료들에게
민낯을 드러낼 때

조지가 말했다. "이걸 왜 하는 거죠? 석유 산업과 전혀 관계없는 일이잖아요." 그 자리에 있던 다른 사람들도 모두 이렇게 생각하고 있었다. 그들은 쉘석유Shell Oil Company가 건설한 역대 해상 석유 굴착 플랫폼 중 가장 큰 규모인 쉘 URSA에서 작업할 일꾼들이었고 이런 '워크숍' 따위에 참가할 시간이 없었다.

쉘 URSA는 48층 높이의 플랫폼으로 세계 최고 수준인 해저 약 900미터 깊이까지 굴착할 수 있었다. 1997년 당시 이 플랫폼을 건설하는 데 14억 5,000만 달러(오늘날의 달러 가치로 환산하면 53억 5,000만 달러)가 들었다. 막대한 비용이 들어간 대규모 작업인 만큼 새로운 도전이었고 위험도 뒤따랐으므로 쉘석유는 모든 일을 완벽히 해내고자 했다. 그래서 심사숙고 끝에 이 일을 담당할 책임자로 릭 폭스Rick Fox를 선정했다.

폭스는 사나이 중에서도 사나이였다. 거칠고 자신감이 넘쳤다. 그는 나약함을 용납하지 않았다. 그럴 법도 했다. 이 작업은 세상에서 가장 위험한 일이었다. 잠시만 한눈을 팔아도 바로 사람이 두 동강 나는 사고로 이어질 수 있었고 무거운 부속품에 깔려 죽을 위험도 있었다. 폭스는 그런 사고를 목격한 적이 있었으므로 위험성을 충분히 알고 있었다. 그의 최우선 관심은 안전이었다. 그리고 물론 URSA의 성능을 최대로 활용하여 석유를 가능한 한 많이 굴착하는 것도 중요했다.

쉘석유 본사가 있는 뉴올리언스에서 멀리 떨어진 캘리포니아 북부에 클레어 누어Claire Nuer라는 여성이 살고 있었다. 누어는 홀로코스트 생존자였고 리더십 컨설팅 회사를 운영하고 있었다. 자신의 철학을 전파하고자 했던 그녀는 URSA에 대해 듣고 무작정 릭 폭스에게 전화를 걸었다. 누어는 폭스에게 이 일에서 가장 어려운 점이 무엇인지 물었고 폭스는 주로 기술적인 어려움에 대해 말했다. 그는 심해에 석유 굴착기를 작동시키는 일이 얼마나 복잡한지 자세히 설명했다. 누어는 폭스의 대답을 다 들은 뒤 그에게 독특한 제안을 하나 했다. 사고 없이 안전하게 모든 작업을 성공적으로 끝내기를 원한다면 직원들에게 자기 감정을 표현하는 방법을 가르치라는 것이었다.

아주 특이하고 신선한 발상이었다. 성과주의적이고 근엄한 기업에서는 절대 받아들여지지 않을 제안이었다. 감정 표현은 나약함을 드러내는 행위라고 생각했던 폭스는 평소 같았으면 그 전화를 끊어버렸을 것이다. 하지만 무슨 이유에서였는지 폭스는 전화를 끊지 않았다. 당시 아들과 사이가 좋지 않았던 폭스는 누어의 이야기를 듣고 싶어 했다. 심지어 캘리포니아에서 열리는 누어의 워크숍에 아들과 함께 초대받았을 때 승낙하기까지 했다. 그곳에 간 폭스와 그의 아들은 심리적으로 편안한 환경에서 서로를 향한 감정을 나눌 수 있었다. 워크숍에 다녀온 뒤 둘의 관계는 전보다 훨씬 좋아지고 깊어졌으며 폭스는 다른 직원들도 이런 경험을 하면 좋겠다고 생각했다. 그래서 그는 누어를 고용해 캘리포니아에서 국토를 횡단해 루이지애나까지 오도록 했고, 그곳에서 성격은 거칠고 손에는 굳은살이 잔뜩 박인 직원들을 대상으로 워크숍을 진행하게 했다. 폭스는 직원들이 냉소적인 반응을 보이며 비웃으리라고 예상했다. 하지만 폭스는 직원들을 진심으로 아꼈으므로 자신이 잠시 당하는 망신과 조롱은 결과적으로 직원들이 얻을 이익에 비하면 충분히 감내할 만하다고 판단했다. 그렇게 실험은 시작됐다.

URSA의 직원들은 매일같이 모여 원형으로 둘러앉아 어린 시절과 인간관계에 관한 이야기를 몇 시간이고 이어나갔다. 행복했던 기억도, 불행했던 기억도 함께 나눴다. 불치병에 걸린 아들에 대해 말하며 눈물을 흘리는 직원도 있었다. 직원들은 자기 이야기

7장 동료들에게 민낯을 드러낼 때

를 해야 하기도 했지만 다른 사람의 이야기를 듣기도 해야 했다. 한번은 어떤 직원이 동료들에게 "네가 만약 내 모습 중에서 단 한 가지만 바꿀 수 있다면 뭘 고를 거야?"라는 질문을 해야 했는데 "넌 다른 사람의 말을 듣지는 않고 네 말만 너무 많이 하는 경향이 있어"라는 말을 들었다. 그는 "앞으로 잘 들을게"라고 대답했다.

폭스의 팀원들은 그 어느 때보다도 서로를 깊게 이해하게 됐다. 직장 동료로서가 아니라 인간 대 인간으로서 서로를 잘 알게 됐다. 그들은 겉으로 드러난 모습 속에 숨겨진 진심까지도 서로에게 솔직하게 보여줬다. 그럴수록 거친 사나이는 그냥 이미지일 뿐이었다는 사실이 점점 명확히 드러났다. 단단해 보이는 겉모습 속에 여느 평범한 사람들처럼 의심, 두려움, 불안한 감정을 감추고 있었다. 릭 폭스는 이렇게 1년간 클레어 누어의 도움을 받아 쉘 URSA 팀 직원들 사이에 심리적 안정감을 형성하는 데 성공했다.

일만 함께하는 팀과 서로 신뢰하는 팀은 확연히 다르다. 단순히 일을 같이하는 팀은 공동으로 진행하는 업무를 처리하려는 목적으로 사무적인 관계만 유지한다. 그렇다 하더라도 동료들과 호의적인 관계를 맺지 못하거나 자신의 업무를 즐기지 못하는 것은 아니다. 하지만 그것만으로는 서로 신뢰하는 팀이 될 수 없다. 신뢰는 감정이다. 리더가 직원들에게 행복해지라거나 의욕을 느끼라고 명령할 수 없듯 서로 신뢰하라고 강제할 수 없다. 신뢰감이 싹트려면 직원들이 두려움 없이 자기 감정을 표현할 수 있어야 한다. 약점을 드러내도 괜찮은 분위기가 형성되어야 한다. 그렇다. 약점을 내보여야 한다. 하지만 약점을 노출한다는 말만 들어도 움츠러드는 사람도 있다.

신뢰하는 팀에서 일할 때는 약점을 드러내도 안전하다고 생각된다. 실수를 인정하고, 성과를 내지 못했을 때 솔직하게 고백하며, 자기 행동에 책임을 다하고, 도움을 구하는 일들이 가능하다. 도움 요청은 전형적으로 약함을 내비치는 행동이다. 하지만 팀의 신뢰도가 높다면 도움을 청할 때 상사나 동료가 성심껏 도와주리라 확신할 수 있다. 휴스턴대학교University of Houston 브레네 브라운Brene Brown 교수는 저서 『지도자의 용기』*Dare to Lead*에서 이렇게 설명한다. "신뢰감은 오랜 시간 동안 작은 순간들과 상호 솔직함이 쌓이고 축적되어 만들어진다. 약점을 드러낼 수 있는 솔직함과 신뢰감은 함께 자란다. 어느 한쪽을 저버리면 둘 다 파괴된다."

신뢰도가 낮은 팀에서 일하면, 다시 말해 직장에서 그 어떤 약점도 보여서는 안 된다고 느끼면, 사실을 숨기고 거짓말하고 꾸며내게 된다. 실수하더라도 감추고, 잘 모르는 일인데도 아는 척한다. 도움이 필요할 때도 망신이나 불이익을 당할까봐 혹은 다음번 정리 해고 대상자가 될까봐 두려워 도움을 요청하지 않는다. 신뢰도가 낮으면 기업에 균열이 생겨도 드러나지 않거나 무시된다. 일정 기간 이런 현상이 지속되면 균열은 더 심해지고 조직은 결국 와해되기 시작한다. 그러므로 어떤 조직이든 원활한 경영을 위해

7장 동료들에게 민낯을 드러낼 때

서 신뢰감 고취는 필수적이다. 실제로 쉘 URSA에서는 상호 신뢰 덕분에 직원들이 목숨을 지킬 수 있었다.

『하버드비즈니스리뷰』에 실린 URSA 관련 기사를 공동 집필한 로빈 일리Robin Ely 교수는 이렇게 썼다. "자신의 실수를 인정할 수 있고 배움에 열려 있는 분위기도 안전성을 높이는 데 한몫했다. 그들은 '도와줘, 나 혼자서는 이걸 들어 올릴 수 없어, 이 미터기 어떻게 읽는지 모르겠어'와 같이 말할 수 있었다." URSA 팀 직원 들은 서로 약점을 드러내도 된다는 심리적 안전감이 클수록 정보 가 원활하게 교류된다는 사실을 깨달았다. 그들은 석유 굴착 플랫 폼 작업자로 일하면서 처음으로 두려움을 표현해도 괜찮다고 느 꼈다. 그리고 결과는 놀라웠다. 쉘 URSA는 업계 최고 수준의 안 전성을 기록했다. 누어가 시행한 팀 내 신뢰도 높이기 기술은 전 사에 퍼졌고 결과적으로 회사 전체의 사고 건수를 84퍼센트나 줄 이는 쾌거를 거뒀다.

팀 내에서 약점을 내보일 수 있어야 하며 서로 사랑하는 감정 을 표출해야 한다고 말하면 반발하는 사람들이 많다. 한 경찰서장 은 이렇게 말했다. "무슨 뜻인지는 잘 알겠습니다. 하지만 경찰서 에서 경찰관들에게 낯간지럽게 '너희들을 사랑한다'라는 말은 절 대 할 수 없습니다. 저희 집단은 마초 성향이 강해요. 절대 말 못 해요. 효과도 없을 거고요." 하지만 릭 폭스만큼 거친 남자가 석유 채굴 플랫폼 일꾼들을 상대로도 해낸 일을 다른 산업에서 못 할 이유는 없다. 신뢰감은 산업에 따라 달라지지 않는다. 인간 본성에 내재되어 있다. 다만 직장 내 문화에 맞게 표현 방법만 조절하면 된다. 나는 경찰서장에게 이렇게 물었다. "그럼 이렇게는 말씀하실 수 있겠어요? '야, 내가 네놈들을 더럽게 신경 쓰고 있는 거 알지? 출근할 때마다 내가 너희에게 관심이 미친 듯이 많다는 걸 명심해줬으면 좋겠고, 너희들끼리도 서로 그따위로 아껴주는 분위기를 만들었으면 한다.' 이렇게요." 내 말을 들은 경찰서장은 씩 웃었다. 할 수 있다는 미소였다.

　기업계에서는 다른 반발이 나온다. 기업의 리더들은 전문적이어야 할 비즈니스에서 이렇게 개인적인 감정을 앞세워서는 안 된다고 말한다. 또한 리더의 역할은 좋은 실적을 이끌어내는 것이지 직원들 기분을 좋게 만드는 것이 아니라고 주장한다. 하지만 사람에게는 감정이 언제나 존재하며 이를 막을 길은 없다. 당신이 만약 직장에서 좌절하고, 즐거워하고, 분노하고, 의욕을 느끼고, 혼란스러워하고, 동지애를 느끼고, 질투하고, 자신감을 느끼고, 불안해한다면 당신이 인간이라는 증거다. 아무리 근무 중이라고 해도 올라오는 감정을 스위치 끄듯 끌 수는 없다.

　감정을 안전하게 표현할 수 있어야 한다는 말은 미성숙한 감정 표출까지도 용납된다는 의미는 아니다. 다른 사람이 아무리 나를 기분 나쁘게 해도 격하게 화내거나 연을 끊어버릴 수는 없다. 우리는 성인이므로 예의를 갖춰야 하고 타인을 존중하며 사려 깊

　　　　　　　　　　　　　7장 동료들에게 민낯을 드러낼 때

게 대해야 한다. 그렇지만 아예 감정의 스위치를 꺼야 하거나, 심지어는 끄려고 노력해야 하는 것도 아니다. 직원들의 감정과 업무 성과를 별개로 생각하는 리더는 유한게임식 리더다. 반면 릭 폭스 같은 리더는 신뢰하는 팀을 만들려면 감정이 중요하다는 사실을 이해한다. 그리고 결과적으로 신뢰하는 팀이 가장 견고하며 가장 좋은 성과를 낸다.

석유 업계에서 업타임이란 채굴 플랫폼이 원활하게 작동하는 시간을 나타내는데 역사적으로 평균치는 95퍼센트였다. 쉘 URSA는 이보다 높은 99퍼센트를 달성했다. 그들의 생산성 역시 업계 기준보다 43퍼센트나 높았다. 심지어 스스로 세운 목표치보다 1,400만 배럴이나 더 많이 생산했다. 게다가 환경 목표 또한 거뜬히 뛰어넘었다. 결국, 성과가 높은 팀을 만들려면 성과보다 팀 구성원들의 신뢰도를 신경 써야 한다.

신뢰도 vs. 성과

미 해군 특수부대 네이비실The Navy SEALs은 영화 〈액트 오브 밸러〉Acts of Valor나 〈캡틴 필립스〉Captain Phillips 혹은 알카에다의 지도자 오사마 빈라덴Osama bin Laden 사살 작전으로 대중에게 이름을 알렸다. 실제로 네이비실의 전투 능력은 세계에서 가장 우수하다고 정평이 났다. 하지만 놀랍게도 부대 구성원 개개인은 가장 뛰어난 대원들이라고 하기 어렵다. 네이비실은 특공대원을 선발할 때 수행 능력과 신뢰도 두 가지 축으로 나눠 평가한다.

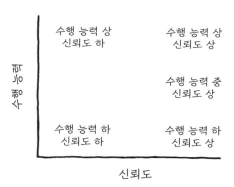

수행 능력은 기술적인 능숙도를 뜻한다. 업무를 얼마나 잘 해내는가? 그릿grit, 즉 불굴의 의지가 있는가? 압박을 받는 상황에서도 침착한가? 반면 신뢰도는 성격을 가리킨다. 겸손하고 책임감이 강한가? 비전투 상황에서 동료를 얼마나 돕는가? 동료들에게 긍정적인 영향을 주는가? 네이비실 특공대원 1명은 신뢰도의 의미를 이렇게 표현했다. "당신이 내 생명을 구해주리라 확신할 수는 있다. 하지만 내 돈이나 내 아내까지 지켜주리라 확신해도 되는가?" 다시 말해, 상대방의 기술적인 능력을 의심치 않는다고 해서 인간

대 인간으로 신뢰한다고는 할 수 없다는 뜻이다. 상대방이 전투에서 나를 안전하게 지켜주리라 믿어도 약한 모습을 보여줄 만큼 개인적으로 신뢰하지는 않을 수 있다. 신체적 안전과 심리적 안전은 다르다.

위의 수행 능력 대 신뢰도 그래프에서 왼쪽 아래의 '수행 능력 하 신뢰도 하'는 당연히 아무도 선택하지 않는다. 누구라도 오른쪽 위의 '수행 능력 상 신뢰도 상'을 채용할 것이다. 네이비실이 깨달은 특이점은 왼쪽 위의 '수행 능력 상 신뢰도 하'인 사람이 특공대원으로 부적절하다는 사실이었다. 이들은 자아도취적 성향을 보이고, 이기적이고, 남을 탓하거나 욕하고, 다른 부대원들, 특히 신입이나 계급이 낮은 대원들에게 부정적인 영향을 미치는 경우가 많다. 그래서 네이비실은 '수행 능력 상 신뢰도 하'보다는 '수행 능력 중 신뢰도 상'을 선발하며, 심지어 '수행 능력 하 신뢰도 상'을 뽑는 일도 있다(상중하는 상대적 척도다). 세계에서 가장 뛰어난 특수부대인 네이비실에서도 능력이나 성과보다 신뢰도를 우선시하는데, 왜 비즈니스에서는 아직도 성과를 더 중요하게 생각할까?

분기 실적이나 연간 실적을 달성하도록 강요받는 문화에서 대부분의 리더들은 능력과 성과가 뛰어난 사람을 높이 평가할 뿐 다른 팀원들이 그 사람을 신뢰할 수 있는지는 고려하지 않는다. 그리고 성과에 따라 채용, 승진, 해고를 결정한다. GE가 고공 행진하던 1980년대와 1990년대에 CEO를 지냈던 잭 웰치는 이런 리더의 극단적인 예를 보여줬다. 웰치는 승리와 1등에 과도하게 집착해 (심지어 『잭 웰치 위대한 승리』*Winning*라는 책도 냈다) 신뢰도를 해치면서까지 오로지 성과에만 초점을 맞췄다. 그 역시 임원들을 평가할 때 두 가지 축을 기준으로 삼았다. 하지만 네이비실과 달리 그 두 가지 축은 성과와 잠재력이었다. 이는 사실상 현재 성과와 미래 성과를 의미한다. 이 두 가지 기준에서 '승리'를 거둔 사람들이 해당 연도의 승진 대상자로 선정됐다. 실적이 나쁜 사람들은 해고됐다. 성과주의 정책을 펼쳤던 웰치는 직원들의 실적을 그 무엇보다 중요하게 여겼다. (물론 직원 평가 기준에 기업 문화에 적합한 사람인지를 보는 항목도 있었지만 당시 GE에 근무했던 사람들의 이야기에 따르면 그 항목은 거의 무시됐다고 한다.)

웰치 시절 GE같이 성과주의가 정착된 문화에서는 업무 결과가 좋기만 하면 신뢰도가 낮은 직원들도 인정받고 수혜를 받을 수 있다. 문제는 이 유해한 직원들은 대체로 팀 전체의 발전에 기여하기보다 개인 실적과 경력 개발에만 집중한다는 점이다. 그들이 단기적으로 우수한 성과를 낼 수는 있다. 하지만 이런 직원들이 많아지면 서로가 살아남기 위해 고군분투하는 해로운 분위기가 조성된다. 게다가 성과주의 문화에서는 리더들이 실적을 높이기 위해 내부 경쟁을 부추겨서 이러한 분위기를 더욱 심화시키는 경향이 있다.

웰치 같은 유한게임식 리더는 직원들끼리의 경쟁을 유도하는 전략이 훌륭하다고 생각한다. 하지만 이 전략은 당장에만 좋을 뿐 결국 신뢰 관계를 악화시키는 행동을 유도한다. 직원들이 정보를 공유하지 않고 혼자만 가지고 있거나, 다른 사람의 공을 빼앗거나, 후배 직원을 조종하거나, 책임을 전가하기도 한다. 심지어 개인의 이익을 위해 고의로 동료를 곤경에 빠뜨리기도 한다. 이렇게 시간이 흐르면 회사 전체가 망가져 결국 게임에서 퇴출당할 수도 있다. 잭 웰치가 망쳐놓은 GE는 얼마 가지 않아 망할 운명이었다. 실제로 2008년 주식시장이 폭락한 이후 정부에게 3,000억 달러의 구제금융을 받지 않았더라면 GE는 현존할 수 없었을 것이다. 시간이 흐르면 진실은 결국 드러나는 법이다.

신뢰를 중요하게 여기는 리더들도 신뢰도를 고려하지 않은 채 능력이나 성과만 보고 직원을 채용하거나 승진시키는 일이 허다하다. 직원의 능력은 실적으로 쉽게 측정할 수 있다. 실제로 비즈니스 세계에는 직원의 능력을 평가하는 온갖 종류의 기준이 있다. 하지만 직원의 신뢰도를 평가하는 정확한 기준은 찾기 어렵다. 한 가지 우스운 사실은 어느 팀에서든 '능력 상 신뢰도 하'인 직원을 아주 쉽게 알아낼 수 있다는 점이다. 팀원들에게 팀에서 가장 재수 없는 사람이 누구냐고 물어보면 된다. 모두 같은 사람을 꼽을 확률이 높다.

반대로 힘든 일이 있을 때 늘 옆에 있어주는, 가장 신뢰가 가는 직원이 누구냐고 물어보면 모두 같은 사람을 지명할 가능성이 크다. 지목된 사람은 성과가 우수할 수도 있고 아닐 수도 있지만, 팀원으로서 혹은 리더로서 아주 훌륭한 사람이며 팀 전체의 발전에 기여할 사람이다. 이러한 사람들은 EQ가 높고 자신의 행동이 팀에 어떤 영향을 미칠지 고려하며 책임감이 강한 경향이 있다. 이들은 자신이 성장하길 원할 뿐 아니라 다른 사람들의 성장도 돕고 싶어 한다. 그러나 직원은 보통 신뢰도가 아니라 성과만으로 평가되기에 신뢰받는 직원이 승진 대상자에서 제외되기도 한다.

능력은 출중하지만 신뢰도가 낮은 직원들은 다른 사람들이 자신을 어떻게 생각하는지 알게 되면 동의하지도 않고 들으려고 하지도 않는다. 그들은 자신이야말로 신뢰받아야 할 직원이며 자기를 제외한 다른 모든 사람을 신뢰할 수 없다고 생각한다. 그들은 자신의 행동에 변명만 늘어놓을 뿐 책임은 회피한다. 또한 팀원들이 자기를 따돌린다고 느끼지만(팀원들이 자신을 질투한다고 생각할 확률이 높다), 이렇게 된 이유가 모두 자기 자신 때문이라는 사실은 깨닫지 못한다. 팀원들이 자신을 믿지 않는다는 말을 들어도 이들은 실적에만 더욱 매달리고 잃어버린 신뢰를 회복하려는 노력은 하지 않는다. 그들의 이런 반응은 당연하다. 지금까지 직원을 평가하는 기준은 성과 단 하나였고, 그들은 그에 맞춰 빼어난 결과를 보여주었기에 여태까지 해고당하지 않고 경력을 쌓아왔다. 지금 와서 왜 전략을 바꾸겠는가?

탁월한 리더들은 '능력 하 신뢰도 상'인 직원을 무턱대고 선호하지도 않고 '능력 상 신뢰도 하'인 직원을 무조건 내치지도 않는다. 만약 성과가 떨어지는 직원이 있거나 신뢰도가 낮아 팀 전체 분위기를 망치는 직원이 있다면, 리더는 "이 직원을 가르칠 수 있는가?"라는 질문을 해야 한다. 리더의 목표는 직원들에게 업무 기술, 인간관계 기술, 리더십 기술 등을 습득시켜서 그들이 최선을 다해 일하게 하고 그들을 회사의 소중한 자산으로 키우는 것이다. 신뢰도가 떨어지는 직원에게는 인간관계 기술을 가르쳐 타인을 신뢰하고 또 신뢰받는 직원으로 성장하게 한다. 그리고 성과가 부족한 직원은 업무 기술을 익히도록 해 성취도 높은 직원으로 성장시킨다. 교육해도 반응이 없고 자신의 행동을 책임지려 하지 않는 등 가르칠 수 없는 직원이 있을 때만 그 직원을 팀에서 내보낼지 진지하게 고민해야 한다. 그리고 이런 상황에서 리더가 그 직원을 해고하지 않는다면 이제 리더가 그 결과를 책임져야 한다.

직원들은 신뢰하지 않는 팀원을 자연스럽게 배척하거나 거리를 두고 '우리들' 중 하나가 아니라고 단정한다. 리더들은 이러한 현상을 잘 지켜봐야 한다. 그러면 팀 전체의 성취도를 끌어올리기 위해 누구를 가르치고 누구를 내보내야 할지 쉽게 파악할 수 있다. 하지만 신뢰도가 낮은 사람이 팀원 1명이 아니라 그 사람을 제외한 모두라면 어떻게 될까?

캐슬록Castle Rock 경찰서 소속 경찰관인 제이크 코일Jake Coyle은 여러 문제로 의심받고 있었다. 그는 순찰해야 할 시간에 헬스클럽에서 잠을 잤고, 개인 소유 차량에 불법 선팅을 했고, 관할 지역이 아닌 곳에서 과속 범칙금을 피하고자 직권을 남용했다는 혐의로 조사받고 있었다. 심지어 근무 시간에 순찰차에서 전 부인과 성관계했다는 혐의도 있었다. 코일 경관은 동료들이 끊임없이 자신의 허물을 찾으려 한다고 생각했다. 마치 현미경으로 관찰당하는 느낌이었다. 그는 상사와 동료들을 신뢰하지 않았고 그들 역시 그를 신뢰하지 않았다.

동료 경찰관들은 코일 경관을 주기적으로 괴롭혔다. 그들은 코일 경관을 무리에 끼워주지 않고 집단 따돌림을 가했다. 코일 경관을 조롱했고 그의 차에 쓰레기를 넣거나 제설차로 그의 차를 가로막는 등 짓궂은 행동을 했다. 그들에게는 단지 우스운 장난이었지만 코일 경관에게는 심각한 일이었다. 코일 경관은 아무도 믿지 못하게 됐고 심리적 안정감을 잃었다. 결국 그는 출근을 끔찍이 싫어하게 됐다. 그저 일과를 마치고 일찍 퇴근하기만을 바랐다. 그는 고민 끝에 그곳을 벗어나야겠다고 생각했고 어느 경찰서로 옮길지 알아보고 있었다. 그런데 그때 새로운 일이 벌어졌다.

캐슬록 경찰서 서장으로 새로 부임한 잭 컬리Jack Cauley는 캐슬록 경찰서 역시 미국의 다른 수많은 경찰서와 비슷한 문제가 있다는 점을 알아차렸다(오늘날의 수많은 기업도 해당되는 문제점이다). 구성원들이 가치를 인정받지 못하고 무시당한 채 실적에 대한 과도한 압박을 받고 있는 상황이었다. 한 경찰관은 컬리 서장이 부임하기 전 캐슬록 경찰서의 분위기를 이렇게 묘사했다. "위에서는 늘 '너희는 교체 가능한 부품에 불과하다. 너희 자리를 원하는 사람들은 밖에 널리고 널렸다'라고 말했어요." 또 다른 경찰관은 이렇게 회상했다. "신입 경찰관들은 자기 생각을 입 밖으로 꺼내기도 어려웠죠." 교통 범칙금 부과 실적을 채우지 못하면 불이익을 받는 곳이었다.

범칙금 부과와 체포 실적만으로 경찰관들을 평가하는 행태를 컬리 서장은 익히 알고 있었다. 1986년 캔자스주 오버랜드파크에서 젊은 경관으로 경력을 시작한 그 역시 선배들이 정한 기준으로 여태까지 승진해왔다. 그는 할당된 범칙금 부과 목표치를 두 배로 달성하곤 했다. 하지만 시간이 지날수록 이렇게 실적에 쏠린 관심이 결국 경찰관들과 경찰서 문화에 해가 된다는 사실을 깨닫게 됐다. 그래서 캐슬록 경찰서 서장 자리를 제안받았을 때 곧바로 수락했다. 범칙금 부과 실적이나 무조건적인 복종, 언제 해고당할지 모른다는 불안감이 아니라 신뢰감이 바탕에 깔린 경찰서를 만들면 어떻게 될지 시험해볼 좋은 기회였다.

서장이 된 그는 가장 먼저 경찰관들을 비롯한 모든 직원과 대화하는 시간을 마련했다. 이 시간을 통해 경찰서 직원들이 몇 년 동안이나 주차장 주위에 철조망을 설치해달라고 요구한 사실을 알게 됐다. 경찰서 주차장은 경찰서 건물을 둘러싼 형태로, 완전히 개방되어 있었다. 경찰관들과 직원들은 조용하고 어두컴컴한 밤 퇴근길에 차를 타러 가기가 무섭다고 했다. 누군가 숨어 있다가 기습할지도 모르는 일이었다. 하지만 그동안 상부에서는 참고 견디라고만 했다. 그들은 철조망보다는 총기나 순찰차와 같이 경찰 업무에 직접적으로 연관된, 더 급한 곳에 먼저 지출해야 한다고 말했다.

경찰서에서 일하는 사람들 모두 리더가 자신들을 지켜주지 않는다고 생각하고 있었다. 이 사실이 명백해지자 컬리는 '안전망Circle of Safety' 구축이 가장 우선이라고 생각했다. 그러지 않고서는 앞으로 그가 어떤 일을 해도 효과가 없으리라 판단했다. 그래서 그는 즉시 주차장에 철조망을 세웠다. 경찰관들은 이 단순한 행동 하나로 앞으로 모든 것이 변하리라는 사실을 알 수 있었다. 별일 아닌 듯이 보였지만, 서장은 그가 경찰서 근무자들의 이야기를 듣고 있으며 그들을 아낀다는 아주 의미 있는 메시지를 전달했다. 사람들 사이에 신뢰를 싹 틔우려면 안전망이 꼭 필요하다. 안전망이란 동료들 사이에서 약점을 노출해도 괜찮다는 심리적 안전함이 있는 환경을 뜻한다. 실수를 인정하고 원하는 바를 표현하고 두려움이나 불안한 감정을 공유하는 일이 어렵지 않으며, 도움을 요청했을 때 상대방이 그 정보를 악용하지 않고 진심으로 도와주리라 확신하는 분위기를 말한다.

컬리는 부임 초기에 진행한 대화의 자리에서 처음으로 '문제의 경관'인 제이크 코일과 이야기를 나눴다. 내부 조사 결과 코일은 혐의 대부분에 대해 결백했고, 컬리는 이를 알고 있었다. 하지만 불법 선팅을 비롯한 몇 가지 혐의는 사실로 드러났다. 대부분 가벼운 규칙 위반이었지만 모두 합치면 경찰직을 충분히 박탈할 수 있는 수준이었다. 컬리 서장은 '성과 하 신뢰도 하'인 코일을 바로 내보낼 수도 있었다. 하지만 그는 코일 경관 한 사람이 문제가 아니라 캐슬록 경찰서 내 직장 문화 자체가 문제일지도 모른다고 생각했다. 컬리 서장은 문화를 바꾸고자 했으므로 코일 경관에게 한 번 더 기회를 주기로 했다. 아마 유한게임식 리더는 너무 위험 부담이 큰 결정이었다고 여길 듯하다. 그들의 생각으론 업무 능력도 떨어지고 믿을 수도 없는 직원은 데리고 있을 필요가 전혀 없다. 하지만 컬리 서장은 코일 경관을 해고하는 대신 3일간 무급 정직 처분을 내렸다. 코일 경관은 "전화위복의 기회로 삼아라"라던 컬리 서장의 말을 기억하고 있다. 그는 당시를 떠올리며 미소 지었다. "서장님이 '널 믿는다'라고 말해주신 거나 다름없었죠. 당시 저는 모든 걸 잃은 상태였어요. 경찰관이라는 직업 하나만 남아 있었죠. 그래서 '그래, 한번 해보자!'라고 생각했어요."

코일은 자신이 해야 할 일을 알고 있었다. 서장이 신뢰도 높은 문화를 형성하고자 한다면 그 역시 그 신뢰에 걸맞게 행동해야 했다. 서로 진정으로 신뢰하는 관계가 성립하려면 양쪽 모두 위험을 부담해야 한다. 연애를 하거나 친구를 사귈 때처럼 어느 한쪽이 먼저 상대방을 믿어보는 위험을 감수하고 다른 한쪽 역시 적절한 시점에 그 믿음에 보답해야만 둘 사이에 성공적으로 신뢰가 형성된다. 기업에서 '안전망'을 만들고자 한다면 리더가 먼저 직원들을 신뢰하는 위험을 떠안아야 한다. 하지만 발걸음을 옮겨 그 안전망 안에 들어가는 건 직원들의 몫이다. 리더가 직원들을 억지로 안전망 안에 넣을 수는 없다. 결속력이 강하고 서로 신뢰하는 조직에서도 안전망 안에 들어가기를 거부하는 직원이 있을 수 있다. 특히 오랫동안 신뢰보다 성과를 더 중요하게 여겨온 조직일수록 더욱 그렇다. 그 직원들이 잘못된 것은 아니다. 단지 시간이 필요하다. 진정한 신뢰감은 형성되기까지 시간이 걸린다. 어떤 사람은 보통 사람들보다 더 오랜 시간이 필요하기도 하다.

신뢰감을 조성하는 과정에는 위험 부담이 수반된다. 처음에는 일단 작은 위험부터 감수해보고 안전하다고 판단되면 더 큰 위험을 감수한다. 때론 실수도 한다. 그러면 다시 시도한다. 자신의 진짜 모습을 서로에게 보여줄 수 있을 때까지 이 과정은 반복된다. 계속해서 적극적으로 신뢰를 쌓아나가야 한다. 컬리 서장은 코일 경관에게 다시 한번 기회를 주는 것으로 시작했다. 그는 코일 경관이 성장하도록 개인적인 관심을 쏟았다. 가끔 그를 직접 가르치기도 했고 그가 어떻게 지내며 일은 어떻게 하고 있는지 주기적으로 확인했다. 코일 경관의 직속 상사 역시 자신과 똑같이 하도록 지시했다. 컬리 서장은 또한 코일이 자신의 행동에 책임지도록 했고, 그가 창피나 조롱, 불이익을 당할 걱정 없이 안전하게 자신의 감정을 나눌 수 있는 환경을 제공했다. 그에 대한 보답으로 코일은 컬리가 조성한 안전한 환경에서 솔직하게 감정을 나눠야 했고 필요할 때는 도움도 구해야 했다. 또한 조직이 추구하는 가치에 부합하게 행동해야 했다. 결과는 아주 좋았다. 현재 캐슬록 경찰서의 문화는 완전히 바뀌었다. 이제 캐슬록 경찰서는 굳건한 신뢰를 바탕으로 한 조직이 됐다. 제이크 코일은 가장 존경받고 신뢰받는 경찰관이 됐고 지금은 신입 경관들을 훈련하는 역할을 맡고 있다. 그리고 언제나 진실을 좇는 컬리 서장은 여전히 대화 시간을 운영하고 있다.

진실을 숨기면 안 된다

인간은 본능적으로 자기 자신을 보호한다. 위험을 피하고 안전한 장소를 찾는다. 자신을 보호해줄 수 있는 안전한 사람들 사이에 있을 때를 최상의 상태로 여긴다. 같은 팀에 있는 사람으로부터 스스로를 지켜야 할 때 가장 불안해한다. 위험이 실제로 존재하든 아니면 느낌일 뿐이든 그런 곳에서는 자신감이 아니라 두려움에서 우러난 행동을 한다. 그렇다면 사람들이 직장에서 승진을 못하지는 않을까, 곤경에 처하지는 않을까, 상사에게 바보 취급당하지는 않을까, 정리 해고되지는 않을까 하는 공포를 끊임없이 느끼며 근무한다면 어떤 일이 생길까?

두려움은 아주 강력한 동기로 작용해 자기 자신이나 자기가 속한 조직의 이익에 반하는 행동을 끌어내기도 한다. 두려움에 몰린 사람은 궁극적으로 자신에게 해가 될 유한게임식 선택을 하고 진실을 숨긴다. 이는 어떤 환경에도 해로운 영향을 끼치지만 기업의 상황이 나쁜 시기엔 더욱 심각한 피해를 입힌다. 앨런 멀럴리Alan Mulally가 2006년 포드의 CEO로 부임했을 때 바로 이러한 상황이었다.

당시 중대한 위기에 처한 포드는 기업을 살리고자 구원자를 바라는 마음으로 앨런 멀럴리를 CEO 자리에 앉혔다. 컬리 서장과 마찬가지로 멀럴리는 포드에 와서 가장 먼저 직원들에게 현 상황에 관해 최대한 자세히 듣기 원했다. 하지만 이 일은 예상보다 어려웠다.

멀럴리는 포드를 건강한 기업으로 되살리기 위해 '주간 업무 계획 리뷰' 시간을 마련했다. 포드의 임원들은 모두 의무적으로 이 회의에 참석해 자신이 맡은 전략 계획의 진행 상황을 초록, 노랑, 빨강의 세 가지 색깔로 표시해서 발표해야 했다. 멀럴리는 회사가 난항 중이라는 사실을 알고 있었다. 그런데 놀랍게도 몇 주가 지나도록 모든 임원이 자신의 업무 진행 상황을 초록으로 표기했다. 그는 절망에 빠졌다. "올해 수십억 달러의 손실이 날 예정입니다. 정말로 아무런 문제가 없습니까?" 멀럴리의 질문에 아무도 대답하지 않았다.

침묵에는 이유가 있었다. 임원들은 두려웠던 것이다. 멀럴리의 선임 CEO는 누군가 듣기 싫은 말을 하면 그를 질책하거나, 공개적으로 망신을 주거나, 해고해버렸다. 사람은 누구나 보상받는 쪽으로 행동을 강화하기에 임원들은 자신을 보호하기 위해 문제가 발생하거나 재무 목표를 달성하지 못하면 이 사실을 숨겼다. 멀럴리가 그들에게 정직함과 책임감을 원한다고 아무리 말해도 소용없었다. 임원들이 정말 안전하다고 느끼기 전까지는 멀럴리가 바라는 반응을 얻을 수 없었다. (직장에서 감정을 중요하게 여길 여유가 없다고 말하는 사람들에게 강조하겠다. 세계적인 대기업의 임원들조차 자신의 감정 때문에 CEO에게 사실대로 말하지 않았다.) 하지만 멀럴리는 포기하지 않고 회의 때마다 같은 질문을 했다.

어느 날 남북아메리카 운영 분야 임원인 마크 필즈Mark Fields 가 마침내 자신의 프레젠테이션 슬라이드 하나를 빨강으로 표시했다. 그로서는 해고당할 위험을 무릅쓴 결단이었다. 하지만 그는 해고당하지 않았다. 다른 임원들 앞에서 망신당하지도 않았다. 멀랠리는 프레젠테이션을 듣고 손뼉치며 말했다. "마크, 정말 훌륭한 시각이네요! 이 일을 도와줄 수 있는 사람이 누구죠?" 다음 회의 때도 마찬가지로 슬라이드에 빨간색 표기를 하나라도 한 임원은 필즈뿐이었다. 사실 다른 임원들은 필즈가 해고당하지 않은 것에 놀랐다. 매주 멀럴리는 같은 질문을 반복했다. "회사는 여전히 엄청난 손실이 나고 있습니다. 문제가 뭐라고 보십니까?" 임원들은 서서히 프레젠테이션 슬라이드에 노랑이나 빨강 표기를 늘려나가기 시작했다. 결국엔 그들의 모든 문제를 공개적으로 의논하는 수준까지 이르렀다. 그 과정에서 멀럴리는 팀의 신뢰감을 형성하는 데 효과적인 방법들을 하나하나 습득했다. 예를 들면, 임원들이 굴욕감을 느끼지 않도록 그들이 겪고 있는 문제를 그들 자신과 연관 짓지 않았다. "당신에게 문제가 있네요"가 아니라 "당신이 문제는 아닙니다"라고 말하는 것이다.

주간 업무 회의 시간에 나타난 다양한 색깔을 통해 멀럴리는 마침내 회사 내부에서 실제로 어떻게 일이 진행되고 있는지 파악했다. 비로소 멀럴리가 직원들의 업무를 적극적으로 지원할 수 있게 된 것이다. 안전망이 형성되자 신뢰도 높은 조직이 형성됐고, 멀랠리의 말을 빌리자면 이제 임원들은 "하나의 팀으로서 빨강을 노랑으로, 노랑을 초록으로 바꾸기 위해 함께 일하게 됐다." 멀럴리는 임원들이 이렇게 서로 신뢰하며 같이 협업한다면 회사를 살릴 수 있다고 확신했다.

그 누구도, 그 어떤 것도 영원히 100퍼센트를 발휘할 수는 없

7장 동료들에게 민낯을 드러낼 때

다. 서로에게 솔직할 수 없고 도움을 요청할 수 없다면 멀리 가지 못할 것이다. 리더의 역할은 진실을 말할 수 있는 안전한 환경을 조성하는 데에 그치지 않는다. 강화하고 싶은 행동의 본보기를 직원들에게 보여주고, 신뢰감을 쌓는 행동을 적극적으로 장려하고, 직원들에게 책임 있는 자유를 제공하며, 그들이 직업적으로 더욱 발전하는 데 필요한 지원을 아끼지 말아야 한다. 리더가 중요시하는 가치와 행동 양식에 따라 기업 문화가 결정된다.

문화＝가치+행동

신뢰감을 기반으로 한 조직 문화 형성에는 여러 작업이 수반된다. 우선 구성원들이 진정한 자기 모습을 드러낼 수 있도록 편안하고 안전한 환경을 조성해야 한다. 또한 구성원의 가치를 평가하기 위한 기준으로는 신뢰도와 성과 양쪽 모두 있어야 한다. 이런 조직 문화가 캐슬록 경찰서를 완전히 바꾼 컬리 서장의 가장 강력한 비결이었다. 실적을 채워야 한다는 압박감은 사라지고 서로를 보살피고 지역사회에 봉사하고자 하는 문화가 생겼다. 컬리 서장은 이 문화가 정착되기 위해서는 직원들을 인정하고 보상하는 방식이 바뀌어야 한다고 생각했다.

요즘 캐슬록 경찰서에서 경찰관을 평가하는 기준은 그들이 어떤 문제를 해결했고 부서와 지역사회에 어떤 영향을 미쳤는지에 주로 초점이 맞춰져 있다. 전통적인 기준도 여전히 존재하지만 예전만큼 중요하게 여겨지지는 않는다. 컬리 서장은 서면 평가만 하지 않고 때때로 아침 회의 시간에 직원들에게 표창장을 준다. 이 표창장은 경찰서에서 추구하는 가치를 가장 잘 지킨 경찰관에게 수여된다.

동료와 지역사회를 위해 힘쓰고 주도적인 자세로 문제 해결에 앞장선 팀원이 인정받고 승진할 기회를 얻었다. 그러자 당연하게도 동료와 사회에 관심을 보이고, 적극적으로 문제 해결에 나서는 직원들이 많아졌다. 앞서 언급했듯이 사람들은 보상받을 수 있는 행동을 강화하기 때문이다. 캐슬록 경찰서의 경찰관들이 점점 더 많은 문제를 타개하고 더 주도적인 모습을 보일수록 경찰서 내부에도, 경찰서와 지역사회 사이에도 더 굳건한 신뢰가 형성됐다. 컬리 서장은 이를 '하나하나 작전'이라고 불렀다. 한 번에 하나씩, 하나의 문제가 풀릴 때마다 보상이 주어졌기 때문이다. 강도보다는 꾸준함을 증진하는 방법이었다.

사람들은 심리적으로 안전한 환경을 만들어주는 리더에게 신뢰감을 쌓아나간다. 그러한 환경을 조성하려면 리더는 사람들에게 업무 재량권을 줘야 한다. 책임 있는 자유를 누리게 하는 것이다. 기존 체계에서는 리더가 직원들에게 이렇게 명령했다. "A, B, C, D를 한다. 실시." 하지만 새로운 체계에서 컬리 서장은 경찰관들이 문제점이나 기회를 발견하고 "~하면 좋을 것 같습니다"라고 보고하면 그들 스스로 처리해보도록 허락했다.

　이것이 바로 '하나하나 작전'의 핵심이다. 훌륭한 리더 아래의 신뢰하는 팀에서는 구성원들이 각자 기량을 최대로 발휘할 기회가 주어진다. 그 결과 문제가 생겼을 때 그냥 상처에 반창고만 붙이듯 덮어두지 않고 적극적으로 그 문제를 해결하는 문화가 정착된다. 예를 들면 교통사고가 자주 발생하는 교차로에서 범칙금만 부과하는 데 그치지 않고 본질적으로 교통사고 발생 건수를 줄일 방법을 고민한다. 실적으로만 평가받는 경찰관들은 도에 지나치게 단속하기 쉬운데 그러한 현상도 막을 수 있다.

　자전거 순찰대 소속 경찰관들은 마을에서 사용되지 않는 자전거 트랙을 발견하고 아이디어를 떠올렸다. 자전거가 있는 어린이들을 초대해서 그곳에서 아이들이 자전거 점프를 배우고, 트랙을 돌고, 무료 도넛을 먹는 시간을 마련했다. 그러고는 이 프로그램의 이름을 '흙, 점프 그리고 도넛'이라고 지었다. 경찰관들은 각자 자전거를 챙겨와 테이블 위에 동네 도넛 가게에서 기증받은 도넛을 차려놓고 아이들을 기다렸다. 그들은 아이들이 몇 명 안 오리라 예상했지만, 첫 회에만 40명이 넘게 왔다. 이후에도 매달 꾸준히 그만큼씩 왔다. '흙, 점프 그리고 도넛' 프로그램은 지역사회의 큰 행사로 자리 잡았다. 보통 사람들은 나쁜 사건이 발생하거나 곤경에 처한 때가 아니고는 경찰관과 직접 대화할 기회가 많지 않다. 자전거 순찰대 소속 경찰관들은 학교 특강과 같은 일회성 만남 이상으로 아이들과 인격적으로 더 가까워지고 싶었다. '흙, 점프 그리고 도넛' 시간에는 프레젠테이션도, 격식 차린 업무도 없었다. 그저 아이들과 자전거만 탔다.

그러던 어느 날, 이웃집 건물이 마약 거래 장소로 의심된다는 신고 전화가 걸려왔다. 통상적으로 이런 경우 경찰은 수사에 착수한다. 경찰관들이 현장에 잠복해 감시하거나 마약을 사러 온 사람으로 위장하고 거래하기도 한다. 그러는 동안 해당 건을 신고한 이웃은 경찰의 대응을 보지 못하기에 무시당했다고 느낄 것이다. 보통 수사를 시작한 지 몇 주 혹은 몇 달 뒤, 경찰은 수색 영장을 받아 무력을 동원해 강제로 문을 부수고 급습한다. 이러한 관행은 관련된 모든 사람을 위험에 빠뜨린다. 한 경찰관의 말에 따르면, 이 과정에서 범인이 몇 명 체포되기도 하지만 오래 지나지 않아 그들은 다시 길거리에서 혹은 똑같은 집에서 마약을 판다고 한다. 경찰이 성공적으로 그 집을 폐쇄했다 하더라도 문이 부서진 집 주위에는 출입 금지 테이프가 둘러진다. 근처 주민들이 원하지 않을 광경이다.

캐슬록 경찰서에서는 새로운 시도를 해보기로 했다. 잠복하지 않고 경찰관 1명이 직접 그 집에 찾아가서 문을 두드렸다. 안에서 사람이 나왔고 경찰관은 집에 들어가지 않은 채 현관에 서서 이야기했다. 마약 거래 신고가 들어왔으며 경찰이 감시할 수 있다고 고지하기만 했다. 그 후 몇 주간 경찰은 눈에 띄게 그 집 주변을 돌아다녔다. 경찰관들은 순찰할 때 꼭 그 주변을 돌았고 그 집 바로 건너편의 공원에서 점심을 먹기도 했다. 당연하게도 경찰들이 주기적으로 돌아다니는 곳에서는 마약을 거래하기 어려웠다. 결국 그들은 그 집을 떠났다. 문짝 하나 부수지 않고 그 누구도 위험에 빠뜨리지 않았다.

물론 이를 부정적으로 바라보는 시각이 충분히 있을 수 있다. 경찰이 문제를 뿌리 뽑지 않고 다른 관할 지역으로 이동시켰을 뿐이며 이제 다른 지역에서 목숨 걸고 이 문제를 처리해야 한다고 생각할 수도 있다. 아마 실제로 그럴 가능성이 크다. 하지만 이것은 무한게임이다. 캐슬록 경찰서의 '하나하나 작전'은 다른 경찰서에서도 비슷한 접근법을 사용하거나 그들만의 전략을 세우도록 장려했다. 그러다 보면 마약 판매가 어려운 동네가 점점 늘어나 도시 전체, 주 전체로 확장될 수 있고 마약 밀매라는 사업 자체를 더 어렵게 만들 수 있다. 마약 밀매를 '불가능하게' 만드는 것이 아니라 '더 어렵게' 만든다고 한 것에 주목하라. '마약과의 전쟁'을 선포한 정부 지도자들의 생각과 달리 이 게임은 이길 수 없는 게임이다. 마약 밀매상의 목표는 경찰에 대한 승리가 아니라 마약을 더 많이 파는 것이다. 경찰은 이 게임이 무한게임인지 유한게임인지 파악하고 그에 맞는 작전을 써야 한다.

다시 말하지만, 무한게임에는 무한게임식 전략이 필요하다. 범죄는 무한게임이므로 단순히 현장을 급습해 체포하는 방법보다 캐슬록 경찰서의 경찰관들이 선택한 작전이 훨씬 적합하다. 여기서 목표는 승리가 아니다. 우리 편의 강한 의지력과 충분한 자원을 유지하는 동시에 상대의 의지력과 자원을 고갈시키는 것이다. 경찰은 절대로 범죄와 싸워 이길 수 없다. 대신 범죄자들이 범죄를 저지르기 힘들게 만들 수는 있다. 캐슬록 경찰서의 경찰관들은 큰 비용을 들이지 않고도 쉽고 안전하게 여러 번 반복할 수 있는 전략을 세우고 있다. 그리고 필요하다면 그 전략을 영원히 반복할 것이다.

컬리 서장은 이렇게 말한다. "경찰이 하는 일의 대부분은 범죄와의 전쟁보다는 삶의 질 향상과 관련되어 있습니다. 그러면 경찰관들의 삶의 질은 어떻게 해야 할까요?" 자기 직업을 정말 싫어하는 사람이 모든 에너지를 모아서 간신히 직장 생활을 이어가고 있다면 그는 자신감을 잃고 판단력도 흐려질 것이다. 한 경찰관은 이렇게 말했다. "화가 난 경찰과 상대하는 사람은 보통 험한 꼴을 보게 됩니다. 경찰이 이미 힘든 하루를 보내고 있는데 누군가 그를 더 화나게 하거나 귀찮은 일을 벌인다면 아마 최악의 상황이 펼쳐질 거예요." 경찰관이나 쉘 URSA 작업자처럼 업무가 위험한 직장에서는 직원들이 마음 놓고 자신을 내보일 수 있는 안전한 환경이 더욱 필수적이다.

경찰관들이 매일 의지에 차서 출근하고 솔직한 감정을 표출할 수 있는 환경에서 동료 직원들과 서로 신뢰하며 일한다면 그런 경찰관들을 만나는 일반 사람들에게도 좋은 영향을 준다. 고객이 회사를 사랑하기 위해서는 먼저 직원들이 회사를 사랑해야 한다. 마찬가지로 지역사회 주민들이 경찰을 신뢰하기 위해서는 먼저 경찰부터 동료 간, 상사와 부하 직원 간 신뢰가 있어야 한다.

캐슬록 경찰서는 외부의 문제를 타개하기 위해 조직 내부 문화에 집중했고 그 덕분에 75명의 경찰관이 완전히 달라졌다. 1만 2,500개의 미국 경찰서 중 95퍼센트 이상이 소속 경찰관이 100명 미만이라는 사실을 고려하면 캐슬록 경찰서의 '하나하나 작전'은 타 경찰서에 모범이 될 수 있다. 경찰서 내부의 신뢰 문제든 경찰서와 지역사회 사이의 믿음 문제든 경찰서가 맞닥뜨리는 여러 문제에 도움이 될 것이다.

사실 캐슬록 경찰서에도 예전과 같은 사고방식이 완전히 없어지지는 않았으며 아직 해야 할 일이 많다고 컬리 서장은 생각한다. 하지만 캐슬록 경찰서는 이미 변화를 향한 여정을 시작했으며 경찰서 내 직장 문화가 예전보다 현저하게 건강해졌다. 그리고 경찰관들은 거리에서 마주치는 주민들에게 고맙다는 인사를 듣는 일이 전보다 훨씬 많아졌다고 말했다. 커피숍에서 주민들이 경찰관들에게 커피를 사기도 했다. 범죄율은 감당할 만한 수준으로 유지됐고 지역 주민들은 예전보다 경찰을 돕고 싶어 했다. 컬리 서장은 이렇게 말했다. "주민들은 우리를 단순히 법 집행관이 아니라 문제 해결사로 바라봅니다."

어떤 직종이든 리더가 실적을 과하게 강조하고 한쪽으로 치우친 성과 체계를 내세운다면 단기 성과와 자원만을 우선시하는 분위기가 형성된다. 그러는 동안 장기 성과나 신뢰도는 뒷전으로 밀리고, 직원들에게 심리적으로 안전한 환경을 조성하기도 어려워지며, 직원들의 의지력도 감소한다. 경찰서든 기업이든 마찬가지다. 고객 서비스 부서에서 일하는 직원이 직장에서 과도한 스트레스에 시달리는 중이라면 고객에게 불친절한 서비스를 제공할 확률이 높아진다. 직원들의 감정은 업무 성취도에 영향을 준다. 당연한 사실이다. 문제를 일으키거나 망신당하거나 해고당하지 않기 위해 자신의 불안감을 숨겨야 하고, 실수나 잘못을 덮기 위해 거짓말을 해야 하는 분위기에서는 신뢰감이 생겨날 수 없다. 고객 서비스 담당 직원이 아니라 경찰관이라면 훨씬 더 엄중한 결과가 발생할 수 있다.

조직 문화가 건강하지 않으면 사람들은 규칙에서 안전을 찾는다. 그래서 관료주의가 존재하는 것이다. 이들은 엄격하게 규칙을 지켜야만 직장에서 살아남을 수 있다고 생각한다. 그리고 그 과정에서 직장 안과 밖의 모든 신뢰도가 추락한다. 문화가 건강한 조직에서는 사람들이 관계에서 안전을 찾는다. 높은 성과를 거두는 팀은 끈끈한 유대 관계가 바탕에 깔려 있다. 뛰어난 성과를 이룩하기 위해서는 먼저 신뢰감부터 쌓아야 한다.

하지만 무한게임에서는 오늘의 강한 유대감과 신뢰감, 탁월한 능력에서 끝이 아니다. 그 신뢰감과 성과가 오랜 시간 지속되어야 한다. 신뢰도 높은 환경을 조성하는 일이 리더의 의무라면 그럴 능력이 있는 차기 리더들이 제대로 양성되고 있는 걸까?

어떻게 훌륭한 리더를 키울 것인가

미 해병대 장교 후보생들은 버지니아주 콴티코에 있는 장교후보생학교Officer Candidate School에서 10주간의 훈련 및 선발 과정을 거친다. 여러 선발 시험 중에 리더십 반응 능력 과목이 있다. 20개의 장애물을 뛰어넘는 과정으로 좀 더 정확하게는 문제 해결 과목이라고 볼 수 있다. 후보생 넷이서 한 팀이 되는데, 정해진 시간 안에 크기가 다른 나무판자 세 장을 이용해 모든 사람이 물을 건너는 임무 등 다양한 과제가 주어진다. 미 해병대는 이 리더십 과목으로 후보생의 리더십을 평가한다. 후보생들이 얼마나 리더를 잘 따르는지, 어려운 점을 어떻게 극복하는지, 상황을 얼마나 빠르게 파악하는지, 임무에 우선순위를 어떻게 정하고 서로 과업을 어떻게 분배하는지 등을 본다. 그런데 놀랍게도 장애물을 성공적으로 극복하는지 못하는지는 평가 기준에 들어가지 않는다. 평가지에는 장애물 극복 성공 여부를 체크하는 칸조차 없다. 즉 해병대는 어떤 결과가 나왔는지보다는 어떤 행동을 했고 얼마나 노력했는지에 초점을 맞춘다. 여기에는 타당한 이유가 있다. 훌륭한 리더가 임무에 실패하기도 하고 형편없는 리더가 임무에 성공하기도 한다. 임무를 성공시키는 능력만으로는 좋은 리더가 될 수 없다. 미 해병대는 수년간의 시행착오를 거쳐서 정직함, 도덕성, 용기, 회복력, 인내력, 판단력, 결정력을 갖춘 사람이 신뢰감을 형성하고 협동을 이끌어낸다는 사실을 깨달았다. 그리고 그런 사람이 팀 전체를 성공시킬 가능성이 크다는 사실도 알아냈다. 자원보다는 의지력을, 능력보다는 신뢰도를 우선시해야 장기적으로 더 좋은 성과를 거둘 확률이 높아진다.

훌륭한 리더를 키우는 일은 어느 조직에서나 무척 중요하다. 조직을 화초라고 상상해보자. 화초가 아무리 건강하게 무럭무럭 자랐다고 한들 씨를 남기지 못하면 대가 끊기듯 조직에서도 차기 리더 양성에 실패하면 오래도록 번영할 수 없다. 모든 리더는 차세대 리더를 육성하여 무한게임식으로 경영하는 리더로 성장시킬 임무가 있다. 그러나 현 리더가 화초의 외형만 크게 키우고자 한다면, 마치 잡초처럼 자라기 위해선 무엇이든 하게 된다. 정원 전체와 화초 자체에게 장기적으로 어떤 영향을 미칠지는 전혀 고려하지 않은 채 말이다.

나는 리더의 자질을 갖추지 못한 사람들이 조직에서 가장 높은 자리에 앉아 있는 경우를 많이 봤다. 그들은 높은 지위로 권력을

7장 동료들에게 민낯을 드러낼 때

누리고 직원들을 원하는 대로 조종할 수 있다. 하지만 직원들이 그들을 진정으로 따르는 것은 별개의 문제다. 그들과 반대로 정식 지위나 권위가 없어도 사람들을 보살피는 위험을 떠맡는 리더도 있다. 이러한 리더는 사람들이 진솔하게 자기 자신을 드러내고 감정을 나눌 수 있도록 안전한 환경을 조성해준다. 사람들은 리더를 신뢰하며, 그가 가는 곳이 어디든 따라간다. 심지어 요청받은 정도보다 더 가기도 한다. 누가 시켜서가 아니다. 스스로 원하기 때문이다.

해병대는 후보생들이 물 건너기와 같은 과제를 성공하느냐 마느냐에는 관심이 없다. 구성원들이 신뢰감을 키울 수 있는 환경을 만들어 그 신뢰감을 바탕으로 함께 장애물을 극복하는 리더를 양성하는 것이 관심사다. 신뢰감을 바탕으로 한 리더십이 있어야 성공할 확률이 커진다는 사실을 잘 알기 때문이다.

반복해서 말한다. 리더는 결과에 책임을 지는 사람이 아니다. 결과에 책임이 있는 직원들을 책임지는 사람이다. 조직의 성과를 극대화하려면 정보를 원활히 공유할 수 있고, 실수를 공개할 수 있으며, 서로 돕는 문화를 만드는 방법이 가장 효과적이다. 즉 사람들이 안전함과 소속감을 느낄 만한 환경을 조성해야 한다. 이것이 바로 리더의 책임이다.

릭 폭스가 한 일도 이와 같다. 그는 직원들이 서로 약점을 노출할 수 있는 안전한 환경을 제공해서 탁월한 팀을 만들었다. 네이비실도 이렇게 했다. 그들은 대원 개개인의 능력보다 신뢰도를 중시하여 뛰어난 팀을 구축한다. 앨런 멀럴리 역시 이렇게 했다. 직원들이 회사에서 일어나는 일을 솔직하게 말할 수 있도록 안전한 환경을 조성하여 포드를 재기시켰다. 그리고 잭 컬리도 이렇게 했다. 그 결과 큰 변화가 일어났다. 리더가 성과보다 신뢰도를 우선시하면 대부분의 경우 좋은 성과가 따른다. 하지만 리더가 다른 무엇보다도 성과를 중요하게 생각하면 조직 문화는 반드시 망가진다.

8장

은밀하게 조직을 망치는 생각들

이런 사건이 실제로 일어났다는 사실이 너무나 놀랍다. 이 일은 어떤 시각으로 바라보더라도 윤리적으로 엄청난 문제가 있었다. 누구보다 선하고 정직해야 할 사람들이 단체로 이런 행동을 했다는 것은 아무리 생각해도 너무나 잘못됐다.

바로 2011년 중반부터 2016년 중반까지 웰스파고은행Wells Fargo Bank의 직원들이 350만 개 이상의 유령 계좌를 만든 사건이다. 2016년 『뉴욕타임스』The New York Times는 다음과 같이 보도했다. "예상치 못한 수수료와 요청하지 않은 신용카드나 체크카드의 발급 내역을 확인한 고객들을 비롯해, 수금 대행업자를 통해 자기도 모르게 개설된 계좌가 있다는 얘기를 들은 일부 고객은 사기 행위를 알아차리기도 했다. 하지만 직원들이 계좌 개설 직후 해지했기

8장 은밀하게 조직을 망치는 생각들

때문에 피해 고객 대부분은 유령 계좌가 개설된 사실을 전혀 몰랐다."

결국 사기 행위에 가담한 웰스파고의 직원 5,300명이 해고됐다. 당시 CEO였던 존 스텀프John Stumpf는 의회에서 이렇게 말했다. "이러한 관행은 저희의 핵심 가치, 윤리, 기업 문화에 반합니다." 스텀프의 발언에 이어 웰스파고는 다음과 같은 입장을 언론에 밝혔다. "저희 회사의 직원 대다수는 매일같이 고객을 위해 올바르게 일하고 있습니다. 이런 불미스러운 일이 일어나 정말 안타깝습니다. 하지만 웰스파고는 그런 회사가 아닙니다." 다시 말해 웰스파고의 임원들은 웰스파고가 나쁜 게 아니라 사기 행각을 벌인 몇몇 직원들만 잘못됐다고 표명한 것이다. 그러나 이는 몇몇 직원들만의 문제가 아니었다. 수천 명의 직원이 수년간 해온 행동의 결과였다! 웰스파고 기업 문화 속 심각한 윤리적 퇴색이 외부로 드러난 사건으로 보는 게 더 타당했다.

윤리적 퇴색이란 한 문화 안에서 사람들이 사적인 이익을 위해 다른 사람에게 피해를 주며 비윤리적으로 행동하면서도 자신의 윤리 의식에는 문제가 없다고 착각하는 현상을 뜻한다. 윤리적 퇴색은 주로 사소하고 큰 문제가 없어 보이는 일에서 시작되며 제재를 받지 않으면 사태는 걷잡을 수 없이 커지고 복잡해진다.

윤리적인 문제는 어디서든 발생할 수 있지만, 특히 유한게임식 기업에서 생기기 쉽다. 이미 설명한 것처럼 분기나 연간 재무 성과를 지나치게 강조하는 문화는 직원들이 할당된 실적을 채우기 위해 일의 절차를 무시하고, 규칙을 어기고, 꺼림칙한 행동을 하도록 압박한다. 안타깝게도 직원들은 어떤 과정을 거쳤든 목표를 성취하기만 하면 보상받는다. 이는 기업의 우선순위가 어디에 있는지 여실히 보여준다. 사실상 유한게임식 기업의 보상 체계는 비윤리적인 행동을 장려하는 구조라고 할 수 있다. 이러한 기업에서는 직원들이 어떤 방법으로든 좋은 실적을 내기만 하면 보너스를 주거나 승진시켜준다. 정직하게 일했지만 목표 실적을 달성하지 못한 직원들에게는 승진도 인정도 없다. 이 현상을 지켜본 직원들은 윤리적인 행동보다 실적을 내는 게 더 중요하다고 생각하게 된다. 비윤리적인 행동을 피하고자 했던 직원들도 보너스를 받거나 승진하거나 심지어 해고당하지 않기 위해서는 어쩔 수 없는 현실을 깨닫고 굴복하고 만다. 그들은 판단력을 잃고 비윤리적인 행동을 합리화한다. "먹고살려면 어쩔 수 없다." "위에서 이렇게 하기를 원한다." "다른 방법이 없다." "업계에서 다들 이렇게 한다." 이런 말들은 모두 죄책감이나 책임감을 덜기 위해 다른 사람들과 스스로에게 하는 자기합리화다.

합리화 능력은 인간에게 축복이자 저주다. 인간은 모든 일을 이치에 맞게 해석하려고 하며 복잡한 문제를 이해하고 자기 행동을 돌아볼 수 있는 능력이 있다. 어려운 문제의 해결책을 생각하고 기술을 발전시킬 수 있는 이유도 합리적, 분석적 사고력이 있기 때문이다. 그러나 분석적 사고력을 이용해 양심이 찔리는 일들을 정당화하거나 죄책감을 회피할 수도 있다. 이것은 마치 부자 친구의 물건을 훔치며 이렇게 혼잣말하는 것과 같다. "이게 없어진 걸 알아채지도 못할 거야. 게다가 돈이 많으니 하나 더 사면 되잖아." 이렇게 원하는 대로 얼마든지 합리화할 수 있다. 하지만 그렇다고 친구의 물건을 도둑질했다는 사실이 변하지는 않는다. 이런 합리화가 조직 안에서 흔해지면 비윤리적인 행동은 눈덩이처럼 불어나 결국 조직 전체에 만연하게 된다. 극단적으로는 웰스파고에서처럼 부패가 발생하기도 한다.

압박하고 요구하고 보상하는 문화

1973년 프린스턴대학교Princeton University 심리학과 교수인 존 M. 달리John M. Darley와 C. 대니얼 뱃슨C. Daniel Batson은 상황에 따라 윤리 의식이 어떻게 변하는지를 알아보기 위해 실험을 하나 진행했다. 특히 곤란에 처한 다른 사람을 돕는 행위가 주어진 상황에 따라 어떻게 달라지는지에 초점을 맞췄다. 그들은 신학생들에게 '착한 사마리아인'에 관한 강연을 해달라고 요청했고 대학 캠퍼스를 거쳐 강연장으로 가도록 했다. '착한 사마리아인'은 신약성경에 나오는 일화다. 어떤 사람이 예루살렘에서 예리코로 가는 길에 강도를 당하고 폭행당한 뒤 길가에 버려져 있었는데 그 길을 지나는 사람이 많았지만 그중 유일하게 한 사마리아인만이 그를 도왔다는 이야기다.

　그 상황을 연출하기 위해 교수들은 배우를 고용해 마치 한 사람이 강도를 당하거나 부상당한 것처럼 길거리에 고꾸라져 있게 했다. 그리고 실험 대상인 신학생들이 캠퍼스를 지나갈 때 그 배우를 마주치도록 했다. 실험은 신학생들을 각기 다른 그룹으로 나눠 개별적으로 진행됐다. 교수들은 압박감이 사람의 행동에 어떤 영향을 미치는지 알아보기 위해 압박의 정도를 각기 다르게 설정했다. 첫 번째 그룹에게는 서둘러 캠퍼스를 통과하도록 강한 압박을 줬다. 실험 진행자들은 그들에게 이렇게 말했다. "시간이 없어요. 강연 관계자들은 벌써 도착해서 준비를 다 마치고 기다리고 있어요. 그분들이 오래 기다리지 않도록 서두르시는 게 좋겠습니다. 가까우니까 금방 도착할 거예요." 두 번째 그룹에게는 중간 정도의 압박감이 있었다. "강연 관계자들이 준비를 마쳤대요. 지금 바로 가시면 될 것 같아요." 마지막 그룹은 약하게 압박했다. "관계자들이 강연 준비를 마치려면 아직 좀 있어야 한답니다. 하지만 미리 가서 기다리시는 게 좋겠어요. 가서 조금만 기다리시면 금방 준비가 끝날 겁니다."

　압박감이 약한 상황에서는 학생들 중 63퍼센트가, 압박감이 중간 수준이었던 상황에서는 학생들 중 45퍼센트가 다친 사람을 도

　　　　　　　　8장 은밀하게 조직을 망치는 생각들

왔다. 압박감이 강했던 상황에서는 10퍼센트만이 부상자를 도왔다. 그를 쳐다보지도 않고 지나간 학생들도 있었다. 차이는 극명했다. 그들은 모두 신의 뜻을 전하는 목사가 되기 위해 공부하는 신학생들이었다. 그러나 압박감이 가해질 때 그들은 해야만 하는 일에 집중했고 좋은 일을 해야 한다는 의지력은 약해졌다. 이 실험에서는 시간의 압박이 있었다. 그리고 웰스파고의 리테일 영업부에서는 상품 판매 실적을 내야 한다는 강압이 있었다.

웰스파고에서는 어떤 방법을 쓰든 실적을 맞추기만 하면 긍정적인 보상을 받았지만 목표치에 미치지 못한 직원들은 두려움에 떨 수밖에 없었다. 몇몇 직원들은 하루에 8개에서 12개 사이의 상품을 팔도록 강요받았다고 말했다. 만약 그만큼 판매하지 못하면 상사의 질책을 받았다고 한다. 한 직원은 상사에게 이런 말을 들었다. "실적을 못 맞춘다면 협동 정신이 없는 겁니다. 당신 때문에 팀 전체가 실패하면 해고당할 각오하세요. 그렇게 나가면 인사 기록에 남아서 평생 재입사도 어려워질 겁니다." 그 직원은 상사에게 올바른 방법으로는 할당된 목표를 달성할 방법이 없다고 토로했으며 회사의 윤리 준수 상담센터에도 여러 번 전화해 같은 이야기를 했다. 정상적인 대기업의 제대로 된 직원이라면 윤리 위반 사례가 있을 때 이렇게 행동해야 한다. 하지만 웰스파고는 그 직원의 지적에 제대로 대처하지 않고 그녀를 해고했다. 웰스파고의 직원들은 아무리 목표치에 도달하기 어려워도 아무 말도 하지 못했다. 그들은 어떤 방법을 써서라도 할당량을 채워야만 했다. 웰스파고의 또 다른 직원은 이렇게 고백했다. "그냥 비윤리적인 판매가 표준이었어요. 그렇게 배웠고 모두가 그렇게 했죠."

윤리적 퇴색은 어느 날 갑자기 발발하는 단발성 사고가 아니다. 오히려 잠복기간이 아주 긴 전염병과 비슷하다. 사실 유령 계좌 사태가 터지기 10년 전에 이미 웰스파고 내부 감사에서 이러한 비윤리적인 행각에 대한 보고가 있었다. 당시 내부 감사에서는 '회사는 실직을 두려워한 직원들이 비윤리적인 행동을 하더라도 이익을 줬다'라는 결론을 내렸다. 이 결과는 준법감시인과 최고 인사 책임자를 비롯한 임원들에게 전달됐지만 경영진은 아무런 조치도 취하지 않았다. 게다가 유령 계좌를 개설하는 관행이 시작되기 1년 전인 2010년까지 비윤리적인 영업 전략을 비판하는 내부 고발이 700건이나 접수됐다(추후 이사진은 이러한 사실에 대해 모르쇠로 일관했다). 존 스텀프가 회사 전체의 구조적인 문제를 파악한 시점은 2013년이었다. 하지만 사태가 터지기 거의 15년 전인 2002년에 이미 몇몇 개별 문제를 알고 있었다는 사실이 2017년 이사회 의사록에서 드러났다! 또한 그 이사회 의사록에 의하면, 전 웰스파고 커뮤니티뱅킹 사업부 총괄 부사장인 캐리 톨스테드Carrie Tolstedt는 잘못된 영업 관행을 인지하고 있었을 뿐 아니라 직원들을 지나치게 위압하는 영업 문화를 사실상 강화했다. 그녀가 외부의 개입과 감독을 완강히 거부했으며 다른 임원들과 마찬가지로

　　　　　8장 은밀하게 조직을 망치는 생각들

자세한 조사 절차에 저항했다는 사실도 밝혀졌다. 그녀 역시 비슷한 강압에 시달린 탓에 외부에 정보를 공개하기 두려워했거나 부서의 실적으로 두둑한 보상을 받아 그렇게 행동한 것이 아닐까 하는 추측만 가능할 뿐이다.

웰스파고는 공식 발표에서 해당 사태는 리테일 영업부에만 국한되는 일이며 다른 대다수 부서에서는 올바르게 일하고 있다고 밝혔지만, 회사 전체에 윤리적 퇴색이 일어나고 있다는 뚜렷한 증거가 여기저기서 발견됐다. 유령 계좌 사태가 터진 시기에 대출 건전성을 조작하여 수많은 부실 대출을 한 혐의도 드러났다. 이로 인해 2018년, 웰스파고에게 20억 9,000만 달러의 과징금이 부과됐다. 웰스파고의 자동차 금융부 역시 고객의 동의 없이 무단 가입하여 벌어들인 자동차 보험금 8,000만 달러를 고객에게 돌려주기로 했다. 존 스텀프의 뒤를 이어 CEO가 된 팀 슬론Tim Sloan이 이끌던 기업 금융부는 자금 세탁을 비롯한 각종 비리 행각으로 조사를 받게 됐다.

웰스파고는 결국 수백만 개의 유령 계좌를 개설한 책임을 인정했으며 이로 인해 총 1억 8,500만 달러의 과징금을 부과받았다. 웰스파고의 명예가 실추되고 단기적으로 주가가 내려갔지만, 이는 솜방망이 처벌에 불과했다. 따져보면 1억 8,500만 달러는 웰스파고의 연간 총수익 220억 달러의 1퍼센트에 불과하며, 950억 달러에 달하는 총매출의 0.2퍼센트밖에 되지 않는다. 이는 연봉이

7만 5,000달러인 사람이 150달러의 벌금을 내는 것과 비슷하다. 사실상 처벌이라고 할 수 없는 수준이다.

직원들의 사기 행각을 용인한 일은 엄연한 위법 행위지만 경영진 중에 법적 책임을 진 사람은 아무도 없었다. 그 누구도 실형을 선고받지 않았다. 심지어 아무도 기소조차 되지 않았다. 존 스텀프는 CEO직에서 물러났고 410만 달러 가치의 스톡옵션을 내놔야 했지만 들끓는 여론에 못 이겨 사임한 것뿐이었다. 게다가 그는 퇴직연금으로 1억 3,400만 달러와 주식까지 받았다. 윤리적 퇴색 현상을 그저 지켜보기만 한 리더가 처벌받지 않았을 뿐 아니라 상당한 이익을 챙겼다. 상황이 이러하니 리더들은 현 상황을 유지하려 한다. 리더들이 성과주의 문화의 이득은 누리면서 비윤리적인 문화의 결과는 책임지지 않는다는 사실이 개인적으로 심히 걱정된다.

착한 사람이 나쁜 일을 저지르면

땅콩이나 벌, 갑각류에 극심한 알레르기가 있는 사람은 위험한 상황에서 에피네프린 주사로 목숨을 구할 수 있다. 그리고 그 주사는 시장 점유율을 90퍼센트 이상 장악한 에피펜EpiPen일 확률이 높다. 에피펜은 아나필락시스 쇼크(특정 항원에 접촉된 후 발생하는 과민성 알레르기 쇼크 증상으로 사망에 이를 수도 있다―옮긴이)를 치료할 수 있는 에피네프린 자동 주사기 브랜드다. 중증 알레르기를 앓는 사람에게 에피펜은 필수적인데 유효기간이 12개월이므로 사용자는 그것을 매년 교체해야 한다. 두 팩에 100달러씩 했으므로 회사 입장에서는 괜찮은 사업이었다.

2007년 마일란Mylan이라는 회사가 에피펜 브랜드의 독점 판매권을 매입했다. 에피펜의 시장 점유율은 독보적이었고 당시 같은 효능의 복제약이 없던 터라 마일란이 에피펜의 가격을 매년 22퍼센트씩 인상했지만 이를 막을 길이 없었다. 2014년 마일란의 이사회는 에피펜 가격 인상이 주가에 미치는 영향을 보고 판돈을 더욱 올리기로 했다. 그들은 임원 몇 명을 선택해 일생일대의 기회를 줬다. 5년 안에 주당 순이익을 2배로 만들면 수익금 수억 달러를 보너스로 나눠주기로 한 것이다. 지위가 가장 높은 임원 5명이 각각 1억 달러씩 벌 기회였다. 이 제안을 수락한 그들은 에피펜 가격 인상률을 22퍼센트에서 32퍼센트로 올렸다. 2009년 이래로 15번째 가격 인상을 감행한 마일란은 2016년 에피펜 두 팩의 가격을 역대 최고가인 600달러로 공표했다. 이는 6년간 500퍼센트나 인상된 가격이었다. 마일란은 하원 감시 위원회의 조사를 받고 대중의 엄청난 항의에 시달린 뒤에야 가격 인상을 멈췄다. 그렇지 않았더라면 가격을 계속 올렸을 듯하다.

이후 CEO 헤더 브레시Heather Bresch는 이러한 가격 폭등을 반성하냐는 질문에 이렇게 대답했다. "현 의료보험 제도에 합당하게 회사를 운영한 행위를 사과할 생각은 없습니다." (참고로 책임 있는 행동이란 자신이 한 행위에 직접 책임을 지는 태도이지, 그 책임을 제도에 돌리는 처세가 아니다.)

마일란의 윤리적 퇴색은 완전한 수준이었으므로 브레시는 자기 자신과 회사가 어떤 잘못을 저질렀는지 깨닫지 못했다. 너무나 놀랍게도 브레시는 에피펜 스캔들이 좋은 일이라고 주장했다. 이 스캔들이 터진 덕분에 사람들이 의료보험 제도의 문제점에 주목하게 됐으며 긍정적인 변화가 나타나기 시작했다는 것이다. 마일란이 주주의 수익 극대화보다 윤리 준수와 대의명분을 중시했다면 아무런 물의를 일으키지 않고도 훨씬 빨리 긍정적인 변화를 일으킬 수 있었다. 비윤리적인 행동으로 적발되고 자기 행동에 책임지기를 거부해놓고 제도의 문제점을 탓한다고 해서 정의로운 영웅이 되진 않는다.

게다가 에피펜 폭리 사태가 터지고 2년이 지난 뒤, 마일란은 오리지널 의약품인 에피펜을 제네릭 의약품, 즉 이미 출시된 약을 동일하게 만드는 복제약으로 분류해 정부에 과도한 비용을 청구했다. 그리고 그 행위로 법무부에서 4억 6,500만 달러의 벌금을 선고받았다. 윌리엄 D. 와인렙William D. Weinreb 국무총리 직무 대행은 다음과 같이 설명했다. "마일란은 메디케이드(저소득층과 장애인을 위한 미국의 공공 의료보험 제도—옮긴이)로 들어갈 비용을 줄

이기 위해 오리지널 의약품인 에피펜을 제네릭으로 분류했다. 납세자의 자금을 받는 마일란과 같은 회사는 양심적으로 법을 준수할 필요가 있다." 아마도 마일란은 윤리적인 행동에 극심한 알레르기가 있는 듯하다.

　그러나 뒤틀린 보상 체계만으로 착한 사람들이 나쁜 짓을 저지르지는 않는다. 만약 비윤리적인 행동의 원인이 잘못된 보상 제도 단 하나라면 그러한 행동에 가담한 사람들은 죄책감에 사로잡혀 밤에 잠도 못 이룰 것이다. 하지만 그들은 자신의 행동을 아주 관대하게 바라보는 듯하다. 특히 브레시는 방어적인 태도로 일관하며 뉘우치는 기색조차 없어 보였다. 윤리적 퇴색 현상을 연구하는 사회과학자들의 주장에 따르면, 이렇게 상대의 신뢰를 저버리는 사람들은 성격이 사악하다기보단 자기기만에 빠진 것이다.

자기기만

인간은 자신의 행동을 합리화하는 능력이 아주 뛰어나며 스스로를 기만하고 자기가 내린 비윤리적인 결정을 정당화한다. 그래서 이성적이고 사리 분별을 잘하는 사람조차 자신의 잘못된 행동이 옳다고 믿기도 한다. 노트르담대학교University of Notre Dame 기업 윤리학 교수 앤 텐브룬셀Ann Tenbrunsel과 노스웨스턴대학교Northwestern University 켈로그경영대학원Kellogg School of Management 조직관리론 교수 데이비드 메식David Messick은 조직의 자기기만 기제를 연구했다. 그들은 사람들이 개인으로서 혹은 단체로서 인지하지도 못한 채 비윤리적인 행위를 할 수 있는 방법 몇 가지를 연구로 밝혀냈다. 그 방식은 불편할 정도로 단순하고 평범했다.

첫째로, 언어 표현에서 자기기만 현상이 발생할 수 있다. 정확히 말하자면 완곡어법을 사용할 때다. 사람들은 보통 불쾌하거나 견디기 어려운 행동을 할 때 그것에 부정적인 영향을 받지 않기 위해 완곡어법을 사용한다. 정치인들은 고문이 국가 가치관에 어긋나는 일이고 비인도적인 행동이라는 사실을 알고 있었다. 그래서 '강도 높은 심문'은 9·11테러 이후 불편함 없이 조국을 지키는 좋은 방법이 되었다.

비즈니스 세계에서도 마찬가지다. 어떤 행동의 영향력을 완화하거나 모호하게 만드는 표현을 일상적으로 사용한다. '제조업계의 관행이 공장 근로자나 환경에 미치는 악영향'이라고 말하지 않고 '외부 효과'라고 표현한다. '사용자 경험을 증진하기 위한 제품의 게임화'라는 말이 '이윤을 극대화하기 위해 사용자가 우리 제품에 중독되게 하는 방법을 개발했습니다'라는 말보다 훨씬 듣기 좋다. 사람들의 행동을 '데이터화' 한다거나 '데이터마이닝 기술을 활용한다'는 말은 사람들이 무엇을 클릭하고, 어디로 이동하고,

어떤 습관이 있는지 추적한다는 것을 순화한 표현이다. '정리 해고' 대신 '인원 감축'이라고 한다거나 온라인 발권 대행사에서 '예매 수수료'를 '서비스료'라고 부르는 경우도 마찬가지다.

이렇듯 표현에 따라 책임감을 경감할 수 있다. 하지만 반대로 표현법으로 인해 더욱 윤리적으로 행동하게 될 수도 있다. 회사에서 있는 그대로 직접적인 표현을 사용한다고 상상해보자. 아마도 더 창의적이고 윤리적인 방법으로 목표를 달성하고자 노력하게 되고, 그 과정에서 더 나은 기업 문화가 형성될 것이다. 이에 관해서는 추후 더 자세하게 설명하겠다.

둘째로, 인과관계 사슬에서 자기 자신을 제외하는 자기기만도 윤리적 퇴색을 불러일으킨다. 비윤리적인 행위를 저질러놓고 '제도'를 탓하던 마일란의 CEO가 여기에 해당된다. 이런 종류의 자기기만이 심화되면, 제품에서 기인한 문제의 책임을 소비자에게 떠넘기기도 한다. 제품이 사회적인 물의를 일으켰을 때 매수자 위험 부담 원칙, 즉 매수자 본인이 물품을 확인할 책임이 있다는 원칙을 내세우는 식이다. 적법한 개념이기는 하지만 '우리 제품이 마음에 들지 않으면 안 사면 되지 않느냐'라고 말하는 셈이다. 문제가 있는 제품에 대해 해당 기업에 책임을 물으면 임원들이 늘 하는 말이다. 물론 소비자의 선택이 중요한 요인이기는 하다. 그러나 기업이 인과관계에서 완전히 배제될 수는 없다. 흡연으로 건강을 망친 사람이 흡연 행위에 스스로 책임져야 하는 것은 사실이지만 그

인과관계에서 담배 회사도 빠질 수 없다.

또한 기업이 법적인 책임을 졌다고 해서 윤리적 책임까지 다했다고 보기는 어렵다. 예를 들면, 기업들은 고객이 거래 약관을 확인했다고 클릭만 하면 뒤에 어떤 일이 일어나도 책임질 필요가 없다고 생각한다. 이는 법적으로는 사실일 수 있으나 윤리적으로는 그렇지 않다. 인스타그램, 스냅챗, 페이스북과 수많은 모바일 게임 회사가 중독성 강한 서비스를 공급하는데, 아직 관련법이 제정되지 않았다는 이유만으로 그들에게 아무런 책임이 없다고 할 수는 없다. 특히 중독성을 알면서도 무한 스크롤(페이스북의 타임라인처럼 스크롤이 특정 위치에 도달하면 자동으로 다음 데이터를 가져오는 기법—옮긴이)이나 '좋아요' 버튼, 혹은 연관 콘텐츠 자동 재생 기능을 도입해 사용자가 더 오랫동안 서비스를 이용하도록 유도하는 경우에 더욱 문제가 된다. 이러한 기업들은 위와 같은 기능을 도입하거나 고객의 개인 정보를 수집하는 이유를 해명할 때 늘 '사용자 경험을 증진하기 위해서'라고 말한다. 기업들의 이러한 행위로 사용자가 실제 일부 이익을 얻을지라도 분명히 대가도 뒤따른다. 발생 가능한 사용자의 손해를 이익과 비교해 따져보고 기업이 사용자의 가치관을 침해하지는 않는지 확인하는 것이 바로 윤리다! 세상에 공짜는 없다.

페이스북의 창립자이자 CEO인 마크 저커버그Mark Zuckerberg는 페이스북을 향해 비판적인 여론이 쏟아지자 정부에 관련법을 강화해달라고 요구하며 2019년 『워싱턴포스트』*The Washington Post*에 다음과 같이 입장을 표했다. "정부와 담당 부처에서 더욱 적극적으로 규제해야 한다. 인터넷 관련법이 재정비되면 인터넷의 장점들을 그대로 지킬 수 있을 것이다." 이는 밀턴 프리드먼이 주장한 기업의 책임같이 페이스북은 법과 '윤리적 관습'이 확실하게 강제해야만 윤리적으로 행동할 수 있다는 말이다. 안타깝게도 이제 기술, 소셜 미디어 같은 분야에서는 윤리를 법으로 정해야 할 때가 된 듯하다. 어쩌다 이 지경까지 왔을까?

텐브룬셀 교수와 메식 교수에 따르면 '미끄러운 경사면의 오류(미끄러운 경사면을 타기 시작하면 순식간에 밑바닥까지 떨어지는 현상—옮긴이)'도 윤리적 퇴색으로 이어지는 자기기만에 해당한다. 윤리 위반 행위가 하나둘씩 용인되면 위반은 더 자주 일어나고 강도도 더욱 심해진다. 그러다 보면 기업 내부에서 윤리 기준이 조금씩 느슨해지기 시작한다. 사람들은 "모두 다 이렇게 하니까 괜찮을 거야"와 같은 생각을 하게 된다.

유한게임에 빠져 있는 리더는 기업이 '미끄러운 경사면' 위에 있다는 사실을 깨닫지 못하거나 알면서도 외면한다. 수익성이 높기 때문이다. 반면 무한게임식 기업에서는 비윤리적인 아이디어가 나오더라도 절대 가까이 가서는 안 될 해로운 발상으로 결론이 난다. 같은 아이디어가 윤리적 퇴색 현상을 겪는 유한게임식 기업에서 논의되면 "정말 훌륭한데요. 왜 진작 이 생각을 못 했을까요?"라는 식의 반응이 나온다. 직원의 신뢰도가 어떻든 성과에만 집중하는 불균형한 보상 체계까지 더해지면 기업의 윤리성은 마치 기름칠이라도 한 듯이 미끄러운 경사면을 타고 바닥까지 치달으며 결국 조직 내에 윤리적 퇴색 현상이 만개하게 된다.

마일란이 에피펜의 가격을 한꺼번에 대폭 인상하지 않고 조금씩 정기적으로 인상한 까닭은 끓는 물 속 개구리처럼 소비자의 충격을 완화하고 사회적 용인을 받기 위해서였다. 하지만 에피펜 폭리 사건은 기업의 윤리적 퇴색을 드러내는 일이기도 했다. 마일란은 짧은 기간 동안 시차를 두고 가격을 인상한 결과 실적이 수직으로 상승했다. 실적 수치가 고공 행진을 하자 마일란의 임원들은 거액의 보너스를 어떻게 쓸지 상상하기 시작했을 것이다. 사익에만 몰두한 그들의 눈에는 가격 인상의 윤리적인 문제는 보이지 않았다. 그래서 그들은 목표치를 더 빨리 달성하고자 가격 인상률을 더욱 높였다. 약물 중독자가 참지 못하고 또다시 약물을 주사하는 행태와 비슷했다.

마일란과 웰스파고에서 일어난 일은 윤리적 퇴색의 극단적인 사례다. 어떻게 기업에서 윤리적 퇴색이 작용하는지 여실히 보여줬다. 하지만 이렇게 심각한 사건이 발생하지 않았다고 해도 방심해서는 안 된다. 사기 행각이나 스캔들이 공개되지 않았다고 해서 문제가 없다고는 할 수 없다. 사실 자세히 살펴보면 여러 기업에서 윤리적 퇴색의 징조가 눈에 띈다. 예를 들면 세금 부담을 줄이기 위해 회계 장부를 조작한다. 혹은 제품을 구매한 고객에게 판매 보조금 명목으로 일정 금액을 되돌려준다고 선전한 뒤 환급 신청 과정을 의도적으로 복잡하게 만든다. 상자에서 바코드를 잘라내고, 신청서를 작성하고, 영수증을 첨부해서 우편으로 보내는 등의 복잡한 과정을 요구하면 대부분 사람들이 귀찮아서 환급받기를 포기하는데 그것을 노린 전략이다. 식음료 회사에서 제품의 영양 성분을 강조하면서 건강에 해로운 성분은 숨긴다거나, 설탕 함유량이나 열량을 적게 보이려고 1회 제공량을 터무니없게 설정하는 행위도 윤리적 퇴색의 예다. 열거한 예시들 모두 불법은 아니다. 하지만 불편한 감정을 불러일으킨다. 이러한 행동이 하나둘 사회적으로 용인되면 결국 '표준 관행'이나 '업계 기준'이 된다.

윤리적 퇴색은 자기기만 행위에서 나온다. 윤리 의식 수준과 관계없이 모든 사람이 윤리적 퇴색에 빠질 수 있다. 기업을 비윤리적으로 경영하고 그로 인해 두둑한 보상을 받은 리더들은 자기에게 아무런 잘못이 없다고 생각한다. 스스로 아무 문제가 없다고 생각하는 사람의 비윤리적인 행동을 막으려면 어떻게 해야 할까? 마일란이나 웰스파고는 대중적으로 스캔들이 터지며 문제가 드러났다. 하지만 대중의 관심이 문제를 해결하지는 못한다. 게다가 대부분 기업에서는 이렇게 추한 진실을 드러내는 큰 사건이 일어나지도 않는다. 윤리적 퇴색을 막지 않으면 시간이 흐른 뒤 무언가 망가질 가능성이 매우 크다. 그때엔 지금 바로 윤리적 퇴색을 막는 비용보다 훨씬 큰 비용을 기업과 직원, 고객, 투자자가 부담하게 될 것이다.

팀 슬론은 웰스파고의 새 CEO로 부임하며 경영진이 문제의 전체적인 양상과 심각성을 너무 늦게 깨달았다고 인정했다. 그리고 다시는 이런 일이 일어나지 않게 하겠다고 말했다. 이렇게 약속하기는 쉽지만 그 약속을 지키기란 쉽지 않다. 윤리적 퇴색이 익숙해진 곳을 정상으로 되돌리기는 극도로 어렵다. 리더가 앞장서서 기업 문화에 만연한 유한게임 사고방식을 완전히 바꾸지 않으면 윤리 의식 회복은 거의 불가능하다. 유한게임식 리더라면 윤리적으로 퇴색된 기업 문화를 바꾸기 위해 무엇을 할 것 같은가? 그렇다. 그들은 유한게임식 대책을 세운다. 그리고 그러한 대책은 아무런 소용이 없다.

업무 절차가 리더십을 대신할 수 있을까

나는 예전에 큰 광고 회사에서 일했다. 입사한 지 1년이 지났을 때 갑자기 이제부터 근무시간 기록부를 작성하라는 명령이 내려왔다. 로펌에서 일하는 변호사라면 의뢰인에게 시간당 상담 비용을 청구하기 위해 이런 서류를 작성하겠지만 당시 내가 일하던 회사의 근무시간 기록부는 단지 회사 내부 확인용이었다. 사실 이걸

8장 은밀하게 조직을 망치는 생각들

왜 써야 하는지 아무도 몰랐다. 그냥 위에서 시킨 일이었다.

나는 몇 개월 동안 근무시간 기록부를 쓰지 않고 버텼다. 회사에서 내가 업무 시간을 어떻게 쓰고 있는지 궁금해한다고 해도 내가 할당받은 고객사 한 곳 업무를 처리하는 데 업무 시간의 100퍼센트를 사용한다는 보고는 아무런 의미가 없다고 생각했기 때문이다. 그러다 근무시간 기록부를 제출하지 않는다고 혼났다. 그 뒤로는 매월 말에 한 달 치 근무시간 기록부를 한꺼번에 몰아서 작성했다. 매일 오전 9시 30분에 출근했다가 오후 5시 30분에 퇴근했다고 다 똑같이 썼다. 사실 더 일찍 나오고 더 늦게까지 일할 때가 많았지만 어떻게 작성하든 무슨 상관이 있겠는가. 근무시간 기록부를 다 쓰고 나면 상사에게 가져가 사인을 받았다. 상사는 내 기록부를 훑어보며 비꼬듯이 이렇게 말하고는 사인했다. "아주 한결같은 직원일세. 그렇지 않나?"

회계 부서에서 무슨 문제가 발생하는 바람에 직원들에게 근무시간 기록부를 쓰게 했다고 추측해본다. 어느 고객사가 과다한 요금을 청구받고는 회사로 찾아와 실제로 담당 직원이 자기 일에 이만한 시간을 썼는지 증거를 대라고 한 듯하다. 회계 관련 문제를 해결하기 위해 회사 전체에 새로운 절차를 만든 것이다. 레너드 웡Leonard Wong 박사는 이러한 해결 방법을 '게으른 리더십Lazy Leadership'이라고 명명했다.

문제가 발발하거나, 실적이 주춤하거나, 실수가 나오거나, 비윤리적인 행위가 드러날 때 게으른 리더십을 펼치는 리더, 즉 '게으른 리더'는 직원을 위한 지원책을 마련하지 않고 새로운 업무 절차를 만든다. 업무 절차는 객관적이므로 믿을 만하다 여기기 때문이다. 보통 직원보다 절차를 신뢰하기가 쉽다고 생각한다. 웡 박사는 이렇게 설명한다. "새로운 절차를 따르게 하면 항상 원하는 결과가 나오게 만들 수 있다. 절차를 정하는 순간 기업의 신호등에는 파란불이 들어온다. 하지만 그 결과가 진실이 아닐 수 있다." 리더가 상황을 올바르게 판단하지 않고 절차만 만든다면 윤리적 퇴색은 멈추지 않는다. 이는 도덕적, 윤리적 기준이 높은 조직에서도 마찬가지다.

군인들은 자신이 평균적으로 일반 대중보다 정직하고 도덕성이 높다고 생각한다. 대중도 그렇게 생각한다. 하지만 꼭 그렇지만은 않다. 미 육군 장교 출신으로 현재 미육군대학원U.S. Army War College 교수로 재직 중인 레너드 웡 박사와 그의 연구 파트너 스티븐 제라스Stephen Gerras 박사는 공동 집필한 논문 「자신을 향한 거짓말: 직업 군인의 부정직성」Lying to Ourselves: Dishonesty in the Army Profession에서 군대의 업무 처리 절차가 복잡하고 임무가 과도한 탓에 군대에 전체적으로 윤리적 퇴색 현상이 나타나고 있다고 설명했다. 군인들에게 요구되는 임무 중에는 수행이 아예 불가능한 일도 있었다. 예를 들면 현실적으로 불가능한 훈련 일수를 채우라는 명령이 내려지기도 했다.

기업과 마찬가지로 군대에서도 임무를 완수해야 한다는 압력
은 위에서 아래로 향한다. 하지만 군에서는 하부에서 상부로 전해
지는 압박도 상당하다. 군인들은 무엇이든 잘할 수 있는 사람으로
비춰지기 위해 노력한다. 주어진 임무에 실패하면 지휘관으로서
이미지가 실추되고 비난받으며 진급에 부정적인 영향을 받을 수
도 있다. 반면 거짓으로 보고서를 제출하면 일이 원활하게 돌아가
며 경력에도 도움이 된다. 거짓말에 대한 대가보다 정직한 행동에
뒤따르는 피해가 더 클 때도 있기 때문에 할당된 임무를 완수하기
위해선 거짓말이나 부정행위를 해야만 할 것 같은 모순적인 상황
에 놓인다.

결과적으로 군인들은 자신들에게 요구된 조건을 채우기 위해
비윤리적인 행동을 하면서도 자신의 윤리 의식은 여전히 높다고
느낄 창의적인 타협점을 찾아야 했다. 웡과 제라스는 그 예로 아
프가니스탄이나 이라크에 파병되는 군인들이 파병 직전에 받아야
하는 최후 훈련에 관해 이야기했다. 이 훈련은 컴퓨터로 이뤄졌으
므로 군인들은 본인 확인을 위해 신분증을 기계에 삽입해야 했다.
그런데 한 장교가 고백한 바에 따르면, 분대원 9명 중 가장 똑똑한
사람에게 신분증을 주고 모두의 시험을 대신 보게 했다고 한다.
그렇게 해서 모든 분대원이 훈련 인증서를 받았다.

군인들은 이러한 행동을 부정행위라고 생각하지 않고 클릭만
몇 번 하면 되는 일, 요식적인 절차 혹은 그냥 위에서 하라고 시킨

일쯤으로 여겼다. 이러한 행동을 전혀 비윤리적으로 바라보지 않는 사람들도 있다. 내가 근무시간 기록부를 사소하게 여겼듯이 너무나 자질구레한 일이라 윤리적 기준을 적용할 필요도 없다고 느끼는 것이다. 마치 약속을 취소하면서 상대방에게 "집에 일이 생겨서 오늘 만나기 어렵겠다"라고 거짓말하는 상황과 같다. 사실 집에는 아무 일도 생기지 않았지만 상대의 감정을 상하게 하고 싶지 않을 뿐이다. 거짓말이기는 하지만 '선의의 거짓말'이고 중대한 일도 아니므로 자신이 정직한 사람이라는 사실은 변하지 않는다고 생각한다.

하지만 이런 사소한 윤리 위반이 조직 내에 만연해지면 윤리적 퇴색의 징조가 된다. 이미 설명한 바와 같이 윤리적 퇴색이란 비윤리적인 행동을 하면서도 자신이 윤리적이고 도덕적인 사람이라고 믿는 현상이다. 기업에서와 마찬가지로 군대에서도 이런 작은 위반 행위들이 대중의 손가락질을 받는 큰 사태로 확정된다면 군인들은 실제로 처벌받을 수도 있다. (물론 이 사태를 겪고도 군대에서는 재발을 방지하기 위해 또다른 온라인 강의를 개설할 수도 있다.)

여기서 엄청난 역설이 하나 등장한다. 유한게임 사고방식으로 빚어진 윤리적 퇴색 현상을 타개하기 위해 유한게임식 해결책을 적용하면 윤리적 퇴색 현상은 더욱 심화된다. 조직 문화를 개선하기 위해 업무 구조를 복잡하게 만들고 절차를 강화하면 보통 부정행위가 더욱 만연해지며 작은 거짓말은 큰 거짓말이 된다. 그리고

8장 은밀하게 조직을 망치는 생각들

비윤리적인 행위가 정상으로 여겨지기 시작한다.

'게으른 리더'는 나쁜 리더 혹은 나쁜 사람을 완곡하게 돌려 말한 표현이 아니다. 이는 운동을 하지 않는 사람이 나쁜 사람은 아닌 것과 같다. 게으른 리더도 정말 좋은 의도로 비즈니스 의사 결정을 내리는 경우가 많다. 군 지도부를 비롯해 대기업의 리더들은 추가적인 훈련 혹은 교육 등을 지시하며 그것이 진정으로 도움이 되리라 믿고 있을 수 있다. 하지만 리더들 스스로는 그런 훈련이나 교육을 거의 받지 않기 때문에 아마 그들이 해결책이라고 내놓은 방책이 어떤 문제를 야기하는지 인식하지 못할 것이다. 하지만 그들이 조직 내 위선이나 수단의 목적화 혹은 과도한 관료주의를 직접 경험하거나 그에 관해 알고 있다고 하더라도 상황은 나아지지 않는다. 내가 광고 회사에서 만났던 상사와 같이 잘못된 행위에 가담할 뿐이다. 그리고 그들도 자신을 합리화하고 자기기만을 저지를 확률이 높다. 그러면서 '미끄러운 경사면'의 기울기는 더욱 커진다.

군대같이 윤리 의식을 중요하게 여기는 곳에서도 윤리적 퇴색이 일어난다면 그것은 어디서나 일어날 가능성이 있다는 의미이고, 이런 현상은 실제로 많은 곳에서 발생하고 있다. 주변의 기업과 각종 단체에서 윤리적 퇴색이 얼마나 흔한지 이루 말할 수 없을 지경이다. 하지만 업무 구조를 바꾼다고 윤리적 퇴색이 개선되지는 않는다. 정형화된 업무 절차가 있으면 가맹점을 관리하는 데 매우 효과적이다. 제조 효율을 높이는 데도 도움이 된다. 하지만 윤리적 퇴색은 사람 문제다. 이상하게 들리겠지만 사람 문제를 해결하기 위해서는 서류 작업, 훈련, 인증서가 아니라 사람이 필요하다.

윤리적 퇴색을 없애는 혹은 예방하는 최고의 해결책은 무한게임 사고방식이다. 리더는 따르는 사람들에게 대의명분을 심어주고 신뢰하는 팀의 일원으로서 그 목적을 따를 기회를 제공해야 한다. 그러면 목표를 성취하고자 노력하는 중에도 윤리 의식을 지키는 문화가 형성되며 구성원들은 기업의 행위가 사회에 어떤 영향을 미칠지 고려하게 된다. 누가 시켜서도, 윤리성을 점검하는 체크리스트가 있어서도, '윤리적인 행동'이라는 사내 온라인 강좌를 들어서도 아니다. 윤리적 행동이 당연하기 때문에 그렇게 한다. 대의명분에 어긋나는 일을 하고 싶지 않기 때문에 윤리적으로 행동한다. 신뢰하는 팀의 일원은 다른 팀원들을 실망시키지 않으려고 노력한다. 자기 개인적인 야망만이 아니라 회사 전체의 평판이나 소속 부서의 활동에 대해서도 책임감을 느낀다. 서로 진정으로 아껴주는 팀에 속했을 때 옳은 일을 하고 싶은 열망을 느끼며 리더에게 자랑스러운 직원이 되고 싶어 한다. 그렇게 윤리 의식이 자연스럽게 높아진다.

사람은 사회적 동물이라서 처한 환경에 따라 다르게 행동한다. 아무리 착한 사람이라도 윤리적 퇴색이 만연한 환경에 놓이면 비

8장 은밀하게 조직을 망치는 생각들

윤리적으로 행동하기 쉽다. 마찬가지로 과거에 비윤리적으로 일했던 사람이라도 윤리 기준이 높고 건전한 팀에 들어가면 팀의 표준에 맞게 행동하게 된다. 앞서 설명한 바와 같이 리더의 정의는 결과에 책임지는 사람이 아니라 결과에 책임 있는 사람들을 책임지는 사람이다. 리더는 구성원에게 끊임없이 주의를 기울여야 하는 자리다. 작은 것들이라도 쌓이면 큰 문제가 되기 때문이다.

무한게임식 리더는 윤리적 퇴색이 일어나지 않는 건강한 기업 문화를 만들려면 인내와 노력이 필요하다는 점을 잘 안다. 대의명분 실현을 위해 헌신해야 하고 자원보다는 의지력에 집중해야 하며 사람들 사이의 신뢰도를 높여야 한다. 모든 항목을 실천한다 해도 효과가 나타나기까지 회사의 크기에 따라 1분기 혹은 1년 이상 걸릴 수도 있다. 올바른 윤리 기준이 정립됐다 (혹은 재정립됐다) 하더라도 경계를 늦춰서는 안 된다. 윤리적 퇴색이 자기기만 행위에서 기인한다면, 임직원들이 완벽하게 정직하고 끊임없이 자신을 객관적으로 평가해야만 윤리 의식을 유지할 수 있다. 윤리적으로 실수는 할 수 있으며 이는 인간이라면 당연한 일이기도 하다. 그러나 윤리적 퇴색은 어쩔 수 없는 인간성의 일부가 아니다. 윤리적 퇴색 현상은 리더의 잘못으로 일어나며 기업 문화 안에서 충분히 조정할 수 있다. 이를 뒤집어보면, 윤리 의식이 강한 기업 문화 역시 리더가 만든다.

윤리적인 행위가 기본일 때의 모습

2011년 11월 25일 아웃도어 의류 업체 파타고니아Patagonia는『뉴욕타임스』에 "이 재킷을 사지 마세요"라는 표제로 전면광고를 실었다. 이 표제만 보면 평범한 사람들은 살 수 없는 고가 브랜드 선전처럼 느껴질 수도 있다. 하지만 광고를 자세히 들여다보면 파타고니아의 문화를 알 수 있으며 왜 이렇게 광고했는지도 깨닫게 된다.

이 광고의 본문에는 다른 기업이라면 상상도 못 할 이야기가 나온다. 파타고니아는 담백한 어투로 베스트셀러 제품인 R2 플리스를 생산하는 데 환경 비용이 얼마나 드는지 설명한다. 다음은 광고문의 일부다.

"이 재킷을 하나 만들려면 물 135리터가 필요합니다. 하루 물 섭취 권장량을 3리터라고 했을 때 45명이 마실 수 있는 하루치의 양입니다. 이 재킷은 재생 폴리에스터 60퍼센트로 만들어졌는데 이 소재를 생산지에서 르노 물류 센터까지 운반하는 데 이산화탄소가 약 9킬로그램 배출됩니다. 이는 완제품 무게의 24배에 달합니다. 운반 과정에서는 완제품 무게의 약 3분의 2정도에 달하는 폐기물이 나옵니다."

이 광고문은 다음과 같은 말로 끝난다. "우리가 해야 할 일은 아직

8장 은밀하게 조직을 망치는 생각들

너무나 많습니다. 필요 없는 물건은 사지 마세요. 사기 전에 다시 한번 생각하세요. 자연이 스스로 재생할 수 있을 만큼만 자원을 사용하는 데 동참해주세요."

파타고니아의 창립자 이본 쉬나드Yvon Chouinard는 이렇게 말했다. "죄책감을 느껴서 그런 광고를 냈습니다. 우리 모두 소비를 줄여야 합니다." 보통 회사들은 비윤리적인 행위를 저지르고도 듣기 좋은 언어로 포장하면서 책임을 회피하거나 사건을 무마한다. 하지만 파타고니아는 인과관계 사슬에 깊은 책임감을 느끼며 '미끄러운 경사면'을 만들 소지가 있는 예외나 변명은 일절 허용하지 않는다. 그들은 자신의 영업 행위가 세상에 어떤 긍정적인 영향과 부정적인 영향을 미치는지 정확히 알고 있으며 그것을 무자비할 정도로 정직하게 대중에게 공개한다. 무한게임에서 생존하고 번영하려면 그 정도로 정직해야 한다는 사실을 알기 때문이다. 또한 그들은 사회 체제의 희생자인 척하지 않고 자신도 체제의 일부임을 인정하며 그 체제를 바꾸기 위해 할 수 있는 일을 한다. 마일란이 에피펜의 가격을 500퍼센트나 인상해 치명적인 알레르기를 앓고 있는 사람들을 부당하게 착취한 사실을 인정하며 제약업계의 비윤리적인 관행을 비판하기 위해서 그랬다고 신문에 광고를 낼수 있었을까? 상상조차 되지 않는다.

윤리적 퇴색 스캔들이 터진 뒤 경위를 조사해보면 거의 항상 실패한 리더십이 드러난다. 마일란이나 웰스파고와 기업 문화가 비숫한 기업들은 어떤 형태로든 윤리적 퇴색이 퍼질 수밖에 없다. 그런 기업의 리더들은 밀턴 프리드먼처럼 좋은 실적이 가장 큰 목표라고 믿는다. 기업 실적이 잘 나와야 성과급도 많이 받기 때문에 그 믿음은 더욱 굳건해진다. 결과적으로 그들은 대의명분이 존재하더라도 모두 제쳐두고 단기적인 재무 성과를 최우선으로 여기게 된다. 의지력보다 자원에 초점을 맞춘 채 성과를 극대화하기에만 적합한 기업 문화를 형성한다. 파타고니아는 다른 무한게임식 기업과 마찬가지로 대의명분에 맞게 우선순위를 정한다. 대의명분이 먼저고 구체적으로 어떤 행동을 할지는 대의명분에 따라정한다. 올해 수익이 얼마나 날지보다 중요한 게 많다. 파타고니아의 인사 총괄 책임자 딘 카터Dean Carter는 이렇게 말했다. "우리는 앞으로 100년은 더 영업하고자 합니다. 그러므로 장기적인 결과를 생각합니다." 무한게임 방식으로 운영되는 파타고니아의 목표는 다른 기업을 이기는 것이 아니다. 그들은 "고품질의 제품을생산하는 동시에 환경 피해를 최소화하며, 환경 파괴를 막을 대책을 세우고 시행하는 수단으로써 기업을 경영한다"라는 미래 비전을 품고 있다.

파타고니아가 결코 완벽한 회사는 아니다. 실수하기도 하고 윤리적 판단 오류를 범하는 직원들도 있다. 파타고니아는 이러한 사실을 인지하고 있으며 대의명분 추구는 부단히 자신을 개선하는 여정이라고 생각하고 있다. 수많은 회사에서 말하는 '끊임없는 자

8장 은밀하게 조직을 망치는 생각들

기 개선'이란 업무 절차를 개량하고 효율을 높인다는 뜻의 문구다. 반면 파타고니아와 같은 무한게임식 기업에서는 기업 문화와 가치 기준을 포함한 모든 측면이 지속적으로 발전한다는 의미로 쓰인다. 이것이 바로 윤리 기준을 높게 유지하는 비결이다. 파타고니아는 최고가 되고자 하지 않는다. 최선을 다하고자 한다.

파타고니아의 광고 문구가 모든 사람에게 감응을 주진 못했겠지만 "이 재킷을 사지 마세요" 캠페인은 일회성 상술이 아니었다. 이는 책임감을 지니고 끝없이 앞으로 나아가고자 하는 파타고니아의 끈질긴 노력을 보여주는 대표적인 사례였다. 파타고니아의 웹사이트에는 다음과 같이 적혀 있다.

"파타고니아는 성장하고 있으며 앞으로도 오랫동안 좋은 비즈니스를 계속해나가고 싶습니다. 저희가 정직한 기업인지 위선적인 기업인지 판단하는 기준은 저희의 모든 제품이 유용한지, 다기능성을 갖췄는지, 내구성이 뛰어난지, 디자인이 멋스러우면서도 유행을 타지 않는지 여부입니다. 저희는 아직 이 기준을 다 충족하는 수준에는 도달하지 못했습니다."

파타고니아는 모든 제품이 이러한 조건을 만족하지는 못한다는 사실을 인정한다. 그러면서 "함께해요 캠페인Common Threads Initiative"을 소개한다. 파타고니아는 이 캠페인을 통해 자신들의 대의명분에 한 발짝 가까이 가고자 했다. 캠페인에는 고객과의 네 가지 약속이 있다. 첫째, 내구성이 뛰어난 옷을 만들어 고객이 옷을 자주 교체할 필요 없이 오래 입을 수 있도록 한다. (이렇게 하면 쓰레기를 줄일 수 있다.) 둘째, 고객이 옷을 버리지 않도록 수선 서비스를 무상으로 제공한다. (이렇게 하면 쓰레기를 줄일 수 있다.) 셋째, 고객끼리 중고 제품을 사거나 팔며 옷을 재사용할 수 있도록 이베이와 협력 관계를 맺어 중고 거래를 활성화한다. (이렇게 하면 쓰레기를 줄일 수 있다.) 넷째, 제품이 마침내 수명을 다하면 그냥 버리지 않고 파타고니아에서 수거해 소재를 재활용한다. (이렇게 하면 쓰레기를 줄일 수 있다.)

어떤 회사들은 실적을 올리고자 각종 규제와 법을 빠져나갈 구멍 찾기에 애쓰지만 파타고니아는 기업의 가치와 신념을 유지하기 위해 공공연한 구멍도 막고 있다. 예를 들어 파타고니아는 지난 10년간 비영리 민간단체 베리테Verité와 협동하여 파타고니아의 제품을 생산하는 1차 협력 업체 공장 내의 노동 착취 실태를 공개하고 이를 바로잡았다. 공급망 전반에 걸쳐 사회적 책임을 다하고자 2011년에는 내부 감사 제도를 도입했다. 이 감사를 통해 원단과 기타 원료를 생산하는 2차 협력 업체 내 인신매매와 착취 등의 인권 침해 사례를 다수 적발했다. 파타고니아가 2차 협력 업체의 상황까지 조사하고 심지어 개선했다는 점은 정말 놀랍다.

시사 잡지 『애틀랜틱』The Atlantic의 에디터 질리언 화이트Gillian

White는 기사에 이렇게 썼다. "해외 공장을 감사하고 기업이 사회적 책임을 다하도록 장려하는 공정노동협회Fair Labor Association 조차도 자회사와 1차 협력 업체 관련 보고만 요구한다. 자회사나 1차 협력 업체쯤은 돼야 인신매매가 일어나도 적발하고 조치를 취하기 용이한 가까운 관계라고 보는 것이다." 강제 노동을 뿌리 뽑는 일은 시간과 자원이 많이 들어가는 어렵고도 복잡한 과제다. 대부분 회사들은 사회적으로 망신당하거나 법적 문제에 휘말리지 않으면 굳이 강제 노동 문제에 발 벗고 나서지 않는다. 하지만 파타고니아는 자발적으로 이 과제를 해결하기 위해 자원을 투자하고 노력을 기울였다. 그들은 이 문제를 완벽히 해결할 수는 없다는 사실을 알지만 노력을 멈추지 않을 것이다. 이것이 바로 끊임없는 자기 개선이고 윤리적인 행동이기 때문이다. 이는 대의명분의 조건이기도 하다. 꿈꾸는 이상이 완벽하게 실현될 날은 영원히 오지 않겠지만 끝까지 노력한다. 이러한 대의명분이 있으면 사람들은 직장에서 맡은 업무에 의미와 목적을 부여할 수 있고 선한 싸움을 지속할 힘이 생긴다.

유한게임식 기업이라면 이와 같은 경영 방식은 비용이 너무 많이 들고 수익을 낮추며 고객을 잃고 기업 평판을 악화시킬 거라고 우려할 것이다. (오늘날에는 자기 잘못을 적극적으로 인정하는 기업이 거의 없다.) 하지만 파타고니아는 이런 걱정 대신 일반적인 흐름을 거스르길 두려워하지 않으며 위험을 기꺼이 감수한다. 파타고니아는 비상장 기업이므로 다른 기업보다 유리한 여건을 갖추고 있다. 그들도 그 사실을 인정한다. 딘 카터는 이렇게 이야기했다. "상장 기업이라면 재무 성과에만 주목하는 투자자들 때문에 분기마다 수익을 내야 한다는 압박감이 상당하다. 반면 우리의 주된 관심사는 세상에 더 큰 영향력을 주는 것이므로 비상장된 상태는 많은 도움이 된다."

파타고니아는 이해관계자 자본주의를 실천하는 회사에게만 주는 비콥 인증을 받았다. 그렇다고 이 회사가 자선단체라는 뜻은 아니다. 매년 수익이 늘어나기를 바라는 엄연한 영리 조직이다. 하지만 파타고니아는 자사가 돈을 벌기 위해서만 존재한다고 생각하지 않는다. 다른 훌륭한 무한게임식 기업들처럼 그들 역시 돈은 대의명분을 진전시키기 위한 수단이라고 생각한다. 비콥 인증을 받기 위해서는 지역사회와 환경 분야에 기여하고자 하는 뚜렷한 가치관이 있어야 하며 그 가치관에 따라 직원, 고객, 협력 업체, 지역사회에 책임을 다하고 투자자의 재무 구조 건전성도 고려해야 한다. 파타고니아는 그들이 성공하면 할수록 핵심 가치를 더 많이 실현하고 세상에 더욱 긍정적인 영향을 미치리라는 사실을 안다. 또한 계속해서 대의명분을 따르며 윤리적 퇴색을 방지한다면 같은 비전과 가치관을 품은 사람들을 불러 모아 이끌 수 있으며, 결과적으로 오랫동안 번영하는 기업이 되리라는 사실도 안다.

윤리적인 행동이란 단기적으로 가장 효과 있는 행동이 아니라

'옳은 행동'을 의미한다. 근시안적인 시각으로 기업을 경영하며 윤리 준수를 등한시하면 기업은 서서히 힘을 잃는다. 반면 옳은 행동을 하는 기업은 서서히 힘을 얻는다. 파타고니아는 바른 행동을 하기 위해 최선을 다하고 수익보다 사람과 지구를 우선하여 직원과 고객 모두의 열렬한 충성심을 얻었다. 윤리적인 경영을 펼치고 시장의 신뢰를 얻은 덕분에 업계에서 손꼽히는 수준의 성공을 거뒀고 가장 혁신적이면서도 수익을 많이 내는 기업이 됐다. 파타고니아는 지난 10년간 매출이 4배나 증가했고 수익은 3배 늘었다. 파타고니아의 CEO인 로즈 마카리오Rose Marcario는 이렇게 정리했다. "지구를 되살리는 일을 했고 이를 통해 새로운 시장을 발견했으며 수익도 증가했다." (수익 이야기가 먼저 나오는지 아닌지 살펴보라.)

파타고니아의 환경보호 담당 부사장 릭 리지웨이Rick Ridgeway는 이렇게 말한다. "사람들이 저희 옷을 선택하여 더 책임감 있는 인생을 살도록 하고 싶고, 앞으로도 그런 옷을 생산할 예정입니다. 옷 선택에 책임감을 느끼지 않는 사람이 아직 많기에 저희는 성장해야만 하죠." 그는 여기서 멈추지 않고 다음과 같이 인정했다. "물론 어느 시점부터는 저희가 더 성장하면 해결책보다 문제점이 더 많이 발생하리라는 사실도 알고 있습니다." 이러한 상황이 닥쳤을 때 파타고니아가 어떻게 헤쳐나갈지는 유심히 지켜봐야 하겠다. 하지만 이 문제를 인지하며 공개적으로 이야기하는 모습만 봐도 그들의 윤리 의식 수준이 얼마나 높은지 알 수 있다.

파타고니아는 무한게임식으로 경영하여 윤리적 퇴색에 강력히 저항하는 기업을 세웠을 뿐 아니라 윤리 경영의 새로운 기준을 시장에 선보였다. 이는 그들이 의도한 바다. 파타고니아의 COO 더그 프리먼Doug Freeman은 이렇게 말한다. "저희가 성공한 모습을 세상에 보여준다면 비즈니스가 어떻게 다르게 운영될 수 있는지 제시해주는 좋은 예가 되리라 생각합니다." 파타고니아는 자기 이익만을 위해 움직이지 않는다. 게임 전체에 이익이 되는 방향으로 움직인다. 그리고 효과가 나타나고 있다. 이제 다른 기업들도 파타고니아의 선례를 따르고 있다.

9장

그들은 해군이고 우리는 해적이다

나는 그의 이름을 듣기만 해도 불편한 감정이 올라왔다. 누군가 그를 칭찬하는 소리를 들으면 가슴 속에서 질투심이 솟구쳤다. 그는 좋은 사람이고 멋진 남자다. 나는 그의 업적이 정말 빼어나다고 생각하고 그는 업무상 이유로 나를 만날 때마다 나에게 늘 잘해줬다. 우리는 비슷한 일을 한다. 둘 다 책을 쓰고 자신의 세계관을 주제로 강의한다. 비슷한 일을 하는 사람은 많고 많지만 나는 왠지 모르게 그에게만 집착했다. 그를 능가하고 싶었다. 정기적으로 온라인 서점에 들어가 내가 쓴 책과 그가 쓴 책의 판매 순위를 확인했다. 다른 사람 책은 신경도 쓰지 않았다. 오로지 그의 책만 살폈다. 내 책의 순위가 더 높으면 득의양양한 미소가 절로 지어졌고 우월감이 들었다. 그가 집필한 책의 순위가 더 높으면 인상이 확 찌푸려졌고 배알이 뒤틀렸다. 그는 내 주 경쟁 상대였고 나는 그를 이기고 싶었다.

그러던 어느 날이었다.

그와 어떤 행사에서 함께 무대에 오를 일이 생겼다. 전에도 같은 행사에 둘 다 강연자로 초빙된 적은 있었지만 동시에 한 무대에 오르기는 처음이었다. 전에는 행사 첫날에 내가 강연하고 둘째 날에 그가 강연하는 식이었다. 하지만 이번에는 옆자리에 나란히 앉아 인터뷰하게 됐다. 인터뷰 진행자는 '재미'를 위해 각자 자신이 아니라 상대방을 소개하도록 했다. 내가 먼저였다.

나는 그를 한 번 보고, 청중을 한 번 보고, 다시 그를 바라보며 이렇게 말했다. "당신 때문에 저는 엄청나게 불안합니다. 이분은 제가 애써도 못하는 것들을 아주 훌륭하게 해내거든요." 청중은 웃었다. 그는 나를 쳐다보며 이렇게 대답했다. "같은 불안을 느끼고 있네요." 그 역시 내가 두각을 나타내는 분야가 자신의 약점이며 그쪽 능력을 더 키우고 싶다고 말했다.

그 순간, 그동안 그에게 왜 그토록 경쟁심을 느꼈는지 깨달았다. 그와는 아무 상관도 없었다. 나 자신이 문제였다. 그의 이름이 언급되면 내가 고전하고 있는 영역들이 떠올랐던 것이다. 그 약점을 극복하거나 내 강점을 극대화하며 자기 계발을 하기보다 그저 그를 이기려고 노력하는 게 더 편리했다. 그게 경쟁의 본질이지 않은가? 경쟁이란 이기려고 애쓰는 행위다. 문제는 누가 더 잘

났고 누가 더 못났는지 판단하는 기준을 모두 내가 임의로 설정했다는 점이다. 게다가 이 경쟁에는 결승선이 없다. 그러니까 나는 이긴다는 개념 자체가 없는 게임에서 기를 쓰고 이기려고 했었다. 전형적인 유한게임 사고방식이다. 나와 비슷한 일을 하지만 그는 내 경쟁 상대가 아니다. 그는 나의 선의의 라이벌이다.

한 번이라도 게임이나 스포츠 경기에 참가해보거나 그것을 관람해본 사람이라면 한 선수 혹은 한 팀이 상대를 이기고 타이틀이나 상을 받는 유한게임 개념이 익숙할 것이다. 사실 사람들은 대부분 유한게임이든 무한게임이든 어떤 게임에 참여할 때 다른 참여자를 보며 자동으로 '우리 편'과 '상대편'으로 나누는 사고방식이 뿌리 깊게 박혀 있다. 하지만 무한게임에 참여할 때는 다른 참여자를 단순히 싸워 이길 경쟁 상대라고 생각하지 말고 자기 자신이 더 발전하도록 도와주는 선의의 라이벌이라고 인식해야 한다.

선의의 라이벌은 같은 게임에서 나와 견줄 만한 다른 참여자를 뜻한다. 선의의 라이벌은 동종 업계의 타사일 수도 있고 아예 다른 업종에 속해 있을 수도 있다. 철천지원수일 수도 있고 협력자나 동료일 수도 있다. 자신이 무한게임식으로 플레이하기만 한다면, 선의의 라이벌이 플레이를 유한게임식으로 하는지 무한게임식으로 하는지조차 상관없다. 그들이 누구인지 그들을 어떻게 찾았는지도 중요하지 않다. 핵심은 그들이 어떤 일을 (혹은 많은 일을) 자신과 비슷한 수준으로 하거나 자기보다 더 잘해야 한다는 것이다. 예

9장 그들은 해군이고 우리는 해적이다

를 들면 더 나은 제품을 생산하거나 충성심을 더 잘 끌어내거나 목적의식이 더 뚜렷한 기업을 찾아 그들을 선의의 라이벌로 삼을 수 있다. 그들의 모든 점을 동경하지 않아도 되고, 그들과 의견이 같을 필요도, 심지어 그들을 좋아할 필요도 없다. 단지 그들에게 배울 수 있는 장점이나 능력이 한두 가지 있다고 인정만 하면 된다.

선의의 라이벌은 직접 선택할 수 있는데 이때 전략적으로 상대를 골라야 한다. 단순히 우월감을 느끼기 위해 자기보다 못한 상대를 고르면 의미가 없다. 성장하는 데 아무런 도움이 되지 않기 때문이다. 게임에서 가장 강력하거나 특별히 유명하거나 권위 있는 상대일 필요는 없다. 스스로의 약점을 깨닫게 해주고 끊임없이 발전하도록 자극해주는 상대면 된다. 게임을 계속해나가는 강력한 플레이어가 되려면 그러한 자기 계발의 과정이 꼭 필요하다.

1970년대 중반부터 1980년대까지 크리스 에버트 로이드Chris Evert Lloyd와 마르티나 나브라틸로바Martina Navratilova는 여성 테니스계의 대표적인 선수였다. 코트에서 만났을 때는 경쟁자로서 상대를 이기려고 최선을 다했지만 서로를 존경했고, 그 존경심을 바탕으로 둘 다 더 뛰어난 테니스 선수가 될 수 있었다. 로이드는 나브라틸로바를 칭찬하며 이렇게 말했다. "나브라틸로바가 라이벌이었던 덕분에 더 좋은 경기를 할 수 있었어요. 그녀에게 감사하게 생각합니다. 그녀 역시 저에 대해 이렇게 느낄 거라 생각해요." 로이드는 나브라틸로바 때문에 경기 방식을 바꿔야 했다. 베이스라인에서만 플레이하는 방법이 더는 통하지 않았기 때문에 더 공격적으로 플레이하기 시작했다. 이것이 바로 선의의 라이벌이 하는 역할이다. 선의의 라이벌은 다른 누구도 할 수 없는 방법으로 우리를 자극한다. 코치조차 이런 역할은 할 수 없다. 에버트와 나브라틸로바는 선의의 라이벌로서 서로 게임 실력을 높였을 뿐 아니라 테니스라는 스포츠 자체의 수준을 향상시켰다.

이렇게 생각을 살짝만 바꾸면 결정을 내리고 자원의 우선순위를 매기는 데 엄청난 변화가 생긴다. 전통적인 의미의 경쟁자와 경합하면 승리에만 초점을 맞추게 된다. 반면 선의의 라이벌과 경쟁하면 자신을 성장시키는 데 집중한다. 전통적인 의미의 경쟁자와 겨루면 결과에 몰두하지만, 선의의 라이벌과 경쟁하면 과정에 몰입한다. 이렇게 관점을 약간만 바꿔도 비즈니스를 바라보는 시각이 금세 달라진다. 과정에 집중하면서 계속해서 자기를 개선해 나가면 새로운 기술을 개발할 수 있고 회복 탄력성도 키울 수 있다. 눈에 불을 켜고 경쟁자를 이기려고만 한다면 시간이 지날수록 지칠 수밖에 없으며 스스로 혁신하기 어려워진다.

훌륭한 상대를 선의의 라이벌로 봐야 하는 또 다른 이유는 그 관점이 우리를 정직하게 만들어주기 때문이다. 육상 선수가 승리에 과도하게 집착하면 경기 규칙도 무시하고 윤리 의식도 낮아지고 애초에 왜 달리기를 시작했는지도 잊고 만다. 자기보다 더 빨리 달리는 선수를 무너뜨리기 위해서만 시간과 에너지를 쏟고 경

9장 그들은 해군이고 우리는 해적이다

쟁자에게 해를 가하고자 한다. 경기력을 높이기 위해 몰래 약물을 사용하기도 한다. 이렇게 하면 당연히 경기에서 이길 확률은 높아지겠지만 그 경기 너머의 진정한 성취를 거둘 능력은 키우지 못한다. 게다가 이렇게 부정한 전략들은 언젠가 바닥날 수밖에 없으며 그때는 실력 없는 선수로 전락하고 만다. 반면 상대를 선의의 라이벌로 바라보면 무슨 수를 써서라도 이겨야 한다는 압박감이 없어지며 자연히 비윤리적인 행동이나 불법을 저지를 필요를 느끼지 않게 된다. 점수보다는 가치 수호가 더 중요해지고 스스로 정직한 플레이어가 된다. (경쟁자를 제치는 데 도움되는 일 대신 진정 옳은 일을 선택하는 기업이나 정치인이 좋은 예다.)

애덤 그랜트Adam Grant가 경쟁자라는 생각은 나에게 전혀 도움이 되지 않았다. 오히려 유한게임 사고방식만 자라났다. 내 목적을 이루려고 노력하기보다 임의의 순위에만 집착했다. 어떻게 내 능력을 개발할지 고민해야 할 시간과 에너지를 그가 하는 일에 과도하게 집착하느라 너무 많이 낭비했다.

그날 이후로 사고방식을 바꾸는 방법을 배웠고 더는 애덤과 나의 도서 판매량 순위를 비교하지 않았다(이제 애덤뿐 아니라 그 누구와도 비교하지 않는다). 이제 그에게 위기감을 느끼지 않으며 그를 같은 목표로 향하는 파트너라고 생각한다. 우리는 절친한 친구로 발전했고 (친절하게도 그는 이 책의 교정을 봐줬고 책이 더 좋아지는 데 도움을 줬다) 이제 그의 이름을 듣거나 그가 맡은 일을 잘 해내고 있는 모습을 보면 진심으로 행복하다. 그의 생각이 더 널리 퍼졌으면 좋겠다. 사실 이 책을 읽는 독자들에게 애덤이 쓴 『기브앤테이크』Give and Take와 『오리지널스』Originals를 강력히 권하고 싶다. 그의 책들은 비즈니스뿐 아니라 모든 분야에서 필독서다. (무한게임에서는 우리 둘 다 성공할 수 있다. 독자들이 책을 딱 한 권씩만 사지는 않는다.) 무한게임 사고방식으로는 풍요로움을 즐길 수 있지만 유한게임 사고방식으로는 항상 정신적 결핍 속에 있다. 무한게임에서는 '최고가 되겠다'라는 마음가짐은 헛수고이며 여러 참여자가 동시에 잘될 수 있다는 사실을 깨달아야 한다.

'선의의 라이벌'은 우리의 능력을 발전시킨다

2006년 앨런 멀럴리는 비행기 제조사 보잉커머셜Boeing Commercial을 떠나 실적 부진에 시달리던 포드의 CEO로 부임했다. 자동차 회사 역사상 가장 위대한 부흥을 낳은 여정이 여기서 시작한다. 멀럴리를 포드의 차기 CEO로 공표한 정식 기자회견에서 그는 몇 가지 질문을 받았다. 한 리포터가 그에게 무슨 차를 타느냐고 물었다. 멀럴리는 이렇게 말했다. "렉서스Lexus를 탑니다. 세상에서 제일 좋은 차죠." 포드의 새 CEO가 도요타Toyota에서 만든 차가 포드 차보다 좋다고 인정했다! 어떤 사람들에겐 이는 용납할 수 없는 일일 것이다. 하지만 정직성을 추구하는 멀럴리는 불편한 상황에서도 솔직하게 평가했을 뿐이었다.

멀럴리가 부임하기 전 포드는 15년간 시장 점유율이 25퍼센트 하락했고 파산으로 향하고 있었다. 당장 경영 개선 전략이 필요했다. 그러나 그는 먼저 회사에 관해 최대한 많이 배우고자 했다. 재무제표에는 나오지 않는 포드의 강점을 알고 싶어 했다. 그러던 중 고객이 포드라는 브랜드에 실망했다는 것을 알아냈다. 미국에서 포드 차는 운전하는 재미도 없고 고장도 잘 나는 데다 기름만 많이 잡아먹는 차로 악명 높았다. 이 브랜드 이미지가 사람들이 예전만큼 포드 차를 구입하지 않는 이유일 수도 있었다.

포드를 포함해 디트로이트에서 유래한 자동차 회사들이 서로 비교할 때 쓰는 전통적인 기준은 시장 점유율이었다. 하지만 멀럴리는 수익을 매우 잘 내고 있는 자동차 회사 중 점유율이 높지 않은 곳들도 있다는 사실을 알았다. 그러므로 프로모션을 벌이고 비용을 절감해서 단순히 점유율만 높이는 것은 포드가 추구해야 할 장기적인 목적이 아니라고 빠르게 깨달았다. 실제로 그가 부임했을 때 포드에서는 그에게 경영 개선을 위해 프로모션 활성화와 비용 절감 전략을 내놨다. 이러한 전략은 대개 향후 몇 년간만 효과가 있다. 그는 이렇게 말했다. "점유율만 좇지 않겠습니다. 가격을 대폭 내려 수요가 없는 곳에도 차를 팔아 상황을 더 악화시키지 않을 것입니다." 포드는 게임에서 퇴출당하지 않으려면 지금까지

와는 다른 방식으로 플레이해야 했다. 그러려면 사람들이 정말 타고 싶어 하는 차를 만들어야 했다.

멀럴리는 포드에 들어가자마자 매일 저녁 퇴근길에 포드에서 나오는 모델을 바꿔가며 운전해보기 시작했다. 포드의 모든 모델을 다 운전해본 그는 이제 도요타 캠리를 운전해보겠다고 말했다. 하지만 포드에는 도요타 캠리가 없었다. 포드는 다른 제조사에서 만든 자동차를 엔지니어들이 분해하여 다른 회사들은 차를 어떻게 만드는지 연구하는 관행이 있었다. 하지만 실제로 운전할 수 있는 차는 없었다. 여기서 잠깐 생각해보자. 매출 부진에 시달리는 자동차 대기업의 임원들이 타사 자동차를 운전해본 경험이 없다는 것이 말이 될까? 소비자도 차를 구입할 때 시승을 하는데 구매자들이 어떤 선택지를 경험하는지 알아야 하지 않을까? 멀럴리는 타사의 자동차를 종류별로 모두 구매했고 임원들에게 운전해보라고 지시했다.

렉서스가 세상에서 가장 좋은 차라는 멀럴리의 평가는 직원들의 감정을 상하게 하려는 말이 아니었다. 포드에게 선의의 라이벌을 만들어주려는 의도였다. 멀럴리는 포드를 살리려면 포드가 만드는 자동차가 어느 수준이고 작업 과정은 어떤지 솔직하게 인정하고, 존중하는 마음으로 다른 회사를 연구해야 한다고 믿었다. 멀럴리는 도요타를 이렇게 설명했다. "도요타는 세상에서 가장 적은 자원과 시간을 들여 사람들이 원하는 차를 만드는 곳이다." 포드는 자동차 품질과 제조 방식을 발전시키기 위해 도요타를 벤치마킹 대상으로 삼았다. 이에 성공하면 수익도 저절로 따라올 터였다. 멀럴리가 다른 자동차 회사를 공부하는 이유는 그들을 모방하거나 이기려는 게 아니라 그들에게 배우기 위해서였다. 멀럴리는 이렇게 말했다. "GM이나 크라이슬러Chrysler를 이기려고 한 적은 단 한 번도 없습니다. 저희는 항상 대의명분에 집중했으며, 저희가 벤치마킹하는 회사를 경쟁사로 보지 않고 경영 개선에 도움을 주는 존재로 바라봤죠." 생산 과정을 개선하자 자동차의 품질역시 개량됐다. 또한 "모든 사람에게 안전하고 효율적인 이동 수단을 제공하고 누구나 고속도로를 이용할 수 있게 한다"라는 헨리 포드의 대의명분을 실현하는 데도 효과적이었다. 다른 경영 의사 결정을 내릴 때도 대의명분이 척도가 됐다. 예를 들어 멀럴리는 재규어Jaguar, 랜드로버Land Rover, 볼보Volvo 등의 브랜드를 매각했다. 과거 포드가 이들을 인수했던 이유는 최대한 많은 종류의 자동차를 생산해 경쟁 분야를 늘리기 위해서였다. 하지만 멀럴리는 이러한 행보가 포드의 창립 이념을 흐트러뜨린다고 봤다.

그러다 2008년 금융 위기로 주식시장이 폭락했고, 미국 자동차업계는 치명타를 입었다. GM이나 크라이슬러는 정부의 구제금융을 받지 못하면 파산할 위기였다. 반면 포드는 멀럴리가 포드혁신 목적으로 2006년에 대출받았던 약 240억 달러가 있었고 경영과 제품을 꾸준히 개선한 덕분에 정부의 도움 없이도 스스로 일어설 수 있었다. 그러므로 멀럴리가 의회에 증언하러 나갔을 때 GM이나 크라이슬러에게 구제금융을 주면 안 된다고 주장할 수도 있었다. 만약 그가 다른 회사를 경쟁자로 보는 CEO였다면 다른 회사들이 파산하는 모습을 흡족하게 지켜보며 미국 주요 자동차 회사 중 유일하게 살아남은 자사를 자랑스럽게 여겼을 것이다. 하지만 그것이 진정한 승리일까?

멀럴리는 다른 회사들을 선의의 라이벌로 인식했기 때문에 GM과 크라이슬러를 위한 구제금융을 찬성했다. 그들이 살아남아야 포드도 더 좋은 회사가 될 수 있다는 사실을 알았기 때문이다. 또한 멀럴리는 GM과 크라이슬러를 거대한 생태계의 일부로 인지하고 있었다. 만약 그들이 파산한다면 수많은 협력 업체 또한 파산하게 된다. 그러면 포드도 같이 어려워질 수 있다. 그래서 멀럴리는 자동차업계가 다 함께 위기를 극복하는 계획을 고안해 냈다. 하지만 안타깝게도 경영난에 시달리던 GM과 크라이슬러의 리더는 여전히 유한게임 사고방식을 고집하고 있었고 업계 전체를 살리기 위해 손잡자는 포드의 제안을 거절했다. 반면 혼다Honda, 도요타, 닛산Nissan은 포드와 함께 주요 협력 업체들이 살아남도록 도왔다. 그들 역시 비슷한 협력 업체들에게 의지하고 있었기 때문이다. 무한게임식 플레이어는 자기가 살아남으려면 게임 자체가 중단되지 않고 계속되어야 한다는 사실을 잘 안다. 이것이 무한게임식 리더가 궁극적으로 추구하는 바이기도 하다.

새로운 게임 참가자의 등장

1980년대 초반, 컴퓨터 혁명이 한창이었다. 컴퓨터 혁명을 이끄는 주자 중 하나였던 애플에게 선의의 라이벌은 단순히 제품 개선을 돕는 비교 대상 이상의 가치였다. 애플은 선의의 라이벌 덕분에 애플의 대의명분을 더욱 분명하게 세우고 직원들을 하나로 단합시킬 수 있었다. 애플 안팎의 사람들은 애플에게 선의의 라이벌이 있다는 사실만으로도 애플이 존재하는 이유를 떠올렸다. 그들이 애초에 사업을 시작한 이유, 즉 "그들은 해군이고 우리는 해적이다"라는 정신을 상기시켰다.

1970년대에는 IBM이 메인프레임 컴퓨터 시장에서 가장 높은 점유율을 차지했다. 메인프레임 컴퓨터는 방 하나를 차지할 정도로 거대했고, 방대한 양의 자료를 처리하는 기계였다. 당시 IBM은 퍼스널 컴퓨터를 "마이크로컴퓨터"라고 불렀는데 그들은 이 마이크로컴퓨터 개발을 거부했다. 기업의 필요를 충족할 만큼 연산 능력이 뛰어나지 못하다고 생각했기 때문이다. IBM은 퍼스널 컴퓨터가 회사에서 쓰일 수 없다고 믿었다.

그 믿음은 1981년 완전히 바뀌었다. 코모도어Commodore, 탠디 Tandy, 애플과 같은 퍼스널 컴퓨터의 선두주자들이 제조한 컴퓨터가 기업에서 얼마나 잘 쓰이는지를 본 IBM은 태도를 전환했다. IBM은 현금이 많았으므로 퍼스널 컴퓨터 개발에 막대한 자본을 투자할 수 있었다. 애플을 비롯해 타사의 가장 똑똑하고 유능한 엔지니어에게 접근해 엄청난 연봉을 제시하고 그들을 영입하기도 했다. 그렇게 단 12개월 만에 IBM은 "PC"를 출시했다.

IBM이 나타나기 전까지 애플은 퍼스널 컴퓨터 시장에서 최고의 점유율을 차지하고 있었다. 그러므로 IBM이 시장에 진입하면 가장 큰 타격을 입을 회사도 애플이었다. 유한게임식 기업이었다면 이런 소식에 기겁했겠지만 무한게임식 기업이었던 애플은 정반대로 행동했다. IBM이 PC를 출시했던 1981년 8월, 애플은 『월스트리트저널』*The Wall Street Journal*에 다음과 같은 표제로 전면광고를 냈다. "IBM을 환영합니다. 진심으로." 본문에는 애플이 이 시장 진입자를 어떤 마음으로 바라보고 있는지가 정확히 드러났다. 애플은 IBM을 단순한 경쟁자가 아니라 선의의 라이벌로 생각했다.

광고의 본문은 다음과 같다. "35년 전 컴퓨터 혁명이 시작된 이래 가장 흥미진진하고 중요한 시장에 진입하신 것을 환영합니다. 사람들이 컴퓨터를 사용하기 시작한 이후로 일하고, 생각하고, 의사소통하고, 여가를 보내는 방법이 발전했습니다. 향후 10년간 퍼스널 컴퓨터 시장은 폭발적으로 성장할 것입니다. 전 세계에 미국의 기술을 전파하는 막중한 일에 서로 책임 있는 경쟁으로 임하기를 기대합니다. 그리고 우리는 이 시장에 대한 IBM의 헌신이 얼마나 중요한지 압니다. 왜냐하면 우리는 함께 개인의 생산성을 향상시켜 사회적 자본을 늘리고 있기 때문입니다." 애플은 다음과 같이 편지를 끝맺는다. "이 임무에 착수하신 것을 환영합니다." 애플은 대의명분을 추구하고 있었고 IBM이 그들에게 도움이 되리라 믿었다.

IBM은 도전장을 받아들였다. IBM은 기업 고객 시장 점유율이 압도적으로 높았으므로 그 조건을 활용해 대기업에 퍼스널 컴퓨터를 판매할 수 있었다. 각 회사에서 컴퓨터 구매를 담당하는 직원은 IBM을 안전하고 당연한 선택지로 여겼고 IBM은 '빅블루 Big Blue'라는 애칭도 얻었다. "IBM을 사서 해고당한 사람은 아무도 없다"라는 말도 생겼다. IBM은 사업을 더욱 확장하기 위해 다른 컴퓨터 제조사가 그들의 제품에 IBM의 운영체제를 사용하거나 클론을 만드는 것을 허락했다. 애플은 그렇게 하지 않았다. 애플의 운영체제를 원하는 사람은 애플의 제품을 사야 했다. 컴퓨터 회사는 대부분 애플의 운영체제를 복제할 수 없었고 운영체제를 새로 만드려면 비용이 많이 들었기 때문에 IBM과 호환되는 제품을 만들기 위해 라이선스 비용을 내고 IBM의 운영체제를 사용했다. 그러면서 PC는 업계 표준이 됐고 그 이상으로 성장했다.

IBM은 퍼스널 컴퓨터를 사무실과 가정의 필수품으로 만든 면에서 애플을 도왔다. 하지만 IBM은 사실 애플에게 그보다 훨씬 큰 도움을 줬다. 애플은 IBM을 통해 기업의 존재 이유를 더 명확하고 설득력 있게 표현할 수 있었다. 대의명분은 상상 속에 존재하지만 회사와 제품은 현실에 존재한다. 그리고 대의명분이 뚜렷한 사람이나 회사는 그 자체로 무형의 대의명분을 상징하는 실체가 될 수 있다. 실존하는 회사나 리더를 따르는 것이 추상적인 생각을 추구하는 것보다 쉽다. 그리고 눈에 보이는 상징물이 있는 경우에 대의명분을 더 강렬하게 서술할 수 있다.

애플의 초기 직원이었던 존 카우치John Couch는 IBM을 이렇게 표현했다. "그들은 마치 해군 같았다. 행동은 예측 가능했고 제품은 기업에 잘 팔렸다. 우리는 개인이 창의력을 발휘할 수 있도록 돕는 해적이 되고 싶었다." 공화당과 민주당처럼, 소련과 미국처럼, IBM과 애플은 대조적인 이념의 상징이었다. IBM은 기업, 안정성, 일관성을 상징했다. 애플은 개성, 창의성, 다른 생각을 상징했다. 이러한 대중적인 이미지를 강조했던 애플은 퍼스널 컴퓨터 혁명을 이끌던 리더에서 이제 혁신을 선두하는 리더의 이미지로 탈바꿈했다.

컴퓨터의 품질을 비교할 때 흔히 적용하는 기준, 즉 가격, 속도, 메모리 등으로 보면 PC와 애플의 컴퓨터는 기본적으로 같은 수준이었다. 사실 IBM의 클론 제품은 좀 더 쌌다. 보통 경쟁자들은 제품의 특장점만 놓고 비교하지만 애플은 IBM과의 경쟁에서 그보다 한 단계 높은 수준을 택했다. 경쟁자는 고객을 확보하고자 애쓴다. 하지만 선의의 라이벌은 애호가를 만든다. 애플 애호가에게 IBM은 과거고 애플은 미래였다. IBM 애호가에게는 애플은 예술가를 위한 장난감이었고 IBM은 진중한 사람이 진지한 업무를 보는 컴퓨터였다. 사람들은 제품 자체의 기능보다 이 이미지를 더 강력한 기준으로 삼았다. 마치 종교 같았다.

IBM이 시장에 진입했을 때 애플의 대응은 보통 회사들의 반응과 정반대였다. 쟁쟁한 회사가 업계에 진입하면 일반적으로 기존의 회사들은 깜짝 놀란다. 그들은 정립해둔 비전도 잊고 새로운 회사의 제품과 자사 제품을 비교하는 등 여러 기준으로 그 회사와 경쟁하는 데 집중하기 시작한다. 원래 유한게임식 기업이 아니었다고 해도 새로운 플레이어를 선의의 라이벌로 보지 못하고 단순히 경쟁자로 인식한다면 그 회사는 오래지 않아 유한게임의 구렁텅이에 빠지게 된다. 캐나다의 휴대전화 제조사 블랙베리 Blackberry에게 바로 이런 일이 일어났다.

애플이 장악하고 있던 시장에 IBM이 들어온 지 25년 이상이 지난 뒤 이번엔 애플이 블랙베리에게 똑같이 행동했다. 애플은 IBM을 선의의 라이벌로 받아들인 덕분에 목적의식을 더 명확하게 할 수 있었지만 블랙베리는 애플을 이겨야 할 경쟁자로만 바라봤다. 그리고 유한게임을 하느라 막대한 비용을 쏟아부었다.

아이폰이 출시되기 전에는 블랙베리의 휴대전화 운영체제가 세계 2위였다. 블랙베리의 제품은 성능과 내구성이 뛰어나고 매우 안정적이어서 정부 기관과 수많은 회사의 필수품으로 사랑받으며 비즈니스 시장을 장악하고 있었다. 2007년 애플이 아이폰을 출시했지만 블랙베리는 2009년에 휴대전화 시장 점유율 20퍼센트를 차지하며 역대 최고 기록을 세우기도 했다. 하지만 아이폰이 점차 인기를 끌자 블랙베리는 공포에 사로잡혔다. 이러한 상황에서 어쩌면 블랙베리의 임원들은 예전에 애플이 IBM에게 했듯이 애플의 철학과 블랙베리의 철학을 차별화할 수도 있었다. 높은 수준의 보안과 안정성이 필요한 기업이나 정부 기관을 지원한다는 그들만의 비전을 강조하며 애플을 수단으로 이용할 수도 있었다. 하지만 블랙베리는 그렇게 하지 않았다. 대신 아이폰을 따라 하기 시작했다. 먼저 기존 기기에 앱과 게임을 제공하기 시작했는데 그 뒤로 기기의 성능이 현저히 저하됐다. 그러고는 블랙베리의 전유물이었던 쿼티 키보드를 버리고 터치스크린을 도입했다. 터치스크린이 장착된 모델은 아이폰만큼 잘 작동하지 않았고 기존의 다른 모델보다 내구성도 현저히 떨어졌다.

안타깝게도 이는 흔한 전개다. 혼란은 유한게임 사고방식을 고집할 때 자주 나타나는 증상이다. 무한게임식 리더는 업계에서 일어난 혼란스러운 상황을 발판 삼아 자기만의 대의명분을 더욱 확고히 하는 기회로 활용하지만 유한게임식 리더는 대개 그러지 못한다. 그들은 유한게임에 더욱 몰두하며 잘나가는 다른 기업이 하는 일을 그대로 모방한다. 블랙베리도 아이폰을 따라 하며 효과가 있기를 기대했지만 전혀 소용없었다. 그들은 자기만의 대의명분을 추구하며 애호가에게 사랑받는 기업이 될 기회를 놓쳤다. 애플을 이기는 데 집착한 나머지 비전을 잃고 말았다. 애초에 사업을 왜 시작했는지 잊어버린 것이다. 오래지 않아 블랙베리는 가파른 하락의 길을 걸었다. 2013년에는 시장 점유율이 1퍼센트로 떨어졌다. 4년 만에 거의 99퍼센트가 하락한 수치였다. 한때 시장을 장악했던 블랙베리가 지금은 그저 그런 기업이 됐고 이제 어떤 회사도 블랙베리를 선의의 라이벌로 생각하지 않는다.

애플은 수년 동안 IBM을 선의의 라이벌이라고 생각했다. 컴퓨터의 보급률이 높아지면서 시장은 변했고 결국 IBM은 퍼스널 컴퓨터 경쟁에서 퇴출당하고 말았다. 하지만 애플이 이겼다는 뜻은 아니다. 애플은 높은 보안, 안정성, 기업 친화적인 이미지의 마이크로소프트를 다음 선의의 라이벌로 삼았다. (아는 사람은 알겠지만, 애플은 남자 둘이 나와 각각 "저는 맥이에요", "저는 PC예요"라고 말하며 만담을 펼치는 형식의 TV 광고를 한 적도 있었다.) 마이크로소프트 역시 IBM처럼 원래의 대의명분을 잃어가고 있으므로 이제는 예전만큼 애플과 이념적으로 뚜렷하게 대조되지 않는다. 그렇다면 이제 애플에게 선의의 라이벌은 누구일까?

아마도 애플의 새로운 선의의 라이벌은 구글과 페이스북일 것이다. 구글과 페이스북은 현재 인터넷계의 '빅 브라더(소설『1984』에 등장하는 독재자를 가리키는 말로 국민의 일거수일투족을 감시하고 통제한다—옮긴이)'가 됐다. 사용자의 모든 움직임을 샅샅이 추적해 개인 정보를 모은 뒤 광고하고자 하는 기업에 판다(구글과 페이스북은 이런 식으로 수익을 많이 낸다). 이것이 '업계의 표준'이 됐다. 애플은 아직 개인의 권리를 위해 싸우고 현재의 표준에 도전하고 있는 듯하다. 이들은 개인 정보의 수호자 역할을 공개적으로 자청하고 있다. 구글이나 페이스북과 달리 애플은 수익을 위해 사용자들의 개인 정보를 팔지 않기로 한 것이다. 또한 애플은 사용자들의 문자 메시지에 접근하게 해달라는 정부의 요청도 거절했다. 세상은 끊임없이 변했지만 애플은 40년이 넘는 세월 동안 항상 선의의 라이벌을 곁에 두고 대의명분을 잃지 않기 위해 애썼다.

범죄자 vs. FBI

내 친구 중 하나는 자신의 대의명분에 아주 몰두한다. 그녀는 마치 세상에 다른 견해가 존재할 수 있다는 사실을 잊은 듯이 보인다. 안타깝게도 그녀는 자신과 의견이 다른 사람은 무조건 틀렸거나 어리석거나 비윤리적이라고 생각한다. 그 친구는 '맹목적 대의명분Cause Blindness'에 빠진 것이다.

맹목적 대의명분이란 자신의 대의명분에 과도하게 열중하거나 타인이 잘못됐다는 생각에 사로잡혀 자신의 강점이나 약점을 제대로 파악하지 못하는 현상을 말한다. 다른 참여자들의 뜻에 동의하지 않거나 그들을 싫어하거나 그들이 비윤리적이라는 판단으로 그들은 자신과 비교할 가치도 없는 대상이라고 착각한다. 그들이 일을 더 잘하거나 효율성이 더 뛰어나 배울 점이 충분히 있더라도 그러한 사실을 깨닫지 못한다.

맹목적 대의명분에 빠지면 겸손함을 잃고 오만해지며 그 결과 장기전에 필수적인 유연성을 잃게 되고 스스로 혁신하지 못한다. 또한 꾸준한 자기 계발을 위해 정직하고 생산적인 활동을 하기 어려워지므로 결국 같은 실수를 반복하거나 부족한 상태 그대로 머물러 있게 된다. 게다가 자만심이 커지면 조직의 약점이 그대로 노출되므로 다른 참여자들이 그 약점을 공격할 소지가 있다. 이 모든 현상은 게임을 계속해나갈 의지력과 자원을 고갈시킨다. 위에 언급한 내 친구의 이야기로 돌아가보자. 그 친구 눈에 비열해 보이는 사람들도 잘하는 분야가 있고 그러한 사실은 존중해야 한다고 내가 말할 때마다 그녀는 나를 비웃으며 나를 변절자라고 부른다. 감히 그녀의 경쟁자를 칭찬했기 때문이다.

다른 참여자를 선의의 라이벌로 여기기는 어렵다. 뜻이 다른 사람들일 경우에 특히나 더 그렇다. 하지만 상대를 선의의 라이벌로 인식하는 것이야말로 자기 자신을 성장시키는 최고의 비결이다. 전직 FBI 수사관이자 프로파일링의 선구자로 유명한 존 더글러스John Douglas는 이렇게 말했다. "범죄자들을 심문하면 할수록 성공적인 범죄자들이 범죄 심리 분석에 탁월하다는 사실을 알게 됐습니다." 극악무도한 연쇄살인범을 잡기 위해서는 그들이 FBI가 하는 일을 잘한다는 사실을 인정해야 한다. 그리고 FBI는 그들보다 더 뛰어나야 한다. FBI를 교묘하게 피하는 '선의의 라이벌'이 있기에 FBI는 끊임없이 발전할 수밖에 없다.

선의의 라이벌을 비교 대상으로 둔다고 해서 그들의 대의명분이 더 훌륭하고 도덕적이라는 뜻은 아니다. 그들이 특정한 일을 빼어나게 잘하며 우리가 개발해야 할 부분이 무엇인지 알려준다는 뜻이다. 그들이 게임을 플레이하는 방식을 보면서 우리는 더 도전하게 되고 더 나아갈 힘을 얻는다. 선의의 라이벌로 누구를 선택할지는 전적으로 우리에게 달려 있다. 그리고 여러 가능성을 열어두는 것이 무한게임에 가장 어울리는 선택이다.

라이벌이 사라진 것을 승리로 착각하지 말라

베를린 장벽이 무너진 직후 미국은 20세기 최대의 외교 실수를 저질렀다. 바로 미국이 냉전에서 '승리했다'라고 선언한 일이다. 이는 사실이 아니다. 이 책을 여기까지 읽은 독자라면 내가 여기서 무슨 말을 할지 예상할 수 있을 것이다. 무한게임에는 승패가 없다. 이는 비즈니스만이 아니라 국제 정치에서도 마찬가지다. 미국은 냉전에서 이기지 않았다. 의지력과 자원을 모두 잃은 소련이 게임에서 퇴출당했을 뿐이다.

냉전은 무한게임의 모든 기준을 충족했다. 유한게임식 전쟁은 양측에서 합의한 원칙이 있고 편을 구분하기 쉬우며 전쟁을 종결하는 뚜렷한 목적이 있다(영토 점령과 같이 측정 가능한 유한한 목적이 있다). 이와는 대조적으로 냉전에서는 대리 플레이어들이 싸우는 일이 많았고 공통된 원칙이 없었으며 양측 모두 전쟁이 끝났음을 알 수 있을 만한 명확한 목적도 없었다. 미국과 서방 세력은 소련을 물리치고 냉전에서 이겨야 한다고 말했지만, 양측 모두 원하지 않았던 핵전쟁이 일어나지 않는 한, 승리가 어떤 모습일지 상상하기 어려웠다. 냉전에는 종전 협정도 없었다. 양측 모두 직접적인 무력 충돌이 벌어지지 않도록 노력했을 뿐 앞으로 어떤 일이 전개될지 예측하지 못했다. 그래서 1989년 베를린 장벽이 무너진 사건도 양측 모두 예상하지 못했다.

시대는 변하고 게임 참여자들도 변한다. 비즈니스에서는 큰 회사가 하나 파산한다고 해도 게임이 끝나거나 다른 회사가 승리했다고 할 수 없다. 살아남은 참여자들은 다른 회사가 성장하고 새로운 회사가 업계에 진입하리라는 사실을 안다. 그렇지만 가장 큰 영향력을 지녔던 선의의 라이벌이 게임에서 퇴출당하자마자 벤치에 앉아 있던 다른 참여자가 달려 나와 라이벌이 되는 것도 아니다. 새로운 선의의 라이벌이 등장하기까지 수년이 걸릴 수도 있다. 무한게임식 플레이어는 이런 원리를 모두 이해하며 선의의 라이벌이 사라진 후에도 겸손함을 유지한다. 오만하게 행동하거나 유한게임 사고방식에 빠지지 않도록 주의하며 새로운 참여자의 등장은 오로지 시간문제라는 사실을 유념한다. 인내심은 무한게 임식 플레이의 미덕이다. 하지만 미국은 이렇게 행동하지 않았다.

소련이 게임에서 퇴출당한 뒤 미국은 일종의 맹목적 대의명분에 빠져 미국에 맞설 적수는 없다고 믿었고 마치 승리자라도 된 듯이 행세했다. 미국은 제 뜻을 세상에 강요하기 시작했다. 의도가 아무리 좋았다 해도 11년 동안 세상을 조종하다시피 했다. 세계 경찰 역할을 자처하며 유고슬라비아에 군대를 보냈고 독단적으로 주권국들 상공에 비행 금지 구역을 설정했다. 소련이 붕괴되지 않았더라면 이렇게 하기 훨씬 힘들었거나 아예 불가능했을 것이다. 선의의 라이벌을 곁에 두지 않으면 게임 안에서 가장 강력한 참여자는 자기 마음대로 게임의 방향을 정할 수 있고 다른 참여자들을 통제할 수 있다고 착각하고는 한다. 하지만 이는 불가능하다. 무한게임은 주식시장과 같다. 기업들이 상장됐다 폐지됐다 하지만 누구도 시장을 조종할 수는 없다.

돈도 많고 영향력도 강한 성공적인 참여자는 잠깐이라면 자신의 약점을 모른 척하고도 무사할 수 있다. 하지만 영원히 그럴 수는 없다. 제품, 마케팅, 재무 구조 모두 훌륭하며 성장도 빠른 기업들이 리더십 트레이닝이나 바람직한 기업 문화 형성을 등한시하는 경우가 많다. 이는 나중에 큰 문제가 되어 돌아올 수 있다. 소셜 커머스 기업 그루폰Groupon이 바로 그 예다. 혁신적인 사업 구조와 가파른 성장률로 언론의 찬사를 받았던 그루폰의 경영진은 직원들을 소홀히 여겼다. 이 문제는 추후 둔화된 성장 속도와 후발 주자의 돌풍으로 그루폰이 위태로워졌을 때 아킬레스건으로 작용했다. 우버Uber도 비슷하다. 우버는 차량 공유 서비스업을 개척했지만 기업 문화를 소홀히 한 바람에 어떤 제품 실패보다도 훨씬 애를 먹었다. 2017년, 우버의 CEO였던 트래비스 캘러닉Travis Kalanick의 후임으로 다라 코즈로샤히Dara Khosrowshahi를 영입한 것도 기업 문화를 개선하기 위해서였다.

만약 미국이 냉전 이후의 상황에 대비하기 위해 새로운 선의의 라이벌을 찾았더라면 상황이 한결 나았을 것이다. 그랬다면 국가의 지도부는 단순히 군사력이나 경제력에만 신경을 쏟지 않고 그동안 소홀히 했던 약점을 극복하는 데에 집중했을 수도 있다. 하지만 그런 일은 일어나지 않았다. 냉전 시대를 지내며 발달시킨 방법을 그대로 이어나갔고, 그러한 미국의 행동과 야망을 제지하려는 새로운 선의의 라이벌이 등장하는 것을 알아차리지 못했다.

냉전 2.0

냉전을 지배하는 세 가지 긴장 요소가 있다. 바로 핵, 이념, 경제이다. (미국 독립선언문에 언급된 생명, 자유, 행복의 추구와 겹치는데, 이는 우연이 아니다. 이 세 가지는 미국을 비롯한 모든 나라에서 보장하는 인간의 기본 권리다. 이 권리는 어떤 대가를 치르더라도 지켜야 할 가치가 있다.) 냉전 1.0 시기에는 편리하게도 이 세 가지 긴장 요소가 모두 소련이라는 한 나라에 존재했다. 미국과 소련이 각각 보유한 핵무기 규모는 다른 핵무기 보유국들이 가지고 있는 핵무기를 전부 합한 것보다 컸다. 미국과 소련은 각 이념을 대표하는 국가였다. 미국은 민주주의와 자본주의를 추구했고, 소련은 공산주의를 전 세계에 퍼뜨리며 추종자와 동맹국을 찾고 있었다. 미국과 소련은 제2차 세계대전 이후부터 베를린 장벽이 무너지기 전까지, 즉 냉전 1.0 기간 내내, 전 세계에서 가장 경제 규모가 큰 두 국가였다.

선의의 라이벌이 딱 하나면 이점이 많다. 전략을 세우고, 자원을 배분하고, 내부 당파의 의견을 모을 때 단 한 곳에만 초점을 맞추면 되기 때문이다. 2001년 9·11 테러 이후 미국의 여러 정보기관 사이에 협력이 부족하다는 지적이 쏟아졌다. 이는 갑자기 일어난 현상이 아니었다. 이 정보기관들은 늘 세력을 다투고 서로 경쟁하는 관계였다. 그런데 선의의 라이벌이 명확하고 위급한 순간일 때만큼은 다르다. 그때는 내부 사정을 제쳐두고 공공의 적을 물리치기 위해 힘을 합친다. 하지만 선의의 라이벌이 없는 상태가 이어지자 미국의 수많은 기관은 끝없이 대립했다. 소련이 있었던 시절에는 서로보다도 소련이 더 위협적인 상대였으므로 공화당과 민주당조차 뜻을 합쳤고 분명하게 정의된 공동의 대의명분을 추구하기 위해 함께 움직였다. 그러나 이제 상황이 바뀌었다. 뚜렷한 선의의 라이벌이 없어진 후 양당은 서로를 국가에 해로운 존재로 치부한다. 그러는 동안 진정으로 미국을 위협하는 존재가 그 어느 때보다도 강해지고 있다.

미국은 모든 에너지를 내부 다툼에 쏟느라 냉전이 여전히 건재하다는 사실을 알아차리지 못했다. 냉전 1.0과 달리 냉전 2.0에는 선의의 라이벌이 하나가 아니라 여럿이다. 핵 위협을 가하는 상대는 소련에서 북한과 기타 여러 나라로 대체됐다. 경제적 위협을 가하는 주체는 소련에서 중국으로 대체됐다(중국은 현재 미국 경제를 넘보고 있다). 이념적 경쟁자도 원래는 소련뿐이었지만, 지금은 종교로 위장하고 극단적인 행위를 벌이는 단체들로 대체됐다. 게다가 러시아는 위에 나열한 세 가지 요소 전부에 대해 계속해서 미국의 의지를 시험하고 확인하고 있다.

게임에서 새로운 참여자가 등장하면 필연적으로 플레이 방식을 바꾸어야 한다. 비디오 대여업을 독점했던 블록버스터는 인터넷이 발달하고 넷플릭스같이 작은 회사가 등장했을 때 기존 사업 모델을 재고해야 했지만 그러지 못했다. 대형 출판사들은 아마존이 등장했을 때 새로운 디지털 시대에 맞게 사업 모델을 개선하고 업데이트할 생각은 하지 않고 기존 모델에 더욱 매달렸다. 택시 회사들은 새로운 시대에 맞춰 어떤 변화가 필요한지 고민하거나 더 나은 서비스를 위해 기술을 배울 생각은 하지 않고 기존 사업 모델을 보호하기 위해 차량 공유 서비스 회사를 고소했다. 시어스는 수십 년간 고객에게 종이 카탈로그를 보내서 엄청나게 성장했고 거대한 수익을 냈지만 월마트와 같은 대형 할인점이나 온라인 쇼핑몰이 등장하는 새로운 환경에 적응하지 못했다. 경쟁자가 없다고 믿을 만큼 거대했던 소셜 미디어 기업 마이스페이스Myspace는 페이스북이 커지는 줄도 몰랐다. 지금까지 해온 방식이 앞으로도 먹히리라는 보장은 없다. 선의의 라이벌이 누구인지 알아야 지금보다 더 발전할 수 있으며 너무 늦지 않게 세상의 변화에 적응할 수 있다.

선의의 라이벌이 없으면 겸손함과 민첩성을 잃을 수 있다. 한때 확고한 대의명분을 좇으며 잘나갔던 무한게임식 플레이어였다고 해도 선의의 라이벌을 곁에 두지 않으면 승리만을 바라는 흔한 유한게임식 플레이어로 서서히 변해간다. 아무리 한때 타인의 이익과 대의명분을 위해 투쟁하는 조직이었다고 하더라도 선의의 라이벌이 없으면 결국 자신의 이익을 위해 싸우게 될 가능성이 크다. 그러다 자만해지면 빠른 속도로 조직의 약점이 드러나며 게임을 지속하는 데 필요한 유연성을 잃게 된다.

10장

회사를 폭파하라

어떤 사람들은 그가 미쳤다고 생각했다. 그는 자산을 현금화하고 재산을 매각하기 시작했다. 생명보험을 담보로 대출을 받았고 심지어 자기 이름의 사용권을 허가하기도 했다. 성공 가도를 달리고 있는 자사를 마다하고 완전히 다르고 위험한 일에 착수할 이유가 뭐가 있을까? 하지만 1952년 월트 디즈니Walt Disney는 그렇게 했다. 그는 미치지 않았다. '근본적 유연성'을 발휘했을 뿐이다.

　월트 디즈니는 위험을 감수하고 새로운 도전을 하는 일에 익숙했다. 애니메이션이라는 떠오르는 산업에 종사하는 젊은 예술가로서 디즈니는 끊임없이 혁신을 시도했다. 그는 실제 배우가 만화 캐릭터와 상호작용하는 단편 영화의 초창기 창작자 중 한 명이었다. 1928년에는 〈증기선 윌리〉Steamboat Willie라는 애니메이션에서 최초로 만화에 음향을 입혔다. 하지만 그는 관객들의 미소를 자아내는 단편 영화로 만족하지 못했고, 정말 현실감 넘치는 애니메이션을 만들기로 결심했다. 인간이 느끼는 모든 감정을 불러일으킬 수 있는 영화를 원한 것이다. 결국 1937년 그는 세계 최초로 장편 애니메이션 영화를 발표했다. 제목은 〈백설공주와 일곱 난쟁이〉Snow White and the Seven Dwarfs였다. 이 영화는 이전까지 존재했던 백설공주와 차원이 달랐다. 이 혁명적인 영화는 디즈니가 실험을 위한 실험을 하다가 나온 산출물이 아니었다. 부유해지거나 유명해지고자 하는 욕망으로 탄생한 창작물도 아니었다. 관중들의 스트레스와 압박감을 날려주고 그가 만든 아름다운 세상에 그들을 초대하겠다는 대의명분을 하나하나 실현해나간 결과였다.

월트 디즈니는 어린 시절에 이미 대의명분의 씨앗을 심었다. 그가 4살이었을 때 그의 아버지 일라이어스 디즈니Elias Disney는 가족을 모두 데리고 시카고를 떠나 미주리주 마르셀린이라는 시골 농촌 마을로 이사했다. 어린 월트는 동물들이 돌아다니는 바깥에서 뛰어놀았으며 북적이는 대가족과 친절한 동네 사람들 사이에서 자랐다. 추후 월트의 형 로이 디즈니Roy Disney는 이러한 환경을 "도시에 사는 아이들에게는 꿈만 같은 곳"이라고 묘사했다. 하지만 아름다운 어린 시절은 오래가지 않았다. 일라이어스가 농사에 실패하는 바람에 디즈니 가족은 마르셀린에 정착한 지 5년 만에 다시 다른 곳으로 이사해야 했다.

그들은 캔자스시티에 정착했고 월트는 아버지를 도와 신문 배달을 해야 했다. 하지만 일은 잘 풀리지 않았다. 경제적으로 어려워지자 일라이어스의 스트레스도 극심해졌고 성격도 난폭해졌다. 월트 디즈니는 나중에 이 시기를 이렇게 회상했다. "아버지에게는 진실을 말해도 두들겨 맞았다." 다행히도 그는 시골에 살 때부터 그림에 취미가 있었고 그림을 그리며 현실의 어려움을 완전히 잊을 수 있었다. 디즈니는 사람들이 팍팍한 현실을 벗어나 자신이 마르셀린에서 느꼈던 만큼의 기쁨을 경험하길 원했다. 그래서 예술적 감각과 상상력을 발휘해 훌륭한 작품을 만드는 데 평생을 바쳤다.

'근본적 유연성'이 만드는 무한한 새로움

사람들을 다른 세상으로 데려다주는 월트 디즈니의 능력은 큰 수익을 가져왔다. 최고의 찬사를 받고 엄청난 인기를 끌었던 〈백설공주와 일곱 난쟁이〉는 첫해 수익만 800만 달러가 넘었다(오늘날의 가치로는 1억 4,000만 달러에 해당한다). 이 영화로 엄청난 부와 성공을 거머쥔 월트는 캘리포니아주 버뱅크에 월트디즈니프로덕션Walt Disney Productions을 세웠다. 기업 문화도 아주 훌륭해 이 영화사에서 일했던 돈 러스크Don Lusk는 회사의 문화를 두고 "그야말로 천국"이라고 표현할 정도였다. 월트디즈니프로덕션의 CEO

였던 로이 디즈니는 회사를 설립하고 키우는 과정에서 축적된 빚을 갚기 위해 회사를 상장하고자 했다. 월트는 주주들의 지나친 간섭을 우려해 반대했지만 결국 압박을 이기지 못했고 회사를 상장했다.

회사가 성장하며 수많은 새로운 어려움이 생겨났다. 먼저 월트디즈니프로덕션의 직장 문화가 위계적으로 변했다. 모든 직원에게 제공되던 복지 혜택이 연차가 높은 직원들에게만 제공되도록 바뀌었다. 직원들 사이의 임금 격차가 커지자 불만도 커졌다. 노조가 처음으로 적대적인 투쟁을 벌이기도 했다. 디즈니스튜디오라는 유토피아가 무너졌고, 수익을 위해 실사 영화를 많이 제작하라는 압박이 거세졌으며, 관료주의는 상상력을 제한시켰다. 디즈니는 낙담했다. 월트디즈니프로덕션은 점점 더 유한게임식으로 변했고 통찰력을 잃고 있었다. 디즈니는 이제 다시는 이 사업으로 자신의 대의명분을 진전시킬 수 없으리라 생각했다. 그는 좌절했지만 그의 비전만큼은 언제나처럼 무한했다. 그래서 근본적 유연성을 갖기로 했다. 그는 그만뒀다. 〈백설공주와 일곱 난쟁이〉가 개봉한 지 15년 만에 월트 디즈니는 새로운 길을 찾아 떠났다.

그는 모든 자산을 매각하고 월트디즈니프로덕션의 주식까지도 전부 팔아 마련한 돈과, 생명보험을 담보로 받은 대출금을 합해 1952년 새로운 회사를 차렸다. 자기 이름의 이니셜을 따 회사명을 WED로 지었고, 지금까지 했던 그 어떤 일보다도 자신의 대의명분을 가장 잘 실현할 수 있을 프로젝트에 착수했다. 바로 사람들이 일상적인 현실을 탈출해 갈 수 있는 실제 장소를 만드는 것이었다. 그는 지구상에서 가장 행복한 장소를 짓고 싶었다. 그렇게 디즈니랜드를 세웠다.

월트가 만들고자 한 놀이공원은 아무 놀이 기구나 마구잡이로 갖다 놓은 위험하고 지저분한 장소가 아니라 안전하고 깨끗하며 이야기가 있는 놀이공원이었다. 그 어떤 문제나 힘든 일도 없고 기분 나쁜 어둠도 없는 곳이었다. 사람들이 완벽한 환상에 들어갈 수 있는 공간을 창조하고 싶었다. 그는 이렇게 말했다. "무엇보다도 디즈니랜드가 행복한 장소였으면 좋겠습니다. 아이와 어른 들이 함께 인생의 아름다움을 경험하고 즐거운 모험을 떠나 행복해지길 바라요. 디즈니랜드에서는 '오늘'을 떠나 '어제'와 '내일'의 세계로 들어갈 수 있습니다."

영화는 관람밖에 할 수 없지만 디즈니랜드에서는 영화 안으로 들어갈 수 있다. 끝이 있는 영화와 달리 디즈니랜드는 끝없이 진화할 수 있다. 진정한 무한게임 사고방식을 지녔던 디즈니는 다음과 같이 설명했다. "디즈니랜드는 영원히 끝나지 않는다. 디즈니랜드는 끊임없이 발전할 수 있고 새로움을 계속 더할 수 있다. 하지만 영화는 다르다. 제작이 끝나면 그걸로 끝이다. 개선하고 싶은 점을 발견한다 해도 할 수 있는 일은 아무것도 없다. 나는 살아 움직이는 것, 계속 성장하는 것을 늘 만들고 싶었다. 디즈니랜드가 바로 그것이다."

수많은 기업가가 그렇듯 월트 디즈니도 새로운 사업에 자신의 전부를 걸었다. 하지만 하지 않아도 될 일을 했다는 점에서 디즈니랜드를 짓는 일은 위험 부담이 훨씬 컸다. 처음 사업을 시작할 때보다 잃을 것이 더 많았다. 이것이 바로 선구자적인 무한게임식 리더가 겪는 역경이다. 디즈니는 기존 회사에서 더는 대의명분을 구현할 수 없다는 사실을 깨닫고, 모든 것을 포기하고 새로 시작하기로 마음먹었다. 돈을 더 많이 벌 기회를 발견했기 때문이 아니었다. 기존 사업이 실패할 위험에 처해 있어서도 아니었다. 자신의 대의명분을 이루어갈 더 나은 방법을 찾았기 때문에 그 길에 뛰어든 것뿐이었다.

수평선 너머를 보는 상상력

근본적 유연성이란 대의명분을 더 효과적으로 실현하기 위해 기존 사업 모델이나 경영 전략을 파격적으로 변경하는 능력을 말한다. 뛰어난 통찰력으로 미래를 내다보는 무한게임식 플레이어는 이런 변화를 감행한다. 유한게임식 플레이어는 새로운 것이나 기존 질서의 파괴를 두려워하는 반면 무한게임식 플레이어는 그것을 즐긴다. 대의명분이 뚜렷한 무한게임식 리더는 미래를 예측해

보고 지금까지 해온 대로 할 경우 앞으로는 대의명분을 좇는 데 상당한 제약이 생길 듯하다면, 유연성을 발휘한다. 현재 사용하는 기술보다 더 효과적으로 대의명분을 진전시킬 수 있는 새로운 기술이 나왔을 때도 유연성을 발휘한다. 무한게임식 비전이 없으면 모든 전략 변경이 아무리 파격적이어도, 수동적이고 기회주의적이다. 반면 근본적 유연성은 항상 공격적이다. 신기술이 등장하거나 소비자의 행동 패턴이 변해서 기업들이 생존을 위해 방어적인 태도로 수용한 변화를 근본적 유연성으로 혼동해서는 안 된다. 예를 들어 디지털 시대가 열렸을 때 수많은 신문사와 잡지사는 사업 모델을 뿌리째 바꿨는데, 이는 대의명분에 더 좋은 방법을 찾았기 때문이 아니라 시대에 맞춰 변화할 수밖에 없었기 때문이었다. 이러한 처신은 살아남기 위해서는 꼭 필요하지만 직원들에게 깊은 감명을 주거나 그들의 열정에 불을 지피지는 못한다. 반면 근본적 유연성은 그렇게 할 수 있다.

스타트업 기업들은 당장의 수익보다 비전을 이루고자 하는 열의에서 더 큰 원동력을 얻는다. 근본적 유연성이 있으면 회사가 이미 성공의 달콤함을 누리고 있을 때도 스타트업 기업가와 같이 새롭게 도전하고자 하는 열망이 생긴다. 월트 디즈니는 WED를 창립하고 전부 다시 시작했을 때 기존 회사의 직원을 몇 명 데리고 나왔다. 그들은 초심자의 마음으로 월트 디즈니와 함께 새로운 모험을 떠나기를 원했다. 그들은 위험을 분담하고자 했고 기꺼이 시간과 노력을 쏟아붓고 싶어 했다. 월트 디즈니의 새로운 아이디어를 성공시킬 수만 있다면 무엇이든 할 각오가 되어 있었다. 그들은 월트 디즈니와 같은 꿈을 꿨으며 상상도 못 했던 일을 다시 한번 해낼 생각에 들떠 있었다. 그들이 이렇게 근본적 유연성을 보여준 덕분에 월트 디즈니도 또다시 자신의 열정에 활기를 찾을 수 있었다. 그는 자신의 새 회사에 대해 이렇게 말했다. "젠장, 이 회사 너무 좋아!"

근본적 유연성은 회사를 설립할 때가 아니라 회사가 완전히 자리 잡은 뒤 제대로 운영되고 있을 때 나타난다. 리더가 근본적 유연성을 발휘하면 유한게임식 플레이어는 이를 부정적으로 바라본다. 지금까지 해온 대로 하면 수익이 보장되어 있는데도 그것을 포기하고 검증되지 않은 길을 개척하면 회사가 쇠퇴하거나 망할 수도 있다고 생각한다. 유한게임식 플레이어는 그런 위험을 무릅쓸 가치가 전혀 없다고 믿는다. 그러나 무한게임식 플레이어는 현재에 안주하는 태도가 더 위험하다고 여긴다. 그들은 불확실성을 받아들인다. 근본적 유연성을 발휘하지 못하면 대의명분을 추구하는 데 어려움이 생길 것이라 생각한다. 현 상태 그대로 유지하면 결국 조직에 종말이 찾아올 수 있다고 느끼고 그것을 두려워한다.

다시 한번 말하지만 무한게임식 플레이어가 근본적 유연성을 적용하는 이유는 기존의 사업 모델을 통째로 바꿔서라도 대의명분을 실현하기 위해서다. 유한게임식 플레이어가 근본적 유연성을 기피하는 이유는 대의명분을 버려서라도 현 사업 모델을 지키기 위해서다. 만약 기업이 대의명분을 위한 수단이라면 전략을 극적으로 변화시키는 한이 있어도 어떤 형태로든 기업이 오래 생존하는 것이 매우 중요하다.

근본적 유연성은 기업을 운영하는 데 필요한 일상적 유연성보다 큰 개념이다. 또한 '반짝이는 물체 증후군(새로운 것이라면 무턱대고 따르는 현상—옮긴이)'과 근본적 유연성을 헷갈려서는 안 된다. 마치 반짝이는 물체라면 무조건 쫓아가는 고양이처럼, 좋은 의도로 일하는 직원들뿐 아니라 선구자적인 리더들조차 좋은 아이디어를 발견하기만 하면 "바로 이거야! 우리 비전을 성취하기 위해서는 이걸 해야 해!"라고 외치는 경우가 많다. 리더가 근본적 유연성을 발휘할 때는 파격적인 행보를 보이더라도 대의명분을 믿는 직원들은 왜 그렇게 해야 하는지 분명히 이해한다. 물론 회사의 변화에 단기적으로 스트레스를 받을 수 있지만 그럴 가치가 있다고 모두 동의하며 동참하고 싶어 한다. 반면 반짝이는 물체 증후군이 퍼진 기업에서는 직원들이 갑작스러운 변화에 몹시 당황하며 의지를 잃고 지치고 만다.

선구자적인 리더가 근본적 유연성을 실행하는 것을 외부에서 관찰하면 마치 그들이 미래를 본 듯하다. 그러나 예지는 불가능하다. 그들은 아직 존재하지 않는 미래에 대한 선명한 비전, 즉 대의명분을 품고 그것을 현실로 만드는 데 도움이 될 새로운 아이디어

　　　　　　　　　　　　　10장 회사를 폭파하라

나 기회, 신기술을 끊임없이 찾아다닐 뿐이다. 포드의 앨런 멀럴리는 주간 업무 계획 리뷰 시간을 활용해 동종 업계 외의 회사에서 무슨 일이 벌어지고 있는지 파악하고자 했다. 그는 이렇게 말했다. "지금 일어나고 있는 모든 일을 항상 살피고, 거기서 배우는 것이 중요합니다." 유한게임식 리더 역시 기회를 찾고자 하지만 그들의 시선은 업계 내에, 재무제표 안에만 머물며 수평선을 벗어나지 못한다. 반면 대의명분을 지닌 무한게임식 리더는 업계 외부에까지 시선을 넓히며 상상력을 동원해 수평선 너머까지 바라본다. 1980년대 초반 스티브 잡스가 애플에서 보여준 근본적 유연성이 이에 딱 맞는 사례다.

지금까지 책에서 설명했듯이 애플에게는 아주 분명한 대의명분이 있었다. 그런데 사실 그 대의명분의 씨앗은 애플이 창립되기 한참 전에 이미 존재했다. 베트남전쟁이 일어나던 시절 캘리포니아주 북부에서 어린 시절을 보낸 애플의 공동 창립자 스티브 잡스와 스티브 워즈니악Steve Wozniak은 기득권층을 몹시 불신했다. 그들은 개인이 빅 브라더와 맞서 싸울 수 있도록 힘을 실어주고자 했다. 1970년대 컴퓨터 혁명 시절 젊은 기업가였던 두 사람은 개인이 사회상에 도전할 때 퍼스널 컴퓨터만큼 완벽한 도구는 없다고 생각했다. 그들은 퍼스널 컴퓨터 하나로 개인이 기업과 겨룰 수 있는 세상을 꿈꿨다. 퍼스널 컴퓨터로 힘을 얻은 개인이 애플의 경쟁자가 된다고 해도 상관없었다.

애플은 퍼스널 컴퓨터인 애플 I 과 애플 II 를 출시한 뒤 이미 엄청난 성공을 거둔 회사가 됐다. 1979년 12월, 잡스를 비롯한 애플의 경영진은 다음에 출시할 신제품을 설계하던 중 캘리포니아주 팰로앨토에 위치한 제록스Xerox의 혁신 센터 제록스 파크Xerox PARC에 방문했다. 그곳에서 제록스 관계자는 그들이 개발한 그래픽 사용자 인터페이스Graphical User Interface, 즉 GUI라는 신기술을 애플의 경영진에게 소개했다. GUI는 도스와 같은 컴퓨터 언어를 배우지 않고도 컴퓨터를 사용할 수 있도록 해주는 기술이었다. GUI 기술로 사용자들은 처음으로 '데스크톱' 화면에서 '커서'를 옮기기 위해 '마우스'를 사용하고 '아이콘'이나 '폴더'를 '클릭'하게 됐다. 개인이 힘을 얻는 세상을 꿈꾸던 애플은 이 획기적인 기술을 활용한다면 그 어느 때보다도 많은 사람이 컴퓨터를 활용할 수 있으리라 믿었다.

제록스 파크에 다녀온 뒤 잡스는 경영진에게 한 가지 제안을 했다. 지금까지 해온 방식을 바꾸고 GUI에 투자해야 한다는 주장이었다. 이를 들은 한 임원이 이성적인 목소리를 냈다. "안 됩니다." 그는 애플이 이미 현재 시스템에 수백만 달러와 엄청난 인력과 시간을 투자했다는 사실을 지적했다. 신제품을 처음부터 다시 만들기 위해 지금까지 해온 일을 모두 폐기하면 회사에 상당한 부담이 될 것이 뻔했다. 그 임원은 이렇게 말했다. "스티브, 여기에 투자하면 우리 회사를 스스로 폭파하는 꼴이 될 겁니다." 잡스는 이렇게 대답했다. "다른 사람이 하느니 우리가 직접 터뜨리는 게 낫죠."

유한게임식 리더였다면 이미 확고하게 자리 잡은 전략을 버리기 쉽지 않았을 것이다. 특히 그 전략에 이미 막대한 시간과 돈이 들어간 데다가 그대로 고수하면 금전적 성과가 보장됐으니 더욱 포기하기 어려운 상황이었다. 그러나 잡스가 보기에는 아무리 비용이 많이 들고 부담이 가중되더라도 애플의 선택지는 근본적 유연성을 발휘해 신기술에 투자하는 길뿐이었다. 그는 비용이 아니라 대의명분에 따라 행로를 정했다. 애플의 직원들도 그의 뜻에 동의했다. 애플을 사랑했던 직원들은 기꺼이 잡스의 지휘에 따라 지금까지 그 누구도 하지 않았던 일에 동참했다. 그들은 그렇게 단 4년 만에 매킨토시를 출시했고 퍼스널 컴퓨터 업계에 대변혁을 불러일으킨 운영체제를 선보였다. 누구나 사용하기 쉬운 퍼스널 컴퓨터가 최초로 탄생한 때였다. 마이크로소프트 역시 애플의 행보를 따를 수밖에 없었다. 맥이 나온 지 4년이 지났을 때 마이크로소프트는 윈도우 2.0을 내놨다. 현재 우리가 사용하는 윈도우와 비슷한 형태의 최초 버전이었다. PC가 매킨토시처럼 작동하도록 만들어진 소프트웨어였다.

우리가 우리 회사를 폭파하지 않으면
다른 사람이 망칠 것이다

"연필처럼 쓰기 쉽습니다. 셔터만 누르세요. 그 다음은 저희가 책임집니다." 이스트먼 코닥이 최초로 대중을 상대로 한 카메라를 출시했을 때의 광고문이다. 이 광고문은 조지 이스트먼의 비전을 그대로 보여준다. 19세기 말 무렵에 사진이란 전문가와 일부 진지한 애호가만 다룰 수 있는 특수한 기술이었다. 휴가를 즐기는 자기 가족을 직접 찍는 건 평범한 사람들에게 꿈도 꾸지 못할 일이었다. 카메라는 부피가 크고 아주 무거웠다. 사진을 인화할 때 사용하던 도구인 사진 건판을 다룰 때도 독성이 강한 화학물질이 필요했다. 과정이 매우 복잡했고 비용도 많이 들었다. 이스트먼은 일반인도 쉽게 사진을 찍을 수 있는 간편한 카메라를 만들기 위해 심혈을 기울였다. 그는 과거에 이미 사진 건판을 코팅하는 혁신적인 기술을 개발했다. 하지만 진정한 혁신은 셀룰로오스 질산염 플라스틱의 일종인 셀룰로이드로 두꺼운 사진 건판을 대체한 발명이었다. 틀니를 고정하는 잇몸 부분을 만드는 데 사용되던 셀룰로이드를 활용해 현대적인 형태의 필름을 만들었다.

코닥은 사진 대중화에 성공하고 전 세계에서 손꼽히는 회사가 됐고 조지 이스트먼은 세계적인 부자가 됐다. 1932년 그가 사망한 이후에도 코닥은 계속해서 그의 대의명분을 추구했다. 평범한 사람들이 소중한 순간을 손쉽게 담아 간직할 수 있도록 연구를 계속한 코닥은 1935년 상업적으로 성공한 최초의 컬러 필름을 대중에 선보였다. 이로써 영화와 가정용 영상에 컬러의 시대가 열렸다. 또한 코닥은 원반이 달린 슬라이드 영사기를 발명했다. 이 기계를 이용해 가족과 친구들을 앞에 앉혀놓고 쉽고 편리하게 휴가나 결혼식 장면을 함께 감상할 수 있었다. 1960년대 초반 코닥은 필름 카트리지를 발명하여 사진을 더욱 간단하고 편리하게 만들었다. 이제 원반으로 필름을 되감을 필요도 없이 카메라 뒷면에 필름 카트리지를 끼워 넣기만 하면 됐다. 그리고 1975년에는 연구개발팀에서 진정 놀라운 발명품이 나왔다. 바로 최초의 디지털 카메라였다. 그러나 여기서 문제가 발생했다.

코닥의 대의명분을 실현하기 위해서라면 디지털로의 이행이 너무나 당연했지만, 문제는 디지털카메라가 개발되면 코닥의 기존 사업 모델이 전면적인 타격을 입게 된다는 점이었다. 코닥은 사진을 찍는 행위에 수반된 모든 재화로 수익을 내고 있었다. 그들은 카메라에서부터 필름, 카메라 발광 장치, 필름을 현상하는 기계와 거기에 쓰이는 화학 약품, 인화지까지 그 일체를 제조하고 있었다. 새로운 디지털 기술이 개발되면 현재의 비즈니스는 완전히 밀릴 것이 분명했다. 당시 코닥의 리더가 조지 이스트먼 같은 무한 게임식 리더였더라면 이는 아무런 문제가 되지 않았을 것이다. 이 신기술을 대의명분을 더 효과적으로 구현하도록 도와주는 존재로 여기고, 이에 따라 회사의 수익 구조를 어떻게 재구성할지 고민했을 것이다. 하지만 아쉽게도 당시 코닥의 임원들은 더는 대의명분을 신경 쓰지 않았다. 회사에 유한게임 사고방식이 만연했다. 그들은 이제 대의명분에 다가가는 방향으로 결정을 내리지 않았다. 오로지 비용을 관리하고 단기 재무 수익을 극대화하는 방향으로만 회사를 이끌었다.

대의명분을 잃은 코닥의 경영진이 디지털 기술을 알게 됐을 때 처음으로 보인 반응은 사람들이 사진을 화면상으로 보기 싫어하리라는 추측이었다. 경영진은 신기술을 개발한 엔지니어들에게 사람들은 종이에 찍혀 나온 사진을 좋아하므로 종전처럼 종이 사진 중심으로 기업을 운영하는 것에는 아무 문제가 없다고 말했다. 최초로 디지털카메라를 발명한 젊은 엔지니어 스티븐 새슨Steven Sasson은 20년 혹은 30년 뒤 사진의 미래가 어떻게 펼쳐질지 경영진에게 보여주기 위해 필사적으로 노력했다. 하지만 놀랍게도 경영진은 대의명분을 실현하는 데 전혀 관심이 없었다. 더구나 그당시 기업은 잘 운영되고 있었고 경영진도 그에 따라 크게 이득을 보고 있었으므로 어떤 변화도 원하지 않았다. 그들은 대의명분을 위해 코닥을 디지털 회사로 재탄생시키겠다고 나서서 주주들을 화나게 하고 단기적으로나마 회사 전체를 혼란에 빠뜨릴 생각이 전혀 없었다. 그래서 근본적 유연성을 실천해야 할 때였음에도 이스트먼의 비전을 버리고 기술 개발을 억제하며 회피할 수 있을 때까지 회피하기로 결정했다. 새슨은 이렇게 말했다. "임원들에게 18년이나 20년 후의 미래를 이야기해봤자 그들은 관심이 없었습니다. 그때면 본인들은 이미 회사를 떠나고 없을 것이기 때문이죠. 디지털카메라가 시장에 나오면 모두가 필름 카메라에서 디지털카메라로 넘어갈 것이 뻔했습니다. 당시 저희는 필름을 팔아서 엄청난 수익을 올리고 있었어요. 하지만 문제는 앞으로 필연적으로 필름을 팔지 못하게 되리라는 사실이었죠. 제 입장은 이것이었습니다." 코닥의 경영진은 디지털 혁명을 주도하는 대신 눈을 감고 귀를 막은 채 그저 앞으로도 다 잘되리라고 믿었다. 한동안은 그랬다. 하지만 오래가지 않았다. 오래갈 수 없었다. 유한게임식 전략은 절대 오래가지 않는다.

최초의 디지털카메라가 탄생한 뒤 코닥은 다른 회사들이 디지털 기술을 접목한 카메라를 만들어내는 데 10년 정도 걸리리라 예상했다. 코닥의 예측이 옳았다. 그들이 최초의 디지털카메라를 발명한 지 10년쯤 지났을 때, 일본 카메라 회사 니콘Nikon은 외장 디지털 프로세서를 본체에 연결할 수 있는 SLR 카메라를 출시했다 (디지털 프로세서는 코닥이 특허를 보유했기 때문에 코닥에서 제조했다). 하지만 모든 처리를 완전히 디지털로 하는 대중용 디지털카메라는 니콘보다 훨씬 작은 필름 회사였던 후지Fuji에서 1988년 출시했다. 추후 니콘은 후지와 파트너십을 맺고 함께 혁신적인 기술 개발을 계속해나갔다. 그로부터 약 10년 뒤 일본 전자제품 회사

샤프Sharp가 최초의 휴대전화를 출시했다. 그로부터 또 10년 뒤, 즉 2000년대 중후반쯤에 디지털카메라 그리고 카메라가 내장된 휴대전화는 표준이 되었다.

코닥은 디지털 기술과 관련해 수많은 특허를 가지고 있었다. 그리고 그 특허로 수십억 달러의 수익을 냈다. 그렇게 수익을 내고 있으니 마치 회사가 잘 운영되고 있는 듯이 보였다. 코닥의 유한게임식 리더들은 재무제표만 건실하면 회사 전체가 건실하다고 착각했다. 이는 사실이 아니다. 적어도 무한게임에서는 말이다. 결국 2007년 코닥은 특허로 인한 수익이 바닥나기 시작했고 5년 뒤 파산 보호를 신청했다.

파산은 자살 행위와 같다. 한때 성공적이었던 회사가 파산까지 가는 내리막길 역사를 돌이켜보면 늘 유한게임에 집착한 리더가 있었다. 그들은 대의명분을 내팽개치고 필사적으로 기존 사업 모델에 매달렸다. 그 사업 모델로 지금까지는 성공을 거둬왔지만 앞으로는 그 모델로 버티기 어려운 상황에서도 고집을 부렸다. 기업이 망하는 이유로 대부분 '시장 상황'이나 '신기술', 혹은 주식 문제를 꼽지만 사실 그렇지 않다. 기업이 무너지는 이유는 근본적 유연성이 꼭 필요한 순간에 리더가 그 결단을 내리지 못했기 때문이다. 대의명분을 저버리는 순간 근본적 유연성도 같이 버려진다. '근본적 유연성의 결여' 현상이 나타나는 것이다. 모든 기업에는 언젠가 근본적 유연성이 필수적인 때가 찾아온다. 특정 리더의 재임 기간에 그 시기가 찾아오리라는 법은 없으므로 현 리더는 후계자가 근본적 유연성을 발휘할 수 있도록 조직을 준비시켜야 한다. 그러기 위해서는 모든 의사결정의 기준을 대의명분으로 삼고 신뢰도 높은 기업 문화를 형성해야 한다.

2012년 1월 19일 자『뉴욕타임스』에는 코닥의 파산을 알리는 기사가 실렸다. 기사의 첫 문장은 이 상황을 완벽하게 요약해서 보여준다. "131년 역사의 선구적 필름 제조 회사 이스트먼코닥이 디지털 시대에 적응하지 못해 수년간 고전한 끝에 목요일 파산 신청을 했다." 당시 코닥의 CFO였던 안토이넷 맥코비Antoinette McCorvey가 발표한 성명서에는 코닥의 리더들이 얼마나 유한게임 사고방식에 갇혀 있었는지 여실히 드러난다. "코닥은 최선을 다해왔지만 2008년 이후 사업 구조 변경에 따른 과도한 비용과 불경기의 여파로 자산 유동성 문제를 겪고 있다." 코닥은 한때 위대한 무한게임식 기업이었지만, 리더들의 유한게임식 야망 때문에 이스트먼의 대의명분에 대한 도덕적 책임을 잃고 말았다. 코닥의 리더들은 비전을 실현하겠다는 열정으로 회사를 이끌지 않았고 시장의 힘이 개입해 회사를 지배하도록 내버려뒀다. 그리고 그 대가는 회사 전체와 직원들 그리고 본사가 위치한 로체스터 지역과 주주가 치러야 했다.

오늘날 코닥은 과거의 그림자 안에 존재한다. 디지털카메라를 발명했을 때의 코닥 직원은 약 12만 명이었다. 지금은 약 6,000명으로 줄었다. 코닥은 여전히 필름과 사진 현상에 필요한 제품을 만들고 있다. 하지만 이제는 이스트먼의 대의명분과는 정반대로 전문 사진가 시장 단 하나만 겨냥하고 있는 꼴이 됐다. 코닥은 설립 당시의 이념을 완전히 잃었다.

대의명분을 내버린 코닥의 경영진은 회사의 장기적 성공을 위해 필요한 비전도, 용기도 없었다. 그들의 최선은 세상에서 벌어지는 일에 수동적으로 반응하는 것뿐이었다. 조지 이스트먼은 대중을 상대로 새로운 시장을 창조했다. 그리고 초창기 코닥 직원들은 시장의 거의 모든 분야에서 선구자였다. 그만큼 위대했던 기업이 스스로 발명한 혁신적인 기술로 자기 자신을 파괴하게 된 원인은 단 하나, 유한게임 사고방식이었다.

11장

생각을 밀고 나가는 용기

그 회사의 본사 건물 로비에는 대의명분을 적어놓은 아주 큰 표지판이 걸려 있었다. 그들의 대의명분은 "사람들이 더 건강한 삶을 영위하도록 돕는다"였다. 회사의 경영진은 그 대의명분을 믿었다. 회사가 단지 돈만 좇지 않고 그 이상의 목표를 추구한다고 생각했고, 원대한 가치를 실현하는 수단으로서 회사가 존재하기를 바랐다. 그들은 환자를 도울 방법을 찾고자 정기적으로 보건 의료 기업, 병원 관계자 및 의사들과 함께 회의를 진행했다. 어느 날 회의가 끝나갈 무렵 누군가 이렇게 지적했다. "그런데 매장에서 담배를 팔지 않나요?"

2014년 2월, 대형 약국 체인 CVS케어마크CVS Caremark는 앞으로 약 2,800개의 모든 매장에서 담배와 관련된 제품을 일절 판매하지 않겠다고 발표했다. (미국의 약국은 드러그스토어 개념으로 의약품뿐 아니라 각종 생필품, 식료품도 판매한다—옮긴이) 이로써 CVS는 매년 매출에서 약 20억 달러씩 손해를 보게 됐다. 이는 그 어떤 외부의 압박도 없이 그들이 스스로 내린 결정이었다. 대중의 요구도 없었고 스캔들이 터지지도 않았다. 온라인 캠페인이 일어난 것도 아니었다.

이 소식을 들은 대중은 압도적인 지지를 보냈다. 하지만 월스트리트와 재무 전문가들은 그다지 반기지 않았다. CNBC의 유명 앵커 짐 크레이머Jim Cramer는 이렇게 말했다. "『오즈의 마법사』 Wizard of Oz에 나오는 오즈에서라면 그렇게 돈을 벌 수도 있겠죠. 하지만 월스트리트는 오즈가 아니에요. 월스트리트에서 '나 CVS를 살 거야. 왜냐하면 그들은 선량한 시민이거든'이라고 말하는 사람은 아무도 없어요. 주당 순이익을 살펴봤는데요, CVS의 주당 순이익은 점점 떨어지고 있네요."

다른 논평가들도 그의 의견에 동의했고 CVS의 경쟁자들에게 반가운 소식이라고 평했다. 일리노이 주의 한 영업·마케팅 전문가는 CVS의 이러한 결정으로 다른 소매점의 담배 판매량이 점포당 매주 700갑씩 늘어나리라 예상한다며, 담배를 사러 들어간 사람들이 추가로 다른 물품을 구매하는 매출까지 고려해야 한다고 말했다. 유한게임과 무한게임의 시각으로 바라보면 이런 분석들이 극도로 유한한 사고방식임을 알 수 있다. 만약 비즈니스라는 게임이 유한게임이었고 미래를 예측하기가 그렇게 쉬웠더라면 이 전문가들은 100퍼센트 옳았을 것이다. 하지만 비즈니스는 무한게임이고 미래는 예측하기 어렵다.

실상은, CVS가 담배 판매를 중단한 뒤 그 700갑의 담배 매출은 다른 곳으로 옮겨가지 않았다. 그 어느 곳으로도 이동하지 않았다. 전체적인 담배 매출 자체가 감소했다. CVS는 담배 판매 중지로 어떤 결과가 나왔는지 알아보기 위해 독립 연구를 수행했는데, CVS가 점유율 15퍼센트 이상을 차지하는 주에서 총 담배 판매량이 1퍼센트 떨어졌다는 결과가 나왔다. 이는 해당 지역의 흡연자들이 8개월 전과 대비해 평균적으로 5갑을 덜 샀다는 뜻이다. 결과적으로 같은 기간 담배 총판매량이 9,500만 갑 감소했다. 반면 같은 기간 니코틴 패치 판매량은 4퍼센트 증가했다. CVS의 결정으로 많은 흡연자가 금연을 결심한 것이다. 또한 담배 판매를 멈추면서 매출이 실제로 감소하긴 했지만 새로운 기회가 생기기도 했다. 건강보조식품 브랜드 어윈내추럴Irwin Naturals이나 뉴챕터New Chapter 같은 회사들은 투철한 목적의식으로 홀푸드Whole Foods와 같은 프리미엄 식료품점이나 건강식품점에만 납품하고 CVS에는 납품하기를 거절해왔었다. 그러나 CVS가 담배를 모든 매장에서 없앤 뒤 마침내 CVS에 납품을 시작했다. 덕분에 CVS는 고품질 브랜드의 다양한 제품군을 취급하게 됐고 새로운 수입원이 생겼다. 사람들이 더 건강한 삶을 영위하도록 돕겠다는 대의명

11장 생각을 밀고 나가는 용기

분을 진전시키기 위해 용기 있는 결정을 내린 덕에 그들은 미국인을 조금 더 건강하게 만들었을 뿐 아니라 제품 판매에도 긍정적인 결과를 만들어냈다.

물론 CVS의 주가에 영향을 미치는 요인은 훨씬 다양하다(CVS는 담배 판매를 중지한 직후 사명을 'CVS헬스CVS Health'로 변경했다). 운동으로 건강이 얼마나 좋아지는지 하루치를 정확히 재기 어렵듯이 무한게임에서 재무 건전성이 얼마나 좋아지고 있는지 매일매일 측정하기는 어렵다. 그러나 꾸준히 하다 보면 시간이 지났을 때 극적인 결과가 나타나게 된다. 짐 크레이머는 CVS가 선량한 시민의 역할을 다한다고 해서 월스트리트에서 CVS를 사지는 않는다고 지적했다. 하지만 고객이나 직원들은 다르다. 그리고 충성도 높은 고객과 직원들이 많아질수록 회사는 더욱 성장한다. 회사가 성장할수록 주주들은 더 큰 이익을 얻는다. 여기서 빠진 것이 있을까?

크레이머와 애널리스트들이 예측한 대로 CVS가 담배를 팔지 않겠다는 계획을 발표한 다음 날 CVS의 주가는 주당 66.11달러에서 65.44달러로 1퍼센트 하락했다. 하지만 그다음 날 바로 회복됐다. 계획을 발표한 지 1년 반이 지나고 실제로 담배 판매를 중단한 지 8개월이 지났을 때, CVS의 주가는 계획 발표 전보다 2배 높은 113.65달러를 기록했다. 이는 역대 최고가였다. 짐 크레이머가 그렇게 걱정하던 주당 순이익은 어떻게 됐을까? 상장 기업의 재무 상태를 측정하는 대표적 지표인 주당 순이익도 증가했다. CVS가 계획을 발표하기 전인 2013년 12월 CVS의 주당 순이익은 1.04달러였고, 발표 뒤에 0.95달러로 떨어졌다. 하지만 그다음 분기에 다시 1.06달러로 올랐고 이후 3년간 70퍼센트 가량 증가해 평균 1.77달러를 기록했다.

유한게임 사고방식이 팽배한 이 사회에서 리더가 무한게임 사고방식을 유지한다면 그 리더는 직업을 잃을 수도 있다. 오늘날 우리 모두는 유한게임 사고방식을 강요하는 엄청난 압박을 받고 있다. 사람들은 대부분 유한게임을 얼마나 잘하는지에 따라 커리어와 관련된 기회가 주어진다. 유한게임 사고방식이 지배하는 이 세상에서 애널리스트들은 끊임없이 이것저것 비난해대고, 사모 투자 전문 회사나 벤처캐피탈에서는 실적 압박을 준다. 임원의 연봉은 회사의 성과가 아니라 주가로 결정된다(놀랍게도 회사의 성과와 주가가 항상 같이 움직이지는 않는다). 게다가 스스로를 평가할 때도 유한게임을 잘하는지 못하는지를 기준으로 삼는 오류를 저지르며 자신을 줄곧 채찍질한다. 그로 인해 더 위대한 목적을 바라보는 마음은 완전히 산산조각 나고 만다. 주변에 널리 퍼진 유한게임식 압력에 그냥 순응하는 편이 쉽고 편리하다. 그러므로 무한게임 사고방식을 고수하는 데는 용기가 필요하다.

'선구자적 용기'란 불확실한 미래를 위해 기꺼이 위험을 감수할 의지를 뜻한다. 미래는 미지의 것이지만 현재 감수하는 위험은 현실이다. 당장 이번 달, 이번 분기, 올해를 놓고 따져보기는 쉽지만 먼 훗날까지 고려해 결정을 내리기는 훨씬 어렵다. 먼 미래를 내다보고 결정을 내리면 단기적으로 손해를 볼 수 있다. 비용이 많이 들거나 직업을 잃을 수도 있다. 단순한 준법 정신을 넘어서서 높은 윤리 기준에 맞춰 행동하기 위해서는 선구자적 용기가 필요하다. 누군가 윤리 기준에 위반된 행위를 강요할 때 그 사람에게 당당하게 자신의 생각을 관철하는 데도 선구자적 용기가 필요하다. 유해한 사고방식을 가진 상대의 생각과 행동을 바꾸는 데도 선구자적 용기가 필요하다. 오늘날의 비즈니스 표준에서 벗어난 결정을 내릴 때도, 우리의 대의명분에 동의하지 않는 사람들의 압력을 무시하는 데 역시 선구자적 용기가 필요하다.

무한게임에서 선구자적 용기란 단순히 위험을 감내하는 행위만을 의미하지 않는다. 유한게임식 리더들도 위험을 감수할 때가 있다. 그러나 무한게임 사고방식으로 바라본 선구자적 용기란 세상을 인식하는 시각 자체를 완전히 바꾸겠다는 의지를 뜻한다. 밀턴 프리드먼이 주장한 기업의 목적을 거부하고 기업을 새롭게 정의하는 용기다. 용기를 내어 유한게임에서 무한게임으로 사고방식을 바꿔 행동하면 유한게임식 세계관에 익숙한 사람들은 그러한 행동을 매우 무모하게 바라본다. 담배를 그만 팔기로 작정한 CVS처럼 말이다. 하지만 무한게임식 세계관으로 세상을 바라보는 이들에게는 그러한 행동이 너무도 당연하게 느껴진다.

그렇다면 사고방식을 무한게임식으로 바꿀 용기는 어떻게 얻을
수 있을까?

1. 나의 세계관과 가치관을 송두리째 흔드는 강렬한 경험을 할 때
   까지 기다린다.
2. 열정이 느껴지는 대의명분을 직접 찾는다. 같은 대의명분을 좇
   는 사람들, 서로 신뢰하는 사람들과 어울린다. 끊임없이 자기
   계발을 하도록 자극하는 선의의 라이벌을 만든다. 현재 어떤 길
   을 가고 있든, 어떤 전략을 수행하든 간에 가장 우선시해야 하
   는 것은 대의명분이라는 사실을 명심한다.

첫 번째 방법은 아주 적합한 방법이며 실제로 그렇게 무한게임 사
고방식을 지니게 된 훌륭한 리더가 아주 많다. 비극적인 일을 경
험하거나, 어떤 기회가 찾아오거나, 운명 같은 일을 겪고 나서 갑
자기 세상을 완전히 다른 시각으로 바라보게 될 수 있다. 하지만
이 방법은 다소 도박이다. 무작정 이런 일이 일어나기만을 기다리
라고 추천하지는 않겠다.

두 번째 방법은 조금 더 적극적이다. 약간의 신념과 자기 절제
력 그리고 실천하고자 하는 의지만 있으면 된다. 사람들은 사고방
식이 무한게임식으로 바뀌면 마음의 울림을 느낀다. 하지만 느낌
에만 그치지 않고 실제 행동에도 변화가 생긴다. 유한게임식 세계

관을 버리지 못한 사람들에게는 이러한 행동이 너무 이상주의적이거나 안일하거나 어리석게 여겨진다. 반면 같은 신념을 가진 사람들에게는 아주 용기 있는 행동으로 보인다. 무한게임식 참여자들에게는 이런 용기만이 유일한 선택지다.

CEO가 '선구자적 용기'를 낼 때

더그 파커Doug Parker가 아메리카웨스트항공America West Airlines의 새로운 CEO로 임명된 날은 2001년 9월 1일이었다. 바로 10일 뒤 9·11 테러가 발발했다. 수많은 업종이 어려움을 겪었지만 항공업계가 입은 타격은 특히나 컸다. 미국 비행기 탑승객이 제2차 세계대전 이래 가장 적었다. 유나이티드항공United Airlines과 US에어웨이US Airways 같은 회사는 파산 보호를 신청했다. 아메리카웨스트 같은 지역 소형 항공사는 대형 항공사처럼 완충 작용을 할 자본이 없었으므로 회사 전체가 완전히 무너질 듯했다.

9·11테러 이후 정부가 항공수송안정위원회Air Transportation Stabilization Board를 설립해 자금난에 처한 항공사에게 100억 달러의 자금을 대출해주겠다고 밝혔다. 이에 파커는 가장 먼저 대출을 신청하러 갔지만 성사되지 않았다. 파커는 실의에 빠진 채 아메리카웨스트 항공기를 타고 본사로 향했다. 추후 그는 당시를 이렇

게 회상했다. "상황이 좋지 않았습니다. 아메리카웨스트항공의 새 CEO로서 역사상 가장 짧은 기간 근무하고 가장 심각하게 실패한 사람으로 기록될 참이었죠." 비행기에서 그는 괴로움을 잠시 잊고자 서비스를 준비하는 공간인 갤리로 가 승무원들과 대화를 나눴다. 그때 메리를 만났다. 메리는 아주 훌륭한 승무원이었고 그녀에게는 이 커리어가 전부였다. 업계의 어려움을 견뎌낼 힘이 없는 항공사에서 일하는 것은 그녀의 잘못이 아니었다. 파커는 이렇게 말했다. "메리는 경영진이 회사를 살려낼 방법을 찾아야만 자신도 살 수 있다고 생각했어요."

메리를 만나기 전, 파커에게 회사의 붕괴를 막는 일은 업무였다. 회사를 정상화하기 위해 필요한 자금만을 생각했다. 즉 자원의 관리만 고려한 것이다. 하지만 메리를 만난 뒤로는 회사를 지키는 일이 개인적인 목표가 됐다. 이제는 자원만이 아니라 의지력까지 더해졌다. "개개인의 이익보다 의미 있는 목적을 이루겠다고 헌신한 덕분에 단순히 자신만을 위해 일했다면 불가능했을 목표를 성취할 수 있었습니다." 파커를 비롯한 경영진은 모두 함께 새로운 열정으로 일했고 불가능해 보였던 정부 대출도 받아냈다. 회사를 더욱 성장시키고 경쟁력 있는 노선을 확보하고자 파커는 2005년에는 US에어웨이와, 2013년에는 아메리칸항공American Airlines과 합병했다. 파커는 자랑스럽게 말했다. "그 시점에 제 목표는 달성됐어요. 아메리칸항공은 전 세계에서 가장 큰 항공사죠.

저는 결국 저희 팀을 무사히 지켜냈습니다."

하지만 파커는 여전히 뭔가 허전했다. 그는 이렇게 말했다. "2016년 초, 일하는 진정한 목적이 무엇인지 고민에 빠졌습니다. 분명 개인적 이익보다 큰 가치를 성취했고 여전히 일하고 있었는데도 만족감이 크지 않았어요. '그동안 나는 돈만을 위해 일했나? 아니면 명예만을 위해 일했나?'라고 자문했습니다. 그렇다고 대답하고 싶지는 않았죠. 나 자신을 뛰어넘는 가치를 위해 일하고자 하는 갈망을 채우려면 회사를 떠나야 하는가 고민하기 시작했습니다." 크게 성공한 사람들은 흔히들 같은 생각을 한다. 그들은 커리어를 성공적으로 마친 다음, 부를 사회에 환원하고 자선을 베풀고자 재단을 세우거나 재산을 기부한다. 하지만 커리어를 잘 마무리한 다음에야 목적의식을 찾을 수 있는 것은 아니다.

파커가 메리를 비롯한 직원들을 지키고자 한 의지는 아주 훌륭했지만 그가 해낸 일은 문샷형 프로젝트였다. 파커의 목표에는 종결점이 명확히 존재했고 목표가 달성된 다음에는 또 다른 목표를 찾아야 했다. 그는 자신의 이익보다 더 위대한 목표를 이루는 성취감을 이미 맛보았다. 자기 자신이 아니라 다른 사람들을 빛내기 위해 일할 때 전에 없던 열정이 그의 마음속에서 불타올랐다. 그 감흥을 다시 느끼고 싶었다.

그러다 파커는 기계 제조업체 배리웨밀러Barry-Wehmiller의 CEO 밥 채프먼Bob Chapman의 강연을 들었다. 채프먼은 최고의 리더와 최고의 회사는 수치보다 사람을 우선시한다는 신념을 기탄없이 이야기하는 사람이다(내가 쓴 책 『리더 디퍼런트』*Leaders Eat Last*에서 채프먼에 관해 자세히 다뤘다). 채프먼은 수익보다 직원을 중시하는 철학으로 기업을 기대 이상으로 발전시켰고 그 경험에 힘입어 비판적인 사람들에게도 거리낌 없이 본인의 철학을 설파했다. 파커는 채프먼의 강연을 듣고 분명한 깨달음을 얻었다. 그는 그동안 자신이 문샷형 프로젝트를 수행하고 있었다는 사실을 몰랐다. 그가 직원들에게 안정적인 직장을 보장해주고 높은 임금을 지급해주는 것은 원대한 목적을 달성하기 위해 필수적으로 거쳐야 할 과정일 수는 있지만 그 자체가 평생을 바쳐 추구해야 할 대의명분은 아니었다. "직원들이 보호받는다고 느낄 수 있는 직장 환경을 만들고 싶습니다! 리더가 직원들의 노고를 인정해주고 감사히 여기며 직원들을 진심으로 생각해주는 환경을 조성하고자 합니다. 직원들이 퇴근할 때는 성취감을 가득 안고 집으로 돌아가길 원합니다. 바로 이것이 그동안 제가 찾던 위대한 미션이었습니다." 자신의 새로운 무한게임식 목표를 소개하는 파커는 무척 신이 나 보였다.

전 세계에서 가장 큰 항공사의 CEO가 용기를 내 유한게임식에서 무한게임식으로 사고방식을 바꾸면 어떤 일이 일어날까?

실적 수치가 사람보다 더 중요하게 여겨지는 많은 회사와 마찬가지로 아메리칸항공은 오랫동안 직원들 사이의 낮은 신뢰도로

골머리를 앓아왔다. 더그 파커가 들어오기 한참 전, 경영진은 노조와의 협상에서 파산 위기에 처한 회사를 살린다는 명목으로 노조 측에게 양보를 요구했다. 그런데 최고위 임원 7명에게는 앞으로 몇 년간 회사에 머물러주기만 하면 연봉의 2배에 해당하는 보너스를 주겠다고 약속했다. 심지어 그걸로도 부족하다는 듯 고위직 임원 45명의 연금을 확보하기 위해 4,100만 달러를 따로 챙겨두기까지 했다. 물론 일반 직원을 위해서는 아무것도 없었다.

이러한 스캔들로 결국 당시 CEO였던 도널드 카티Donald Carty는 사임했다. 그는 사임 성명서에서 후임 CEO에게 서로 협력하고 신뢰하는 새로운 기업 문화를 만들어달라고 부탁했다. 하지만 그의 후임이었던 제라드 아페이Gerard Arpey와 톰 호튼Tom Horton은 사람들의 기대에 부응하지 못했다. 신뢰도는 여전히 낮았고 윤리적 퇴색도 계속 팽배했다. 새로운 경영진이 신뢰도를 회복하기 위해 중대한 결정과 희생을 하지 않는다면 그 무엇도 바뀌지 않을 상황이었다. 파커는 앞으로 어떤 변화를 이루겠다고 아무리 말로 떠들어봐야 아무 소용 없으리라는 사실을 알았다. 그와 경영진은 앞으로는 정말 달라지리라는 것을 직원들에게 용기 있게 증명해 보여야만 했다. 그리고 그들은 실제로 그렇게 했다.

그들이 처음으로 해낸 의미 있는 일은 2015년, 조종사와 승무원과 재계약하면서 업계 최고 수준의 연봉을 주겠다고 한 약속이었다. 하지만 1년 뒤 델타항공과 유나이티드항공이 그들의 조종사와 승무원에게 더 높은 연봉을 제시했다. 조종사의 연봉은 아메리칸항공보다 8퍼센트 높았고 승무원의 연봉은 5퍼센트 높았다. 당시 아메리칸항공의 직원들은 여전히 경영진을 냉소적으로 바라보고 있었다. 그래서 그들은 경영진이 이런 일을 예상하고 직원들에게 불리한 조건으로 향후 5년의 계약을 서둘러 진행했다고 착각했다.

파커는 이렇게 말한다. "단지 직원을 신뢰한다는 말만으로는 의미가 없어요. 그 신뢰를 입증하려면 그 말에 맞게 행동해야 합니다." 일반적인 경영진이었다면 그냥 어깨를 으쓱하며 다음 협상 때 논의하기로 기약하는 데 그쳤을 것이다. "계약이라는 게 원래 그런 거 아닌가요?"라고 말할 수도 있었다. 하지만 신뢰는 압박이나 강요로 생기지 않는다. 신뢰는 항상 한결같은 태도로 가치관을 지킬 때 생긴다. 특히 반드시 그래야만 하는 상황이 아닌데도 가치관에 맞게 행동할 때 더 큰 신뢰가 쌓인다. 아무도 강제하지 않은 상황에서도 옳은 일을 할 때 신뢰가 형성된다. 파커는 로버트 아이솜Robert Isom 아메리칸항공 사장과 함께 발행한 공동 성명서에서 아메리칸항공이 쇄신을 약속하고 새로 태어났는데도 직원들이 향후 3~4년간 업계 평균에 미치지 못하는 대우를 받도록 두는 것은 옳지 않으며, 이는 그들이 약속한 바에 어긋나는 행동이라고 밝혔다.

경영진은 계약 기간 도중에 아무런 조건 없이 모든 조종사와 승

　　　　　　　　　　　　　　11장 생각을 밀고 나가는 용기

무원의 연봉을 각각 8퍼센트, 5퍼센트 인상했다. 이로써 회사는 향후 3년간 9억 달러의 비용을 추가로 부담하게 됐다. 물론 그들은 월스트리트에서 이러한 결정을 싫어하리라는 사실을 알았다. 그리고 실제로 월스트리트에서는 난리가 났다.

2017년 4월 27일, 아메리칸항공이 직원들의 연봉 인상을 발표했을 때 예상대로 월스트리트에서는 이를 거세게 비판했다. 씨티그룹Citi Group의 항공업 전문 애널리스트 케빈 크리시Kevin Crissey는 이렇게 썼다. "매우 답답한 일이다. 또다시 근로자가 먼저 이익을 취득하게 됐다. 근로자에게 나눠주고 나머지만 주주에게 돌아간다." JP모건J.P. Morgan의 애널리스트들도 투자 레터를 통해 비슷한 견해를 표했다. 그 투자 레터는 다음과 같은 문장으로 시작한다. "아메리칸항공이 약 10억 달러를 근로자들에게 나눠주는 바람에 우리는 지금 곤란에 처했다." 뒷부분에는 이런 설명이 나온다. "아메리칸항공이 근로자와 신뢰 관계를 굳건히 다지고 싶어 하는 마음은 이해한다. 하지만 최근의 계약 조정 사태는 너무 심했다. 임금 인상만이 근로자의 신뢰를 얻는 길은 아니지 않은가? 타이밍이란 가끔 절묘할 때가 있는 법이니 그냥 놔뒀어야 했다." 타이밍이 절묘하다는 표현은 아메리칸항공이 업계 최고 연봉을 약속한 뒤 공교롭게도 타사에서 연봉을 인상한 일이 직원들에게는 불합리할 수 있지만 주주 입장에서는 이익이라는 뜻으로 보인다. 다행히도 아메리칸항공의 리더들은 크리시와 JP모건 애널리스트들의 혹평에도 지지 않고 용기 있게 자신의 결정을 밀고 나갔다.

안타깝게도 시장은 크리시와 JP모건 애널리스트들과 같은 유한게임식 플레이어들에게 흔들린다. 아메리칸항공은 주가가 5퍼센트 하락하리라고 예상했다. 실제로는 임금 인상 발표 바로 다음 날 주가가 9퍼센트 하락했다. 다행히도 이는 단기적인 현상에 불과했다. 그로부터 2주도 채 되지 않아 주가는 원래 수준을 회복했고 연말까지 20퍼센트 넘게 상승했다. 그런데도 월스트리트에서는 아메리칸항공이 임금을 인상하지만 않았어도 훨씬 많은 수익을 냈을 것이라고 주장했다. 그들이 의지력보다 자원을 더 중요하게 여긴다는 사실을 다시 한번 확실히 증명해 보인 셈이다. 유한게임식 플레이어는 직원에 대한 투자가 결국 고객과 주주뿐 아니라 회사 전체에 이익이 된다는 사실을 알지 못한다. (단기적으로 주가가 하락한 것도 사실 그들이 임금 인상 결정을 부정적으로 해석했기 때문이라는 점도 아마 깨닫지 못할 듯하다.)

주요 상장 기업의 어떤 CEO는 월스트리트의 애널리스트들이 주로 단기 투자자들을 위해 리포트를 쓴다는 점을 지적했다. 그래서 그 분석들은 유한게임식 목표를 성취하는 방법만 설명하는 경향이 있다. 파커는 단기 투자에만 초점을 맞춘 애널리스트들이 떠들어대는 말을 완전히 무시하기는 어렵다고 인정했다. "그런 말들을 이겨내기 위해 노력해야 합니다. 그렇지 않으면 휩쓸리기 쉽습니다." 다행히 파커와 경영진, 이사회는 외부의 목소리에 떠밀리지 않고 장기적인 목표에 집중하기 위해 함께 열심히 노력한다. 파커는 이렇게 말했다. "직원들을 잘 보살펴야 합니다. 그래야 직원들이 고객을 잘 보살필 수 있습니다. 이게 바로 우리가 주주 가치를 창출하는 방법이죠."

아메리칸항공은 아직 무한게임식 기업으로 거듭나기 위한 초기 단계에 있다. 하지만 예전보다 훨씬 더 장기적인 관점으로 경영 행보를 이어나가고 있으므로 장기 투자자의 이목을 끌 것이 분명하다. 장기 투자자는 단기 투자자보다 단기적인 변동에 신경을 덜 기울인다. 테드 웨슐러Ted Weschler도 그런 장기 투자자다. 웨슐러는 워런 버핏Warren Buffett이 이끄는 투자회사 버크셔해서웨이Berkshire Hathaway에 소속된 4명의 투자 매니저 중 하나다. 버크셔해서웨이는 장기 투자로 유명한 회사로, 단기 거래는 거의 하지 않는다. (버크셔해서웨이와 같이 장기 투자를 주로 하는 투자회사는 그들만의 애널리스트를 따로 두고 있으며 시시각각 변하는 투자업계 뉴스에 대체로 휘둘리지 않는다.)

워런 버핏은 전설적인 투자자이자 세계에서 손꼽히는 부자로, 오마하의 현인이라 불리며 전 세계적으로 존경받는다. 그는 한때 항공업은 최악의 투자처라고 말한 바 있다. 2007년 버크셔해서웨이의 주주 서한에서 그는 이렇게 설명했다. "최악의 투자처는 성장 속도가 빠르고, 그 속도를 위해 엄청난 자본을 요구하고, 결국 수익은 거의 내지 못하는 기업이다. 항공업을 보라. 라이트 형제가 비행기를 발명한 이래로 항공업은 투자처로서 비교 우위를 점한 적이 없다. 만약 라이트 형제가 살던 동네 키티호크에 선견지명이 있는 투자자가 살았더라면 오빌 라이트Orville Wright(라이트 형제 중 동생―옮긴이)를 쏴서 죽였어야 했다. 그랬어야 후손들이 항공업에 투자하는 실수를 저지르지 않을 수 있었다." 하지만 내가 이 책을 집필하고 있는 시점에 버크셔해서웨이는 아메리칸항공의 단일 최대 주주다. 그리고 더그 파커가 계약 기간 도중에 직원 임금을 인상하겠다고 공표했을 때, 웨슐러는 파커에게 찬사를 보냈다. 우스운 사실은 파커의 리더십에 그렇게 불만을 늘어놓던 유한게임식 플레이어들도 아메리칸항공으로 본인들이 이익을 볼 수 있다고 생각한다면 태세를 바꿔 아메리칸항공에 투자하리라는 것이다.

유한게임 사고방식에는 '용기'가 필요 없다

CVS는 대의명분에 따라 회사를 경영하고자 했고 업계 최초로 담배 판매를 중단하는 위험을 감수했다. 이들이 먼저 부담을 안고 시작했으니 업계의 다른 기업들은 따라 하더라도 무게가 덜했을 것이다. 하지만 이 책을 집필하고 있는 시점에 CVS의 최대 경쟁사 두 곳, 월그린Walgreens과 라이트에이드Rite Aid는 여전히 담

11장 생각을 밀고 나가는 용기

배를 팔고 있다. 속는 셈 치고 그들을 믿어보고 싶었다. 월그린과 라이트에이드 둘 다 약국이지만 그들이 담배를 판매하는 데에는 CVS와는 다른 그들만의 대의명분이 있어서가 아닐까 생각했다. 그들은 나름대로 대의명분에 부합하게 행동하고 있을 수도 있다. 그래서 직접 확인해보기로 했다.

월그린부츠얼라이언스Walgreens Boots Alliance(월그린의 지주 회사)의 웹사이트 "기업 소개" 페이지에 그들의 목적은 "전 세계의 많은 고객이 건강하고 행복한 삶을 누릴 수 있도록 돕는 것입니다"라고 적혀 있다. 뒤에는 다음과 같은 설명이 이어진다. "월그린부츠얼라이언스는 건강하고 행복한 세상을 만들고자 하는 목표를 매우 중요하게 생각합니다. 이는 저희의 핵심 가치에서도 드러납니다." 그들의 핵심 가치 중 첫 번째는 다음과 같다. "신뢰: 사람을 존중하는 자세로 도덕적인 행동을 합니다." 하지만 월그린은 CVS를 따라 담배 판매를 중지할 계획이 있냐는 질문에 성명서를 통해 다음과 같이 답변했다. "금연을 원하는 고객을 돕기 위해 특정 매장에서는 담배 관련 제품이 고객의 눈에 덜 띄도록 진열 공간을 줄이겠다는 적극적인 결정을 내렸다." 참 용기 있는 결정이다.

월그린부츠얼라이언스의 회장 제임스 스키너James Skinner는 같은 질문에 다음과 같이 대답했다. "우리는 정기적으로 이 문제를 검토하고 있고 미래에 언제든 시행할 수 있도록 가능성을 열어두고 있다." 용기도 확신도 없는 반응 아닌가? 회사의 목적에 합당하게 행동했을 때 벌어질 일이 두렵다는 뜻 아닌가?

질병통제예방센터Centers for Disease Control, CDC에 따르면 흡연은 미국에서 예방 가능한 사망 원인 중 가장 치사율이 높다. 매년 흡연 관련 질병으로 목숨을 잃는 사람의 수는 HIV, 불법 약물 사용, 알콜 남용, 교통사고, 총기 관련 사고로 사망하는 사람의 수를 모두 합한 양보다 많다! 흡연으로 '매년' 48만 명이 목숨을 잃는다. 제2차 세계대전 동안 전사한 미국 군인의 수보다 8만 명이나 더 많다! 경제적인 비용 또한 어마어마하다. 미국에서 흡연 관련 질병으로 국민 세금이 '매년' 3,000억 달러 이상씩 들어가고 있다. 이 금액이 얼마나 큰지 다른 사례와 비교해보자. 나사NASA는 우주 왕복선 프로그램을 운영하며 6개의 우주 왕복선을 제작하고 그중 5개를 우주로 쏘아 올려 30년이 넘는 기간 동안 1,960억 달러의 세금을 사용했다(연평균 65억 달러가 들어간 것이다). '매년' 흡연 관련 질병에 들어가는 비용이 우주를 왕복하는 비용보다도 50배나 많다!

석유 회사는 석유 유출 사고가 나거나 파이프라인 누수 사고만 일어나도 제반 비용을 책임지며, 자동차 회사는 차량 결함으로 문제가 생겼을 때 책임을 전부 떠안는다. 그렇다면 담배를 제조하거나 판매하는 회사도 연간 3,000억 달러의 비용을 책임져야 하는 것 아닌가? 앞서 윤리적 퇴색을 다룰 때 인과관계를 잘못 설정하는 오류를 설명했다. 사람들의 건강을 증진하겠다고 약속하는 약

11장 생각을 밀고 나가는 용기

국이 중독성 심한 발암물질인 담배 같은 제품을 판다면 고객의 건강을 해친 책임을 조금이라도 져야 하지 않을까?

흡연 관련 질병으로 인한 사망을 예방하고 관련 비용을 되찾는 유일한 방법은 흡연자들이 담배를 끊도록 돕는 일뿐이다. 흡연자 대부분이 원하는 바이기도 하다. 약국에서 담배를 사는 전체 흡연자의 약 70퍼센트가 담배를 끊고 싶어 한다는 보고가 있다. 하지만 금연이 쉽지 않기에 담배를 끊느라 고생하는 흡연자들이 매우 많다. 그러니까 담배 옆에 금연 보조제를 두고 파는 것은 별로 효과가 없다. 마치 다이어트 책 옆에 도넛을 파는 상황과 같다. 소비자는 제품 2개를 놓고 고민하게 된다. 하나는 만족감을 주며 충동구매를 유발하는 제품이고 다른 하나는 자기 절제와 노력이 요구되는 제품이다. 이들이 어려운 결정을 하도록 진정으로 지원하고 싶은 기업이라면 아예 담배를 사고 싶다는 충동을 없애주는 게 좋다. 기업이 약간 손해를 본다고 해도 말이다. 이게 바로 선구자적 용기다!

기업이 대의명분이나 목적을 당당하게 공표해놨다면 그들은 당연히 그 대의명분을 정말로 믿고 지켜야 한다. 대의명분이나 목적을 선언문으로 만드는 행위는 진심으로 그것을 믿고 따를 때만 의미가 있다. 정말로 수익보다 그 목적이 더 중요하다고 믿어야 한다. 대의명분은 실제로 추구하는 경우에만 성취된다. 만약 진정으로 대의명분을 추구하지 않을 거라면, 미션 선언문 같은 것을 벽에 걸어놓거나 웹사이트에 적어놓는 게 무슨 의미가 있단 말인가?

목적의식이 뚜렷한 기업에서 일하길 원하는 사람들이 점점 많아지고 있다. 밀레니얼 세대(1980년대 초반에서 2000년 사이에 태어난 세대—옮긴이)와 Z세대(1990년대 중반에서 2000년대 초반에 태어난 세대—옮긴이)는 더욱 그렇다. 하지만 비즈니스 세계에 널리 퍼진 유한게임식 개념에 저항할 의지가 있는 열성적인 무한게임식 리더가 없다면 대의명분이란 그냥 보기 좋은 마케팅일 뿐이다. 실제로는 대의명분을 좇지도 않고 이루어가지도 않으면서 사람들의 환심을 사기 위해 대의명분이 있는 척만 한다. 어쩌면 프린스턴대학교의 신학대학 학생들이 목표에 쫓기는 상황에서 시간 압박감을 느꼈듯이 기업의 리더들도 실적을 내야 한다는 압박을 받고 있을지도 모른다. 만약 기업의 리더가 무한게임 사고방식을 받아들이는 데 관심이 없거나 자기가 지금 틀렸을 수도 있다는 사실을 인정조차 하지 않는다면, 최소한 자신들이 진짜로 추구하는 목적이 무엇인지 말할 용기라도 있어야 한다. 웹사이트에 허위로 적어놓은 미션 선언문도 다 지워버리고 대의명분과 관련된 마케팅 문구도 전부 없애야 한다. 리더가 어떤 단기 목표를 추구하는지 솔직하게 공개하는 것이야말로 월그린이 핵심 가치라고 주장하는 내용, 즉 신뢰를 쌓기 위한 도덕적 행동이다. 하지만 유감스럽게도 이러한 행동에도 용기가 필요하다.

CVS가 담배를 그만 팔겠다고 선언한 뒤, 미국에서 세 번째로

11장 생각을 밀고 나가는 용기

큰 약국 체인 라이트에이드 역시 CVS의 뒤를 따를 거냐는 질문을 받았다. 그들이 표방하는 목적에 의하면 담배 판매를 중단하는 게 맞다. 라이트에이드의 웹사이트를 보면 '기업 소개'가 다음과 같은 문장으로 시작된다. "라이트에이드는 여러분의 건강을 증진하는 데 관심이 많습니다. 그래서 저희는 소중한 고객님이 더 건강하고 행복해지는 데 필요한 제품과 서비스를 공급합니다." 그러나 CVS의 선례를 따를 거냐는 질문에 라이트에이드는 마치 밀턴 프리드먼이 직접 작성한 듯한 성명을 발표했다. "라이트에이드는 연방법, 주법, 지역법에서 허락하는 합법한 담배 관련 제품을 포함해, 다양한 제품을 제공하고 있다."

잠깐 생각해보자. 질문자는 분명 회사의 윤리성을 물었는데, 회사는 그 대답으로 (비윤리적인 회사 방침을 방어하기 위해) 회사의 행위가 합법적이라고 말했다. 오래 만난 남자친구 혹은 여자친구가 바람피우다가 들켰는데 이렇게 말하는 것과 같다. "뭐? 우리 결혼도 안 했잖아. 나는 법을 어기지 않았어. 나는 합법적으로 다른 사람과 같이 잘 수 있다고." 라이트에이드의 행위는 합법이지만 신뢰를 쌓고자 하는 기업이라면 절대 하지 않을 행동이다.

기업과 그 기업을 이끄는 리더가 용기를 내고 도덕적으로 행동하며 강한 의지를 보여주면 고객과 직원의 신뢰를 얻을 수 있고 그들의 선의를 이끌어낼 수 있다. CVS가 전국 매장에서 담배를 빼겠다고 발표한 다음 날, 메리앨리스 사엔스Maryalyce Saenz의

사무실로 전화가 왔다. 전화한 사람은 그녀의 어머니였다. 어머니는 울먹거리며 딸이 CVS와 같은 훌륭한 회사에서 일한다는 사실이 무척 자랑스럽다고 말했다. 수년간 메리앨리스의 가족은 아버지의 흡연 습관으로 인해 갈등을 빚어왔다. 메리앨리스는 이렇게 설명했다. "회사가 담배 판매를 중지한 것은 정말 용감한 결정이었다. 나는 그날 우리 회사가 정말 자랑스러웠다. 그리고 내가 있어야 할 곳은 바로 여기라는 확신이 들었다." 반면 회사가 법을 잘 지킨다고 감동하는 직원이나 고객은 없다고 봐도 무방하다.

주변 모든 사람이 유한게임 플레이어인 상황에서 기업의 목표가 단순 매출보다는 더 영웅적인 무언가라고 믿고 무한게임식으로 용기 내기는 쉽지 않다. 선구자적 용기는 법의 테두리보다 월등히 더 높은 기준을 기업과 그 리더에게 요구한다. 연방법, 주법, 지역법보다 훨씬 더 깐깐한 수준으로 운영되어야만 진실한 기업이라고 할 수 있다. '진실성'이라는 단어의 뜻 자체가 그렇다. 도덕적이고 예술적인 가치인 청렴결백함을 굳건히 고수한다는 뜻이다. 사실 대의명분을 좇는 과정은 진실성을 따르는 여정이며 말과 행동의 일치를 의미한다. 또한 대의명분을 전혀 따르지 않는 사람들이 이익을 위해 회사에 가하는 압력을 무시해야 할 때도 있다는 것을 의미한다.

진실성은 단순히 옳은 일을 하는 것 이상의 의미를 지니고 있다. 대중의 격렬한 항의나 스캔들이 일어나지 않도록 미리 주의도

해야 한다. 만약 리더가 회사에서 일어나는 비윤리적인 일을 인식
했으면서도 대중의 격분을 산 뒤에야 조치를 취한다면 그것은 진
실성이 아니라 피해 수습이다. 하버드대학교 경영대학원Harvard
Business School의 로자베스 모스 캔터Rosabeth Moss Kanter 교수는
오늘날 CEO들이 어떻게 의사를 결정하는지 설명하며 이렇게 말
했다. "리더들은 대중이 요구하기 전에는 아무 일도 하지 않습니
다. CEO들의 용기가 부족합니다."

갈림길에서 선택하기

인간은 완벽하지 않다. 완벽하게 무한게임 방식으로 사고하는 리
더는 없으며 완벽한 무한게임식 기업도 없다. 현실에선 무한게임
식 목표에 몰두하는 기업들조차 잘못된 길로 빠질 수 있다. 그런
일이 발생했을 때, 기업이 대의명분의 길에서 벗어났다는 사실을
인식하려면 선구자적 용기가 필요하고 다시 정도로 돌아가기 위
해 경영진의 용기가 필요하다.

  아쉽게도 큰 성공을 거둔 뒤 잘못된 길로 들어서는 기업들이 아
주 많다. 무한게임식 플레이어는 얼마나 큰 성공을 거뒀든 간에 그
들이 이룬 것이 아직 빙산의 일각에 불과하다고 여기지만, 유한게
임식 플레이어는 이미 확보한 위치를 지키기 위해 방어적인 태세

를 취하는 경우가 많다. 정상에 도달한 뒤에도 무한게임식 플레이를 계속해나가는 데는 용기 있는 리더십이 필요하다. 그동안 얼마나 크게 성공했든 대의명분은 무한하다. 불행히도 성공을 거둔 뒤 기업이 유한게임식으로 전향하게 만드는 유혹은 아주 강력하다.

　디즈니도 무한게임식 목표에서 벗어나 점유율 1위, 주주 가치 극대화와 같은 유한게임식 목표를 추구하고 이러한 목표를 성취하는 직원에게 포상했던 적이 있다. 1993년 디즈니는 미라맥스영화사Miramax Films를 인수한 뒤 대의명분에 어울리지 않게 가족이 함께 보기 부적절한 영화를 제작했다. 쿠엔틴 타란티노Quentin Tarantino 감독의 범죄 코미디 영화 〈펄프 픽션〉Pulp Fiction과 같은 폭력적인 영화와 대니 보일Danny Boyle 감독이 스코틀랜드 출신의 헤로인 중독자 이야기를 다룬 블랙코미디 〈트레인스포팅〉Trainspotting, 베트남전쟁을 초현실적으로 그린 프란시스 포드 코폴라Francis Ford Coppola 감독의 〈지옥의 묵시록 리덕스〉Apocalypse Now Redux 등이 그 예다. 디즈니 산하의 음반사 할리우드레코드Hollywood Records에서는 하드코어 펑크 밴드 수어사이드머신스Suiside Machines와 헤비메탈 밴드 월드워Ⅲ World War Ⅲ와 같이 가족 지향적이지 않은 밴드 음악을 제작하기도 했다.

　기업에 새로운 CEO가 취임하면 그는 갈림길에 선다. 경영 방식을 유한게임식이나 무한게임식 둘 중 하나로 결정해야 한다. 마이크 듀크와 스티브 발머는 각각 월마트와 마이크로소프트의

CEO로 부임한 뒤 유한게임식 경영을 펼쳤다. 월마트와 마이크로소프트가 그렇게 계속 유한게임식 행보를 이어나갔다면 그 기업들은 나란히 게임에서 퇴출당했을 것이다. 반면 듀크와 발머의 뒤를 이어 더그 맥밀런과 사티아 나델라Satya Nadella가 각각 월마트와 마이크로소프트의 CEO 자리에 올랐을 때, 그들은 무한게임식 경영을 회복하기 위해 노력했다. 아직 어려움을 겪고 있지만, 단순히 회사를 경영하기만 하는 것이 아니라 진정으로 대의명분을 진전시키고자 애쓰는 듯하다.

기업 공개(IPO) 혹은 경영진 교체와 같은 중요한 일이 발생했을 때도 기업은 유한게임과 무한게임의 방식 중 하나를 선택해야 하는 갈림길에 선다. 그러나 특정한 일이 발생할 때만 무한게임식 기업이 유한게임식으로 방향을 트는 것은 아니다. 유한게임 쪽으로 탈선하는 일은 아주 흔하다. 늘 계획대로 가지는 못한다. 건전한 길을 가다가도 다른 길로 빠진다. 기업은 사람이 운영하므로 이런 일이 당연히 생길 수 있다. 기업이 길을 잃게 하는 원인은 끊임없이 발생한다. 리더가 무한게임식 목표보다 유한게임식 목표에 더 관심을 두고 그 목표를 성취하는 데 회사를 끌어들일 때 탈선이 일어난다.

사실은 직원들이 대의명분을 향한 열정으로 노력했기에 회사가 성공을 거뒀는데, 리더가 자신의 재능으로 성공했다고 착각할 때도 회사는 유한게임과 무한게임 사이 갈림길에 선다. 이러한 리더는 보통 회사와 대의명분을 무시하고 자신의 부와 명예를 취득하는 데 집착한다. 이렇게 되면 경영진은 직원들과 멀어지고 신뢰도는 바닥을 친다. 그러면 자연히 회사의 실적이 떨어지는데, 이때도 유한게임에만 빠져 있는 리더는 회사가 애초에 왜 엇나갔는지 깨닫지 못하고 남의 탓만 한다. 이러한 현상을 해결한답시고 그들은 직원 대신 업무 절차를 신뢰한다. 회사의 분위기는 더 경직되고 실무진은 권한을 잃는다. 선장이 갑판에 나가 수평선 너머를 바라보지 않고 조금이라도 더 빨리 가려고 조타실 안에서 엔진을 가속하는 것은 절대 좋은 현상이 아니다.

페이스북은 현재 유한게임식 행보를 보이지만 원래는 무한게임식 기업이었다. 2004년 설립된 페이스북은 "사람들에게 커뮤니티를 이루는 힘을 제공하고 모두가 더욱 가까워지는 세상을 만든다"라는 명확한 대의명분을 품고 열정적으로 사업을 시작했다. 하지만 오늘날에는 "모두가 더욱 가까워지는 세상"을 만드는 데에만 혈안이 되어 각종 스캔들에 휘말리고 있다. 페이스북은 사용자가 페이스북에 접속하지 않을 때도 웹사이트 방문 기록을 추적하여 사용자의 사생활을 침해하고, 가짜 계정이 만들어지거나 가짜 뉴스가 퍼지는 현상을 제대로 감독하지 않았으며, 수집한 개인 정보를 팔거나 광고에 사용하면서 수익을 취했기 때문에 비난받고 있다. 마크 저커버그에게는 이러한 행동이 "사람들에게 커뮤니티를 이루는 힘을 제공하는" 것인지 궁금하다. 한때 무한게임식 기업이

11장 생각을 밀고 나가는 용기

었던 페이스북이 다른 길로 빠진 이유는 유한게임식 기준을 맞추라고 월스트리트의 압력을 받았기 때문일까? 아니면 근본적 유연성을 발휘해 회사를 재정비해야 할 시점이었는데도 광고로 수익을 내는 기존 사업 모델에 집착했기 때문일까? 아니면 리더가 대의명분을 잃고 게임을 지속하는 데 중요한 것이 무엇인지를 잊었기 때문일까? 아니면 너무 자만했기 때문일까? 최근 페이스북이 옳은 일을 하는 경우는 대부분 대중의 항의에 못 견뎠거나 스캔들에 휘말렸기 때문이지 적극적으로 대의명분을 좇았기 때문이 아니다. 2016년 미국 대선 당시, 데이터 분석 업체 캠브리지애널리티카Cambridge Analytica가 페이스북의 데이터를 이용해 여론을 조작했는데 페이스북은 이를 알면서도 덮어두고 있다가 스캔들이 크게 터지고 나서야 반응하는 모습을 보였다. 이유가 무엇이든 페이스북이 과거보다 유한게임 방식으로 치우치고 있다는 것은 사실이다. 회사가 크고 돈이 많다고 실패하지 말라는 법은 없다. 물론 돈이 많으면 불가피한 일이 발생하는 시기를 늦출 수는 있다. 그렇게 번 시간 동안 다시 올바른 길로 돌아갈 수도 있다. 하지만 모든 것은 리더의 바람과 의지에 달려 있다. 리더가 선구자적 용기를 조금이라도 낸다면 과거에 성공을 이룩했던 직원들의 신뢰를 늦지 않게 회복할 수 있을 것이다.

마이크로소프트나 월마트, 디즈니가 그랬듯이 무한게임 방식에서 벗어나더라도 어느 정도는 버틸 수 있다. 하지만 다시 무한게임식 기업으로 돌아가려면 결국엔 어려움을 감내해야 한다. 어떤 기업들은 유한게임에 드는 비용을 좀 더 오래 감당할 수도 있겠지만 돈은 결국 바닥난다. 유한게임에 드는 비용을 그렇게 오래 부담하지 못하는 기업도 있다. 규모에 상관없이 모든 종류의 기업이 무한게임 행로를 유지하는 가장 효과적인 방법은 내가 이 책에서 소개한 무한게임식 리더십 원칙을 지켜 따르는 것이다. 무한게임식 플레이는 체크리스트에 적힌 실천 사항이 아니라 사고방식 그 자체다.

새로운 세계관을 받아들이다

내 인생을 돌이켜보면, 인간관계가 틀어진 이유 중 유일하게 공통된 요인은 나 자신이었다. 유한게임식 리더의 경우, 그들이 겪는 어려운 일과 좌절의 공통된 원인은 그들 자신의 유한게임 사고방식 때문이다. 이러한 사실을 인정하는 데는 용기가 필요하다. 마음을 열어 다른 종류의 세계관을 받아들이는 데는 더 큰 용기가 필요하다. 특히 그 결정이 반드시 좋은 결과를 낳지는 않는다는 점을 알면 더욱 그렇다. 실제로 기업 문화를 무한게임식으로 바꾸는 첫 걸음을 떼는 일은 불가능할 정도로 큰 용기가 필요하다. 그렇다. 자신이 문제의 일부였다는 사실을 인정하는 일은 창피하고 굴욕적이기까지 하다. 하지만 그만큼 스스로 해결책의 한 부분이 되겠다고 결심하면 열정과 힘이 솟아난다.

유한게임 사고방식을 버리고 무한게임 사고방식을 수용하는 과정을 전부 혼자서 해낼 수 있는 사람은 드물다. 함께할 사람을 찾아야 한다. 비슷한 사명감을 느끼는 사람, 이제는 바뀌어야 할 때가 왔다고 동의하는 사람, 함께 도전해보자는 열의를 지닌 사람을 찾아야 한다. 내가 이 책에서 소개한 선구자적 용기의 이야기 중 위대한 사람 홀로 어려운 결정을 내린 사례는 하나도 없었다. 위대한 파트너, 위대한 팀이 함께였다. 같은 대의명분을 추구하며 서로 신뢰하는 훌륭한 동료들과 함께였다. 세계에서 제일 유명한 공중그네 곡예사라도 위험천만한 새로운 기술을 연습할 때는 반드시 안전장치를 설치한다. 마찬가지로 우리도 다른 사람들의 도움 없이는 선구자적 용기를 낼 수 없다. 믿음을 같이하는 사람들이 안전장치인 셈이다.

선구자적 용기를 지닌 리더는 자신이 모든 문제의 정답을 알지는 못한다고 인정하며 자신에게 모든 상황을 통제할 능력은 없다고 생각한다. 그렇기에 강해질 수 있다. 그런 리더에게는 함께 해주는 사람들이 있고 선명한 길을 알려주는 대의명분이 있다. 반면 편법을 쓰는 리더는 약해진다. 그런 리더는 자신이 모든 문제의 정답을 안다고 믿으며 모든 변수를 일일이 다 제어하려 한다. 기업의 리더가 연말에 실적을 쥐어짜기 위해 대규모 정리 해고를 시행할 때는 그다지 큰 용기가 필요하지 않다. 하지만 아직 효과가 검증되지 않은 다른 방법에 도전하는 데에는 큰 용기가 필요하다. 아이들이 부모를 따라 하듯 직원들도 리더를 따라 한다. 리더가 회사보다 사익을 우선시하면 직원들도 똑같이 회사보다 자신의 이익을 우선시한다. 리더가 먼저 선구자적 용기를 보여주면 직원들도 따라서 용기를 낸다. 선구자적 용기는 선구자적 용기를 낳는다.

나가며

인생은 유한하지만 생명은 무한하다. 우리는 생명이라는 무한게임의 유한한 플레이어다. 우리는 왔다가 가고 태어났다가 죽으며, 우리가 있든 없든 생명은 무한히 이어진다. 게임에는 다른 플레이어들이 있고, 그중에는 라이벌도 있다. 우리는 이기면 즐거워하고 지면 고통스러워한다. 하지만 계속해서 게임을 이어나갈 수 있다 (이 게임에 머무를 능력이 다하기 전까지는). 그리고 돈을 얼마나 벌든, 권력을 얼마나 쌓든, 승진을 몇 번이나 하든, 우리 중 그 누구도 인생의 승자가 되지는 않는다.

인생이라는 게임을 제외하면 어떤 게임을 하든 선택지 2개가 주어진다. 우리가 게임 규칙을 선택할 수는 없지만, 게임에 참여할 것인지, 참여한다면 어떤 방식으로 플레이할 것인지는 선택할 수 있다. 하지만 인생이라는 게임은 약간 다르다. 이 게임에서 우리에게 주어지는 선택지는 단 하나다. 태어나는 순간 예외 없이 게임에 참여하게 된다. 오로지 유한게임식으로 플레이할지 무한게임식으로 플레이할지만 결정할 수 있다.

만약 유한게임식으로 인생을 살기로 했다면 인생의 주요 목표는 부자가 되는 것 혹은 다른 사람들보다 빠른 승진이 된다. 무한게임식으로 인생을 살기로 했다면, 인생의 주요 목표는 자기 자신만을 위하지 않고 더 위대한 대의명분을 실현하는 것이 된다. 같은 비전을 좇는 사람들을 협력자로 여기며 그들과 서로 신뢰감을 쌓으며 함께 공동선을 이루어간다. 성공을 거두면 그것에 감사해 한다. 그리고 대의명분을 발전시키는 동시에 주변 사람들이 성공하도록 돕는다. 무한게임 사고방식으로 사는 인생은 봉사의 삶이다.

우리는 인생에서 다수의 무한게임에 참여하는 플레이어라는 사실을 기억하라. 커리어는 그중 하나일 뿐이다. 그 누구도 절대 자녀 양육, 우정, 학습, 창의력과 같은 게임에서 승자가 될 수 없다. 하지만 이런 게임에 어떤 사고방식으로 접근할지는 우리가 정할 수 있다. 자녀 양육에 유한게임식으로 접근한다면 자녀에게 전부 최고 수준으로 제공하면서 그들에게 모든 분야에서 최고가 되어야 한다고 가르칠 것이다. 이렇게 해야 "우리 아이가 인생에서 성공할 수 있다"라고 믿는다. 하지만 이렇게 유한게임식 전략을 세우면 윤리적 퇴색이 일어날 수 있으며 아이는 성장 과정에서 우월한 위치에 집착하게 된다. 임상 심리학자이자『뉴욕타임스』베스트셀러 작가인 웬디 모겔Wendy Mogel 박사는 이런 양육 방식의 극단적인 예를 발견했다. 그녀가 강연하는데 한 남성이 손을 들고 이렇게 말했다. "저는 아들의 아프가 점수로 소아과 의사랑 싸웠습니다. 그리고 제가 우겨서 이겼어요." 아프가 점수란 신생아의 건강 상태를 확인하기 위해 아기가 태어난 뒤 1분에서 5분 이내에 시행하는 검사의 점수를 말한다. 아이의 피부색이 푸른빛을 띠고 피부가 축 늘어져 있으면 1점이고 피부색이 분홍빛을 띠고 포동포동하면 5점이다. 이 남성은 '이기기'에 과도하게 집착한 나머지 지금 막 태어난 아기의 건강보다도 아기가 높은 점수를 받는 것을 중요하게 생각했다. 미래에는 어떻게 될까? 아마도 이 남성은 아들이 모든 면에서 제대로 학습하고 건강하게 성장하고 있는지는 신경 쓰지 않은 채 아들이 최고 점수를 받아 최고의 학교에 입학하도록 온갖 수를 다 쓸 것이다.

반면 무한게임 사고방식으로 자녀를 양육하는 부모는 자녀가 흥미를 보이는 분야를 찾도록 돕고 그 길을 선택하도록 격려하여 자녀가 스스로 재능을 발견하도록 한다. 무한게임식 양육자는 아이들에게 봉사의 가치, 친구를 사귀는 법, 타인과 잘 어우러지는 방법을 알려준다. 또한 아이들에게 배움이란 학교를 졸업하고도 한참 후까지 이어진다는 사실을, 공부란 평생 해야 하며, 나중에는 교과과정이나 학년 제도와 같이 그들을 이끌어주는 길잡이가 없어진다는 사실을 교육한다. 그리고 무한게임 방식으로 살아가는 방법을 가르쳐준다. 우리가 떠난 뒤에도 자녀가 스스로 성장하여 타인에게 봉사하는 삶을 살도록 양육하는 것이야말로 자녀의 무한게임에 기여하는 일이다.

무한게임 사고방식으로 살아가면 우리의 행동이 어떤 2차, 3차 효과를 불러올지 생각하게 된다. 조금은 다른 관점에서 누구에게 투표할지 판단한다. 또한 우리가 오늘 내린 결정이 미래에 미칠 영향에 책임감을 느낀다.

모든 무한게임과 같이, 인생이라는 게임의 목표는 승리가 아니라 게임의 지속이다. 그리고 타인에게 봉사하는 삶이다.

자신이 죽은 뒤 묘비명에 은행 계좌의 돈 액수가 적히기를 바라는 사람은 없다. 다른 사람에게 무엇을 베푸는 사람이었는지로 기억되기를 바란다. 헌신적인 어머니, 다정한 아버지, 의리 있는 친구로 추억되기를 바란다. 타인에게 베푸는 인생은 게임에 득이 된다.

우리는 인생이라는 무한게임에서 단 하나만 선택할 수 있다. 당신은 무엇을 선택하겠는가?

윤혜리

중앙대학교 영어영문학과를 졸업하고 금융기관에 근무하던 중 영어를 우리말로 적절하게 옮기는 데 흥미를 느껴 출판번역을 시작했다. 글밥아카데미 수료 후 바른번역 소속 전문 번역가로 활동하며 정확하면서도 공감을 불러일으키는 번역으로 독자들에게 가치 있는 책을 전하는 데 보람을 느끼고 있다. 옮긴 책으로 『스타트 위드 와이』 『리더 디퍼런트』 『내_일을 쓰는 여자』 『긱 워커로 사는 법』 등이 있다.

인피니트 게임

세상에 없던 판도를 만든 사람들의 5가지 무한 원칙

초판 1쇄 발행 2022년 6월 7일
초판 4쇄 발행 2024년 8월 1일

지은이 사이먼 시넥
옮긴이 윤혜리
펴낸이 최동혁
디자인 this-cover

펴낸곳 (주)세계사컨텐츠그룹
주소 06168 서울시 강남구 테헤란로 507 WeWork빌딩 8층
이메일 plan@segyesa.co.kr
홈페이지 www.segyesa.co.kr
출판등록 1988년 12월 7일 (제406-2004-003호)
인쇄·제본 예림

ISBN 978-89-338-7187-4 (03320)